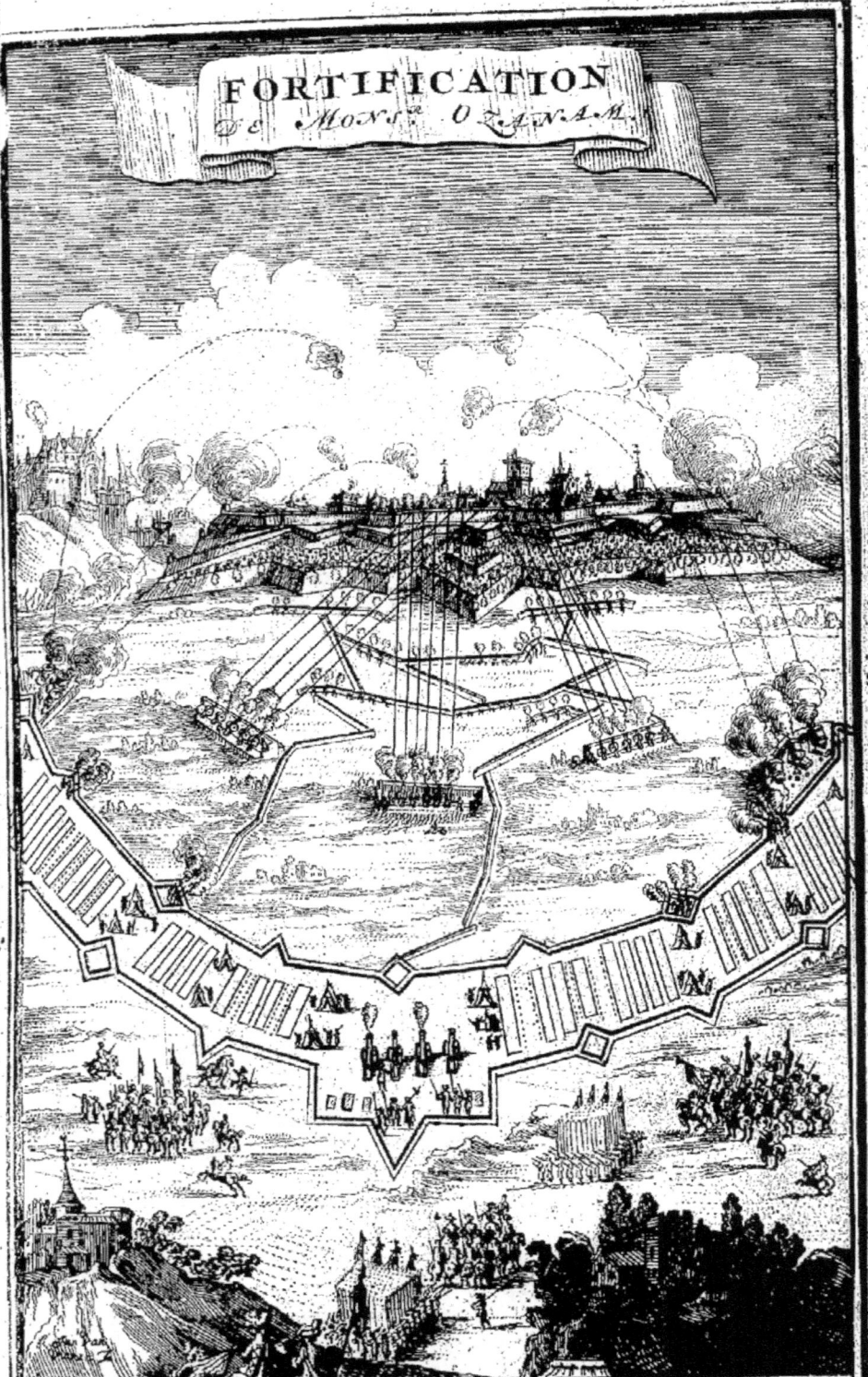

TRAITE'
DE
FORTIFICATION,

CONTENANT

Les Methodes anciennes & modernes pour
la Construction & la Deffense
des Places,

Et la maniere de les attaquer, expliquée plus au
long qu'elle n'a été jusques à present.

Par Monsieur OZANAM
Professeur des Mathematiques.

Suivant la Copie.

A PARIS,

Chez JEAN JOMBERT, prés des Augustins,
à l'Image Nôtre-Dame.

M. DC. XCIV.

A

SON ALTESSE

SERENISSIME,

MONSEIGNEUR

JEAN ADOLPH

HERITIER DE NORVEGE, DUC DE SLESVIC HOLSTEIN, STORMARN ET DITMARSEN, COMTE D'OLDENBORG ET DEL-MENHORST, PREMIER MARESCHAL DE CAMP, GENERAL DES ARME'ES DES PROVINCES-UNIES, GOUVERNEUR DE MAS-TRICHT, &c.

ONSEIGNEUR,

A peine le Cours entier de Mathématique de Mr. Ozanam fût-il sor-

EPISTRE.

ti de la presse à Paris, que je résolus de le rimprimer pour le rendre commun dans ces Provinces. Mais comme ce grand Ouvrage demande beaucoup de tems, à cause du grand nombre de Planches qu'il faut faire graver avec soin, je crus devoir le donner par parties, & commencer par le Traité des Fortifications, comme celui qui est le plus de saison, à cause de la guerre dans laquelle tant de Puissances sont engagées aujourdhui. Mais, MONSEIGNEUR, quel-

EPISTRE.

quelque habile que soit Monsieur Ozanam, & quelque reputation qu'il se soit acquise dans la République des Lettres, j'ose dire que son Cours de Mathématique sera plus appuyé du seul nom de VÔTRE ALTESSE Sérénissime, que de toute la reputation de son Auteur. On sait que dès sa plus tendre jeunesse, VÔTRE ALTESSE s'est occupée à l'Etude des Ouvrages des plus savans Mathématiciens, sous la direction du fameux Kircher ; & que dès que l'âge

EPISTRE.

lui a permis de s'exposer aux fatigues de la guerre, elle a pratiqué avec succés, & avec gloire, & a même perfectionné en plusieurs manieres, ce qu'elle avoit vû dans tous ces Livres, & qui, quelques parfaits qu'ils soient, sont bien peu de chose, s'ils ne sont joints à la pratique. VÔTRE ALTESSE, dez l'âge de dix-sept ans, commandoit un Regiment sous le Prince de Condé, & dans un âge si tendre, Elle ne se distingua pas moins par ses belles actions, qu'elle étoit distinguée par l'é-
clat

EPISTRE.

clat de sa naissance. Elle eut part ensuite à la gloire que s'acquit ce Prince dans les Pays-Bas. Les guerres de Hongrie donnerent une nouvelle occasion à Vôtre Altesse de se signaler. Que ne fit-elle point à la Bataille de Saint Gothar en qualité de Major General, où elle essuya huit heures de suite la furie des Ennemis, pendant que d'autres Generaux les regardoient de loin? Et la fameuse Victoire remportée à Trêves sur le Marêchal de Crequi, fut duë en partie à la valeur & à la bonne & heu-

reu-

EPISTRE.

reuse conduite de VôTRE ALTESSE. Je ne parle pas de ce qu'Elle fit dans deux Batailles contre le Marêchal de Turenne, de ses exploits dans les dernieres guerres entre les deux Couronnes du Nord; de sa liberalité envers les Officiers & Soldats blessez, ni d'une infinité d'autres actions, qui justifient si bien le choix qu'un Grand Monarque & une Puissante République viennent de faire de la personne de VôTRE ALTESSE Sérénissime pour la mettre à la tête de leurs Armées. Je ne m'étendrai point

EPISTRE.

point non plus sur ses qualitez personnelles, qui le rendent l'amour des Troupes, de sa liberalité genereuse, de ses manieres honnêtes & engageantes, & de ce desinteressement si entier, & que si peu de Gens possédent. Je ne dirai rien enfin du bon ordre que VÔTRE ALTESSE Sérénissime a déja mis & parmi les Officiers, & parmi les Troupes; de cette vigilance admirable, qui lui fait penser à tout, & avoir l'œil en une infinité d'endroits en même tems. Je laisse à de meilleures Plumes le soin de

pu-

EPISTRE.

publier les vertus & les exploits de VÔTRE ALTESSE Sérénissime; je craindrois d'en obscurcir l'éclat par la foiblesse de mon stile. Je me contenterai de la suplier d'agréer que je lui présente cet Ouvrage, comme une foible marque de mon profond respect, & du zéle & de l'attachement avec lequel je suis, & veux être toute ma vie,

MONSEIGNEUR,

DE VOTRE ALTESSE
Sérénissime,

Le trés-humble, & trés-obeïssant Serviteur,

ADRIAN MOETJENS.
LE

LE LIBRAIRE AU LECTEUR.

Ous les Traitez de Mathematique, que Mr. Ozanam a publiez, ont été si bien receus du Public, que je n'ay pas hézité à luy donner celuy-cy. Il est vray que depuis quelque temps on a mis au jour un grand nombre de Traitez de Fortification: mais comme les autres Ecrits du même Auteur sur les diverses Parties des Mathematiques, n'en

ont

Le Libraire au Lecteur.

ont pas été moins recherchez, pour avoir été tirez de ceux qui les ont precedez, on est persuadé que celuycy sera debité tout de même. Car outre le merite de cet Auteur, qui est assez connu, on sçait, & les gens du Métier en sont convaincus, que quelque rebatuë qu'ait été cette Matiere depuis ces dernieres Guerres, il n'est pas si aisé que l'on pense, de bien traiter la Fortification, sur tout à l'égard des Places Irregulieres. Il s'offre tant de cas differens dans la situation & la qualité du Terrain, il est si difficile de les examiner tous, & d'y employer les regles particulieres qu'ils exigent. On ne sçauroit douter que l'on ne puisse faire tous les jours de nouveaux progrés dans cét Art; & que Mr. Ozanam ayant joint ses lumieres à celles des autres Auteurs, ne puisse aussi contribuer beaucoup à sa perfection. Mais s'il y a des difficultez dans la Partie des Fortifications qui enseigne à défendre les Places, il n'y en a

pas

Le Libraire au Lecteur.

pas de moindres dans celle qui aprend à les attaquer. Aussi les Maîtres asseurent qu'on n'a fait qu'effleurer cette derniere Partie, qui n'est pas cependant moins importante que l'autre. C'est ce que Mr. Ozanam a bien reconnu; & c'est aussi ce qui l'a obligé à s'y étendre un peu plus qu'on n'a fait jusques icy. On y trouvera des instructions trés utiles, & qu'une infinité de gens seront fort aises d'avoir ; quand ce ne seroit que pour apprendre à raisonner juste sur ces matieres; ou du moins pour concevoir plus clairement ce qu'ils en liront ou entendront dire. Si cét Ouvrage a le succez que j'en espere avec justice, je ne tarderay pas à donner au Public le Cours entier de Mathematique du même Auteur.

TABLE
DES
Titres contenus dans la Fortification.

Traité de Fortification. Page 1
Explication des Termes ichnographiques d'une Place fortifiée. 2
Maximes generales de la Fortification. 6
I. Il ne doit y avoir dans l'Enceinte de la Place aucun endroit qui ne soit vû & flanqué des Assiegez. 6
II. On doit proportionner la longueur de la grande Ligne de défense plûtôt à la portée du Mousquet qu'à celle du Canon. 6
III. La grande Ligne de défense doit être d'environ 120 toises. 7
IV. La Ligne de défense doit aboutir à l'Angle du Flanc razant, quand il n'y a point de second Flanc. 8
V. Les Flancs les plus grands sont les meilleurs, aussi-bien que les plus grandes Demigorges, & les plus grands seconds Flancs. 8
VI. L'Angle flanqué doit être au moins de 70 degrez. 11

VII. Le

DES TITRES.

VII. *Le Flanc doit avoir une partie couverte.* 11

VIII. *Le Flanc ne doit être perpendiculaire ni à la Courtine, ni à la Ligne de défense, ni à la Face du Bastion.* 12

IX. *Une Place fortifiée doit être également forte par tout, & elle doit commander sur tous les lieux d'alentour.* 15

X. *Les Ouvrages les plus proches du centre de la Place doivent toûjours être plus hauts que les plus éloignez.* 15

XI. *Il faut faire accorder les Maximes precedentes autant qu'il sera possible.* 16

PREMIERE PARTIE.

De la Fortification reguliere.

Fortifier un Quarré. 21
Fortifier un Pentagone. 22
Fortifier un Exagone. 23
Fortifier un Eptagone. 23
Connoître les Angles & les Lignes d'un Polygone fortifié par la Methode precedente. 24
Pratique sur un Octogone. 25
Pratique sur un Enneagone. 30
Fortifier une Place par le moyen des Tables supputées. 35
Décrire un Polygone avec des Cazemates & des

TABLE

des Orillons.	39
De l'Enceinte d'une Place.	44
Rempart.	45
Parapet.	48
Fossé.	51
Muraille.	53
Chemin des Rondes.	54
Fausse-braye.	55
Chemin couvert & Esplanade.	56
Décrire le Profil d'un Fort ayant une Enceinte de la premiere sorte.	57
Décrire le Profil d'une Place forte ayant une Enceinte de la seconde sorte.	59
Décrire le Profil d'une Place forte ayant une Enceinte de la troisiéme sorte.	60
Representer un Profil en Perspective.	60
Décrire le Plan d'un Fort ayant une Enceinte de la premiere sorte.	61
Décrire le Plan d'un Fort ayant une Enceinte de la seconde sorte.	63
Décrire le Plan d'un Fort ayant une Enceinte de la troisiéme sorte.	65
Décrire le Plan d'un Fort avec des Flancs hauts & des Flancs bas.	65
Décrire un Fort avec la Place d'Armes & les ruës principales.	70
Tracer le Plan d'une Fortification sur la terre.	74
Elever le Rempart avec son Parapet & l'Esplanade de la terre qu'on tire du Fossé.	76

Expli-

DES TITRES.

Explication de quelques Instrumens, dont on se sert dans la Fortification pour remuer les terres. 82

Explication de quelques Instrumens, dont on se sert dans la Fortification pour transporter les terres d'un lieu à un autre. 83

Elever un Plan de Fortification en Perspective. 85

SECONDE PARTIE.

De la Construction des Dehors.

Décrire le Plan d'un Fort avec des Demilunes & des Ravelins. 89
Décrire un Ouvrage à Corne. 92
Décrire un Bonnet à Prêtre. 94
Décrire une Couronne. 96
Décrire un Couronnement. 98
De la construction des Traverses. 100
De la construction des Citadelles. 102

TROISIE'ME PARTIE.

Des differentes manieres de Fortifier.

Calcul de cette seconde Methode. 108
Troisiéme Methode de fortifier. 111

* 6

Qua-

TABLE

Quatriéme Methode de fortifier.	113
Calcul de cette quatriéme Methode.	114
Fortification d'Errard.	117
Remarques sur la Fortification d'Errard.	118
Calcul des Angles & des Lignes suivant le dessein d'Errard.	119
Fortification du Comte de Pagan.	122
Remarques sur la Fortification du Comte de Pagan.	125
Calcul des Angles & des Lignes selon le dessein du Comte de Pagan.	128
Fortification de Monsieur de Bombelle.	132
Remarques sur la Fortification de Monsieur de Bombelle.	134
Calcul des Angles & des Lignes selon le dessein de Monsieur de Bombelle.	135
Fortification de Monsieur Blondel.	137
Remarques sur la Fortification de Monsieur Blondel.	142
Calcul des Angles & des Lignes d'un Polygone fortifié selon le dessein de Mr. Blondel.	143
Fortification de Monsieur de Vauban.	145
Calcul des Angles & des Lignes d'un Polygone fortifié par la Methode de Monsieur de Vauban.	149
Fortifier à l'Italienne par la Methode de Sardi.	151
Remarques sur la Fortification de Sardi.	152
Calcul des Angles & des Lignes selon le dessein de Sardi.	153

Forti-

DES TITRES.

Fortifier à la Françoise par la Methode du Chevalier de Ville. 156
Remarques sur la Fortification du Chevalier de Ville. 157
Calcul des Angles & des Lignes selon le dessein du Chevalier de Ville. 157
Fortifier à la Hollandoise par la Methode de Marolois. 159
Remarques sur la Fortification Hollandoise. 161
Calcul des Angles & des Lignes d'un Polygone fortifié par la Methode de Marolois. 162
De la Fortification Espagnole. 165
De l'Ordre Renforcé. 166

QUATRIE'ME PARTIE.

De la Fortification irreguliere.

Fortifier en dehors une Place irreguliere dont tous les Angles & tous les Costez sont reguliers. 169
Premiere Maniere. 170
Seconde Maniere. 173
Troisiéme Maniere. 174
Quatriéme Maniere. 175
Fortifier en dedans une Place irreguliere, dont tous les Angles & tous les Côtez sont reguliers. 176
Fortifier un côté irregulier. 177

Forti-

TABLE

Fortifier un Angle irregulier. 179
Fortifier une Place irreguliere, en laissant la vieille Enceinte, & en en faisant une nouvelle. 183
Fortifier une Place qui est commandée par quelque hauteur. 187
Fortifier des Places qui sont situées sur des lieux élevez. 189
Fortifier une Place située proche d'une Riviere. 191
Fortifier une Place située sur le bord de la Mer. 193
Fortifier une Ville située proche d'un Lac. 194
Fortifier une Place située dans une Isle. 194
Avantages & desavantages des differentes situations d'une Place. 195
Des Places situées sur des lieux élevez. 195
Des Places situées dans une Plaine. 198
Des Places situées sur le Rivage des Mers & des Rivieres. 200
Des Forteresses élevées dans les Isles. 201
Du choix d'une Place qu'on veut fortifier. 202

DES TITRES.
CINQUIÉME PARTIE.
De la Fortification offensive.

Des Forts de Campagne. 205
Construire un Fort à Demi-bastions. 205
Décrire une Redoute. 206
Décrire un Fort à Etoile. 207
Diverses manieres pour fortifier un Triangle équilateral. 208
Premiere Methode. 208
Seconde Methode. 209
Troisiéme Methode. 209
Quatriéme Methode. 209
Cinquiéme Methode. 210
Fortification d'un Quartier d'Armée. 210
De la Circonvallation. 212
Des Ponts pour la communication des Quartiers. 215
Des Batteries. 216
Des Tranchées d'approche. 220
Des Attaques d'approche. 223
Premiere sorte d'Attaques. 224
Seconde sorte d'Attaques. 226
Troisiéme sorte d'Attaques. 229
De la Sape, de la Galerie, & des Mines. 230

SIXIE'-

TABLE DES TITRES.

SIXIE'ME PARTIE.

De la Fortification défensive.

Des Retranchemens. 237
Des Contre-tranchées. 240
Des Contre-batteries, & de la défense des Brè-
ches. 241
Des Contre-mines. 244

Fin de la Table des Titres.

TRAITÉ
DE
FORTIFICATION.

A Fortification que l'on appelle aussi *Architecture Militaire*, est un Art, qui par le moyen de l'Arithmetique & de la Geometrie, enseigne la maniere de *Fortifier*, c'est à dire d'enfermer une Place ou Ville de Bâtimens, qui la mettent à couvert & en seureté contre les invasions de l'Ennemi ; ce qui se fait en inclinant aux angles du Polygone qui renferme la Place à fortifier, une certaine ligne continuelle, qu'on appelle *Premier trait*, & *Ligne Magistrale*, & encore *Ligne du Cordon*, sur laquelle on fait les fondemens de cette clôture de murailles, qui environne la *Forteresse*, ou Place fortifiée, & qui est composée de Courtines & de Bastions tellement construits & disposez, qu'on puisse aisément s'y défendre, si l'on est attaqué ; que l'Ennemi en puisse être vû & repoussé de quelque maniere qu'il en approche, pour l'empêcher de s'en rendre le Maître ; & qu'un petit nombre d'hommes puisse resister avantageusement aux efforts d'un plus grand qui voudroit les forcer.

A   Ce

Ce Polygone pouvant être regulier & irregulier, fait que la Fortification peut aussi être reguliere & irreguliere : l'une & l'autre dépend des Maximes suivantes, que l'on ne sçauroit bien entendre sans avoir auparavant expliqué quelques termes qui sont particuliers à la Fortification. C'est pourquoy nous commencerons par les Définitions.

Explication des Termes ichnographiques d'une Place fortifiée.

Planche 2. 6. Fig.

LA *Figure 6.* represente un Demi-exagone fortifié, ou le Polygone ABCD s'appelle *Polygone interieur*, & le Polygone GKVX se nomme *Polygone exterieur*. Chacun des côtez du Polygone interieur, comme AB, s'appelle *Côté interieur*, & chaque côté du Polygone exterieur, comme GK, se nomme *Côté exterieur*. Quand les Polygones interieur & exterieur sont reguliers, comme ici, ils ont un même *centre*, comme S, qui est le même que le centre du Cercle circonscrit: & alors nous appellerons *Petit Rayon*, le Rayon du Cercle circonscrit autour du Polygone interieur, comme SA, & *Grand Rayon*, le Rayon du Cercle circonscrit autour du Polygone exterieur, comme SG. On appelle *Fortifier en dehors*, quand on fortifie sur le papier en commençant par le côté interieur, & *Fortifier en dedans*, lorsqu'on fortifie sur le papier en commençant par le côté exterieur.

La Figure AEFG represente le Plan d'un *Demibastion*, qui est composé de la *Demi-gorge* AE, de la *Capitale* AG, du *Flanc* EF, & de la *Face* FG, qu'on appelle aussi *Pan du Bastion*. Ce Flanc EF, ou HI, se nomme *Flanc droit*, quand il est perpendiculaire à la *Courtine* EH; & *Flanc oblique*, quand

il

Fortification Planche 2. Page 2.

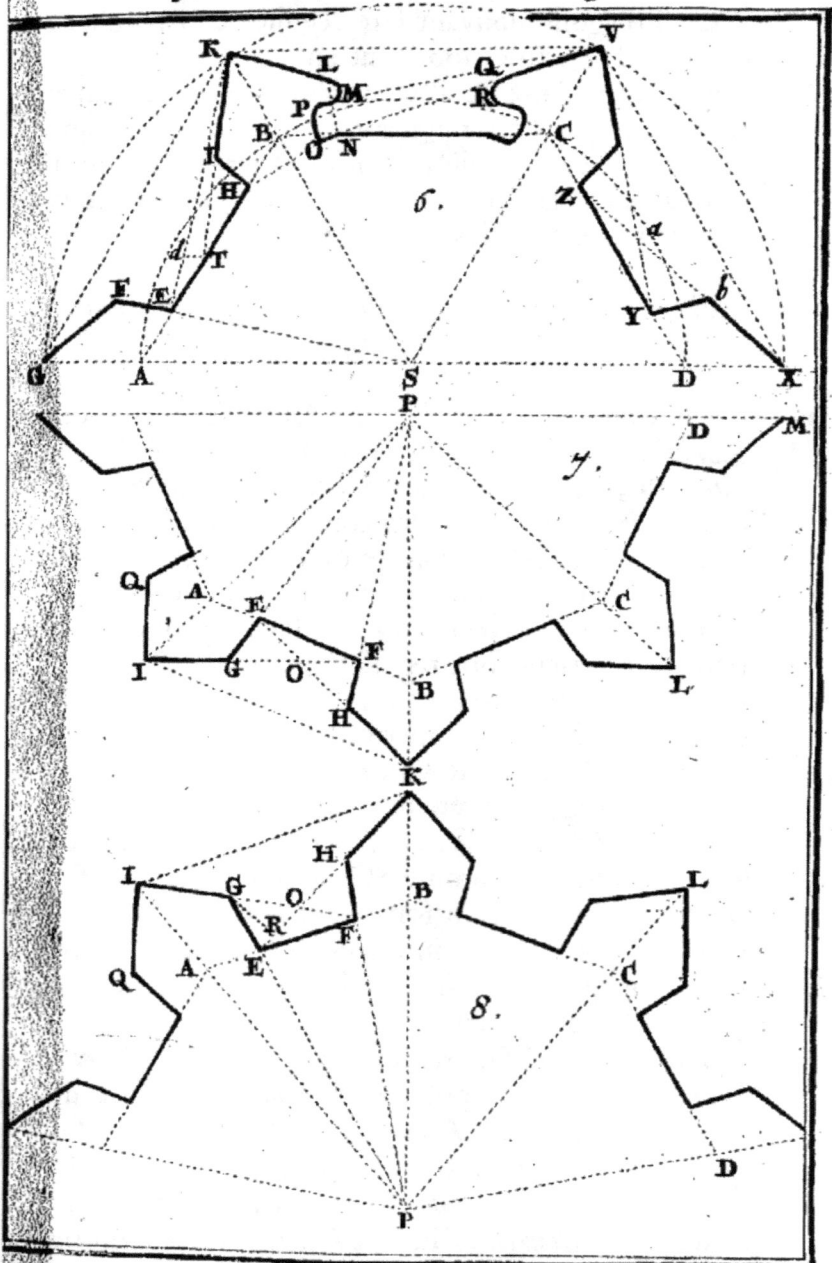

il fait avec la Courtine EF un angle obtus: ce qui se pratique à présent parmi tous les Ingenieurs, pour des raisons que vous verrez dans la *Max.* 7.

Planche 2.
6. Fig.

La Figure HIKLMPON est un *Bastion* entier, qu'on appelle aussi *Boulevard*, qui est composé de parties semblables aux precedentes, & de plus d'une *Gorge*, ou *Ligne de gorge*, qui est ici representée par la ligne HN tirée de l'extremité H du Flanc HI, à l'extremité N de l'autre Flanc NL, qui se trouve ici coupé par *l'Epaule* ou *l'Orillon* LM, qu'on appelle *Orillon rond*, parce qu'il est rond, autrement on l'appelle *Orillon quarré*, comme QR. Il couvre une partie du Flanc, que pour cette fin on retire en dedans, & c'est à cause de cela qu'on l'appelle *Flanc retiré*, & *Flanc couvert*, & aussi *Cazemate*, & *Place basse*, comme OP: & la ligne NO, ou MP, se nomme *Retirade du Flanc*, ou *Enfoncement de la Cazemate*.

La ligne EF a été appellée *Flanc*, parce qu'elle sert à défendre la Face IK du Bastion opposé, car *Flanquer* en termes de Fortification signifie défendre. On l'appelle *Flanc fichant*, parce que le Mousquetaire qui seroit en son extremité E peut tirer & ficher contre la Face IK, ce qui fait que la ligne EK tirée de l'extremité E du Flanc à la *Pointe* K du Bastion opposé, se nomme *Ligne de défense fichante*, ou simplement *Ligne fichante*, & aussi *Grande Ligne de défense*: la *Ligne razante*, ou *Ligne de défense razante*, & aussi *Petite Ligne de défense*, étant la droite KT, que l'on a en prolongeant la Face IK jusqu'en T, où le Mousquetaire étant ne peut point tirer contre la Face IK, mais seulement la razer: & alors la partie ET de la Courtine s'appelle *Second Flanc*, & aussi *Feu dans la Courtine*, parce que de tous les points de ce second Flanc ET, on peut ti-

Planche 2. 6. Fig. rer & faire feu contre la Face IK. Il n'y a pas toûjours un second Flanc, comme il arrive à la Courtine YZ, & alors il n'y a point auſſi de Ligne fichante, mais ſeulement une Ligne razante; comme YV, & ZX, & dans ce cas le Flanc prend le nom de *Flanc razant*, parce que de ſon extremité Y, ou Z, on peut ſeulement razer la Face du Baſtion oppoſé. Par là vous voyez que les Flancs ſont comme les bras d'une Place fortifiée, auſſi c'eſt cette partie que l'Ennemi tâche à ruïner au plûtôt, pour paſſer plus facilement le Foſſé.

Nous avons dit dans nôtre Geometrie, que l'angle ASB ſe nomme *Angle du centre*, & que l'angle ABC s'appelle *Angle du Polygone*, que l'on peut appeller *Angle du Polygone interieur*, pour le diſtinguer de l'angle GKV, qui peut être appellé *Angle du Polygone exterieur* : & nous dirons ici que l'angle FEH, que fait le Flanc EF avec la Courtine EH, s'appelle *Angle du Flanc*, & que l'angle EFG, que fait le même Flanc EF avec la Face FG, ſe nomme *Angle de l'Epaule*, ou ſimplement *Epaule*, d'où vient ce mot d'*Epauler*, qui ſignifie couvrir le flanc ou l'épaule de celui qui ſoûtient, en ſorte qu'il ne ſoit découvert de côté. Ainſi on voit que ceux qui défendent dans le Flanc EF ſont couverts & épaulez par la Face FG, laquelle dans ce cas eſt appellée *Epaulement* : La pointe de l'Angle du Polygone interieur ſe nomme *Centre du Baſtion*.

Le même Flanc EF étant prolongé, fait au centre S, avec le Rayon AS, l'angle ASE, que nous appellerons *Angle forme-flanc*. L'angle IKL, qui ſe fait à la pointe du Baſtion par les deux Faces KI, KL, du même Baſtion, s'appelle *Angle du Baſtion*, & auſſi *Angle flanqué*, parce qu'il eſt flanqué & défendu des deux Flancs oppoſez. La ligne droite tirée d'un

angle

angle flanqué à l'autre, & qui en marque la distance, comme GK, se nomme *Ligne de Base*, que nous avons auparavant appellée côté exterieur: & la partie EB composée de la Courtine EH & de la Demi-gorge HB, s'appelle *Courtine prolongée*. Planche 2. 6. Fig.

 Nous avons aussi dit dans nôtre Geometrie qu'un *Angle rentrant* est celui qui rentre en dedans, & nous dirons ici qu'en termes de Fortification un semblable angle s'appelle *Angle de Tenaille*, ou simplement *Tenaille*, dont celui qui est fait par la rencontre de deux lignes razantes, & qui est obtus, est appellé *Angle flanquant*, comme *a*, dont les deux lignes *a*V, *a*X sont aussi appellées *Tenailles*: & il est appellé *Angle flanquant exterieur*, pour le distinguer de l'*Angle flanquant interieur*, qui est fait par la rencontre de la ligne razante & du Flanc, quand ce Flanc est razant, c'est à dire quand il n'y a point de second Flanc, comme VY*b*: ou bien quand il a un second Flanc, par la rencontre de la Ligne razante & du second Flanc, comme KTE.

 La même Ligne razante fait avec la Courtine un angle aigu, qu'on appelle *Angle diminué*, comme KTH, qui est égal à l'angle GKI, que fait la Face KI avec la Ligne de base GK, parce qu'elle est parallele au côté interieur AB, pour le moins en un Polygone regulier: & la Capitale AG fait avec la Demi-gorge AE l'angle GAE, qu'on appelle *Angle de Gorge*, qui est toûjours égal au reste à 180. degrez de la moitié de l'Angle du Polygone, qu'on appelle *Angle de base*, comme SAB, qui est égal à l'angle SGK, à cause des deux paralleles AB, GK, pour le moins quand le Polygone est regulier. Les autres termes s'expliqueront en leur lieu.

Maximes generales de la Fortification.

I.

Il ne doit avoir dans l'Enceinte de la Place aucun endroit qui ne soit vû & flanqué des Assiegez.

Nous commençons par cette Maxime fondamentale, parce qu'elle est la fin universelle qu'on se propose dans la Fortification pour combattre l'Ennemi avec avantage, étant certain que s'il y avoit quelque partie dans l'Enceinte de la Place, qui ne fût pas bien flanquée, l'Ennemi s'y pourroit mettre à couvert, & emporter la Place avec d'autant plus de facilité, que moins il en pourroit être repoussé.

II.

On doit proportionner la longueur de la grande Ligne de défense plûtôt à la portée du Mousquet qu'à celle du Canon.

Quoique dans la défense des Places on se serve du Mousquet & du Canon, neanmoins la raison & l'experience veulent qu'on proportionne la grande Ligne de défense à la portée du Mousquet plûtôt qu'à celle du Canon, parce que le Canon demande beaucoup d'appareil pour être chargé & pointé, ce qui l'empêche de pouvoir être tiré souvent, il consume une quantité prodigieuse de munitions, ses coups sont fort incertains, & comme il est fort exposé à la Batterie des Ennemis, un seul coup de l'Ennemi le peut rendre inutile, il peut s'éventer, ou crever, ou bien se démonter, & alors il se perd un temps fort precieux, pour le moins dans un Assaut, à le remplacer,

placer, ou à en remettre un autre à sa place, ce qui n'arrivera pas à cent Mousquetaires, qui peuvent avoir aussi-tôt tiré cent coups de Mousquet, & même deux cens qu'un Canon un seul; outre que la défense par le Mousquet est à peu de frais, plus certaine & plus facile, & qu'ainsi on garde l'usage de ces deux Armes, & qu'autrement on se priveroit de la meilleure, qui est le Mousquet.

III.

La grande Ligne de défense doit être d'environ 120 toises.

LA Maxime precedente nous ayant fait connoître qu'on doit proportionner la longueur de la grande Ligne de défense à la portée du Mousquet, il nous reste à déterminer la longueur de cette Ligne, qui est comme la régle de toutes les autres, afin que toutes ces lignes soient d'une grandeur raisonnable, & convenable à la défense du corps de la Place : ce qui ne se peut mieux faire qu'en déterminant la portée du Mousquet, qui est tout au plus de 150 toises. Ainsi afin que du Flanc on puisse défendre la Face du Bastion opposé, & repousser l'Ennemi qui voudroit s'attacher à sa pointe, il ne faut pas que la Ligne de défense soit plus longue que de 150 toises, & il est bon de la faire autant grande qu'il sera possible, afin d'avoir le moins de Bastions que l'on pourra dans une même Enceinte, pour diminuer la dépense. Neanmoins pour avoir une resistance plus vigoureuse, nous supposerons la Ligne de défense de 120 toises, nous arrêtant à ce nombre 120, parce qu'il est plus commode dans la pratique, étant libre d'en choisir un autre qui n'excede pas 150, ni qui ne soit pas au dessous de

A 4   100,

100, parce que dans ce cas les Bastions seroient trop proches & trop petits, ce qui augmenteroit trop le nombre des Bastions dans un contour égal, & diminueroit la force.

IV.

La Ligne de défense doit aboutir à l'angle du Flanc razant, quand il n'y a point de second Flanc.

C'Est afin que de tout le Flanc on puisse défendre la Face du Bastion opposé, car si cette Ligne de défense, quand il n'y a point de second Flanc, c'est à dire la Face du Bastion prolongée, coupoit le Flanc razant, une partie de ce Flanc, sçavoir celle qui seroit entre l'angle du Flanc & la Ligne razante, seroit inutile pour la défense de la Face du Bastion opposé, & ainsi la longueur de ce Flanc augmenteroit mal à propos la dépense, & l'on ne peut pas commettre une plus grande faute, que de ne pas employer toute la longueur du Flanc à la défense de la Face du Bastion opposé, qui étant la plus exposée à l'Ennemi, a plus besoin d'être défenduë, & ne le peut être que par le Flanc, une ligne ne pouvant pas se flanquer elle-même.

V.

Les Flancs les plus grands sont les meilleurs, aussi-bien que les plus grandes Demi-gorges, & les plus grands seconds Flancs.

IL est évident par ce qui a été dit dans la Maxime precedente, que plus les Flancs sont grands, plus ils sont propres à la défense, parce qu'ils en reçoivent plus de Défendans, & que quand on les veut cou-

couvrir, ils peuvent avoir des Orillons plus forts, & des Cazemates capables de plus de pieces de Canon, sans qu'il soit besoin d'y faire plus de deux Batteries, une haute, & l'autre basse. Il est évident aussi que les Demi-gorges les plus grandes sont les meilleures, parce qu'elles racourcissent la Ligne de défense, qu'on y peut mettre plus de Batteries, & que conjointement avec les Flancs elles rendent le Bastion plus ample & plus propre pour y faire des Retranchemens, que l'on peut avoir tous prêts, lorsque l'Ennemi a fait joüer la Mine. Enfin il est évident que plus il y a de Feu dans la Courtine, plus la défense en est meilleure, pour le moins quand on peut avoir un second Flanc sans préjudicier aux autres parties, parce que c'est toûjours autant de Feu de gagné, dont l'obliquité même diminuë à mesure que le Polygone a plus de côtez: & parce que la grandeur de ce second Flanc va toûjours en augmentant generalement parlant, plus il y a de Bastions, c'est à dire plus l'angle du Polygone est ouvert, lorsqu'on ne veut pas que l'angle flanqué soit obtus, il est aisé de conclure, que plus les Polygones sont grands, plus ils en sont meilleurs, parce que mêmes par nôtre methode de fortifier, que nous expliquerons dans la *Max.* 8. ils peuvent avoir des Flancs plus grands, & des Demi-gorges aussi plus grandes.

Ainsi je m'étonne de ce que plusieurs Auteurs negligent un second Flanc, qui me semble tres-avantageux pour les raisons que nous avons déja avancées, outre que quand il n'y a point de second Flanc, il est impossible d'empêcher, que dans les grands Polygones, où l'*Angle de la Figure*, c'est à dire l'Angle du Polygone, qu'on appelle aussi *Angle de la circonference*, est fort ouvert, l'angle flanqué ne devienne obtus, ce qui me semble un défaut considerable, parce que l'Angle flanqué droit, ou un peu moindre qu'un droit, resserre davantage la Tenaille, racourcit la Ligne de défense razante, & multiplie beaucoup le Feu de la Courtine, augmente la Capitale du Bastion, ce qui le rend plus propre pour les Retranchemens, & presente moins les Faces des Bastions à l'Ennemi : outre que l'Angle flanqué droit a toute la force qu'on lui peut donner, opposant à sa Pointe toute la solidité de son corps aux Batteries droites.

Nous ajoûterons à toutes ces raisons celle-cy qui me semble bien forte, sçavoir que quand on a un second flanc, on peut tirer du Flanc fichant plus facilement & bien avant dans la Bréche qui auroit été faite au milieu de la Face du Bastion opposé, & qu'ainsi on peut incommoder beaucoup les Assiegeans, quand ils voudront se loger dans la Bréche, & l'on peut nuire davantage à l'Ennemi dans le passage du Fossé, parce que d'un Flanc fichant on découvre plus de Fossé que d'un Flanc razant.

Planche 2. 8. Fig. Pour juger de la capacité d'un Flanc razant, comme GE, pour servir à la défense du Fossé, & de la Face du Bastion opposé KH, il ne faut pas en juger par sa longueur, mais par celle de la ligne GR, qui est tirée de l'Angle de l'Epaule G perpendiculairement à la Ligne razante EK, étant certain qu'il ne tient pas plus de Mousquetaires posez obliquement dans le Flanc razant EG, que la perpendiculaire GR en contient de front.

6. Fig. Pareillement pour juger de la capacité d'un second Flanc, comme ET, pour servir à la défense de la Face opposée KI, & pour s'opposer au passage du Fossé, il ne faut pas avoir égard à sa longueur, qui est trop oblique, mais à celle de la ligne T*d*,

qui

qui se tire de l'extremité T de ce second Flanc perpendiculairement à la Ligne razante KT, pour la même raison qu'auparavant.

VI.

L'Angle flanqué doit être au moins de 70 degrez.

LEs Hollandois le souffrent au 60. degré, parce que dans le Quarré ils ne peuvent pas le rendre plus grand selon leur maniere de fortifier, qui est d'ajoûter 15 degrez à l'Angle de Base, pour avoir l'angle du Bastion, comme nous dirons en son lieu: mais comme par nôtre Methode, que nous expliquerons dans la *Max*. 8. nous pouvons faire l'Angle flanqué d'environ 70 degrez dans le Quarré, qui est la première des Figures qui puisse servir, le Triangle étant d'une trop petite étenduë, nous avons fixé l'ouverture de l'Angle flanqué à ce nombre de 70 degrez, afin qu'il puisse mieux resister à l'effort des Batteries, si l'Ennemi en vouloit émousser la pointe. D'où il est aisé de conclure que nul Angle d'un Polygone, moindre qu'un droit, ne peut être bien fortifié, & qu'ainsi un Triangle est toûjours imparfait.

VII.

Le Flanc doit avoir une partie couverte.

COmme le Flanc n'est destiné qu'à la défense du Corps de la Place, & la principale partie qui combat pour son salut, on ne doit rien negliger de ce qui peut contribuer à sa conservation, & pour l'empêcher d'être ruiné. Quoi que les Hollandois ne fassent point d'Orillons pour couvrir leurs Flancs,

croyant

croyant peut être que les Flancs simples découvroient mieux la Campagne, & qu'ils étoient assez couverts par les *Dehors*, ou *Pieces détachées*, qu'ils mettent ordinairement devant les Courtines : neanmoins l'experience a fait connoître dans plusieurs Sieges, que les défenses d'un simple Flanc étoient bien-tôt ruïnées, & que le logement sur la Contrescarpe n'a pas été plûtôt fait, qu'il a fallu qu'une Place capitulât.

L'avantage d'un Orillon principalement rond, est qu'il nuit extrémement à l'Ennemi dans le Passage du Fossé, & aussi au Mineur en quelque endroit qu'il s'attache, & qu'il peut couvrir au moins deux pieces de Canon, qui quoi qu'elles ne puissent pas être démontées par le Canon de l'Ennemi, ne laissent pas de découvrir le Mineur, la Bréche, & une bonne partie du Fossé. A la vûë de tant d'avantages, il est difficile de ne pas preferer un Flanc couvert à un simple Flanc, qui est d'autant plus exposé à l'Ennemi qu'il est plus grand, comme il arrive par nôtre Methode, parce qu'alors l'Ennemi le peut attaquer sur un plus grand front.

VIII.

Le Flanc ne doit être perpendiculaire ni à la Courtine, ni à la Ligne de défense, ni à la Face du Bastion.

ERrard a tiré le Flanc perpendiculaire à la Face du Bastion, afin qu'il fût mieux couvert sans avoir besoin d'Orillons ; mais à force de le couvrir, il le rendoit trop petit & inutile, la Gorge devenoit trop serrée, les embrasures trop obliques, & le Fossé trop peu défendu. Le Chevalier de Ville, & plusieurs autres l'ont fait perpendiculaire à la Cour-

Courtine, pour en mieux défendre les Ponts & les Portes, qui se font ordinairement vers le milieu de la Courtine; mais on a remarqué qu'aux Figures de plusieurs côtez, les angles des Merlons opposez aux Batteries étoient encore trop aigus, & le Fossé mal défendu. Enfin le Comte de Pagan a fait le Flanc perpendiculaire à la Ligne razante, c'est à dire à la Face prolongée du Bastion opposé, pour la mieux défendre, mais ce Flanc étant tiré de la sorte me semble trop oblique, trop petit & trop exposé au Canon ennemi, sur tout quand il n'est point couvert. C'est pourquoi pour mieux faire, nous prendrons un milieu entre ces deux derniers partis, en tirant le Flanc du centre de la Place.

Nôtre maniere de fortifier est donc premierement de tirer les Flancs du Centre de la Place, qui semble ne pouvoir pas être appliquée aux Figures irrégulieres qui n'ont point de centre; mais nous en ferons une juste application dans la Fortification des Places irregulieres: & nous ne nous serions point attachez si fortement à cette maniere, si elle n'avoit des avantages tres-considerables.

Quoy qu'il soit impossible d'établir aucun principe universel pour fortifier, qui ne devienne à la fin defectueux, à cause de la difference des angles dans les Polygones differens; nous ne laisserons pas neanmoins d'établir ici une régle pour fortifier un Polygone regulier, laquelle soit autant generale qu'il est possible, en assignant quelques proportions aux Flancs & aux Demi-gorges qui puissent convenir à la nature de chaque Polygone. En donnant donc 120 toises au côté interieur du Polygone, afin que la grande Ligne de défense soit à peu prés de cette grandeur, selon la *Max.* 3. nous donnerons autant de toises à la Demi-gorge que le Polygone à fortifier aura de côtez, & 20 de plus; de sorte que la Demi-gorge sera de 24 toises dans le Quarré, de 25 dans le Pentagone, de 26 dans l'Exagone, & ainsi ensuite jusqu'au Decagone, où la Demi-gorge se trouvant de 30 toises demeure de cette grandeur dans les Polygones plus grands. Nous donnerons au Flanc un nombre de toises égal au Quadruple du nombre des côtez du Polygone proposé, c'est à dire 16 toises dans le Quarré, 20 dans le Pentagone, 24 dans l'Exagone, & ainsi ensuite jusqu'au Decagone, où le Flanc se trouvant de 40 toises demeure de cette grandeur dans les Polygones plus grands, ou de plus de côtez.

La raison de cette augmentation des Demi-gorges & des Flancs est fondée sur la nature des Polygones, lesquels à mesure qu'ils ont plus de côtez ont les Angles plus ouverts, qui par consequent sont capables de recevoir de plus grands Bastions; & pour empêcher qu'ils ne deviennent d'une grandeur énorme, nous avons fixé les Demi-gorges à 30 toises dans le Decagone, & les Flancs à 40, étant libre de les faire moindres à celui qui les trouvera trop grands. Nous donnerons au commencement de la 3. *Part.* une autre Methode plus generale, où les Flancs ne sont pas si grands qu'icy, mais en recompense les Demi-gorges deviennent plus grandes, allant toûjours croissant dans les Polygones plus grands; sans que neanmoins on soit obligé de les fixer à une certaine grandeur, comme dans la Methode precedente : car quand les Polygones commencent à devenir grands, les Demi-gorges croissent si peu selon cette Methode, qu'elles ne peuvent pas surpasser 36 toises sur un côté interieur de 120 toises dans un Polygone de trente côtez.

Une

IX.

Une Place fortifiée doit être également forte par tout, & elle doit commander sur tous les lieux d'alentour.

LA premiere partie de cette Maxime est évidente d'elle-même, parce que l'inégalité de la force fait connoître à l'Ennemi le côté le plus foible de la Place, & par consequent celui qu'il doit attaquer: & la seconde est aussi évidente, parce qu'autrement l'Ennemi nous couvriroit ses desseins, ses approches en seroient favorisées, & il pourroit facilement nous battre en ruïne.

X.

Les Ouvrages les plus proches du centre de la Place doivent toûjours être plus hauts que les plus éloignez.

CAr ainsi les Pieces les plus éloignées & les plus basses qui sont davantage exposées à l'Ennemi, qui s'en peut saisir plus facilement, seront découvertes aux plus proches & plus hautes, d'où l'on pourra par consequent les défendre, en repousser l'Ennemi, lorsqu'il s'en sera rendu le Maître, & l'empêcher qu'il ne s'en couvre.

XI.

Il faut faire accorder les Maximes precedentes autant qu'il sera possible.

J'Ay dit autant qu'il sera possible, parce qu'en voulant observer une Maxime à la rigueur, on s'éloigne souvent d'une autre plus considerable: par exemple

exemple si l'on veut agrandir le second Flanc, on diminuë ou le Flanc, ou l'Angle flanqué, & l'on augmente inutilement la Face du Bastion: si l'on veut que l'Angle du Bastion soit bien ouvert, on lui dérobe la bonne défense qu'il peut prendre sur la Courtine, & l'on expose davantage sa Face au Canon Ennemi: Si l'on veut une Gorge un peu grande, la Face du Bastion devient aussi grande, ce qui est un défaut, parce que plus une Face est longue, plus elle est foible, l'Ennemi l'attaquant sur un plus grand front, & il suffit que les Faces soient assez longues, pour en pouvoir défendre les Dehors quand il y en a. Enfin il y a par tout de l'avantage & du desavantage, & l'on doit appliquer son raisonnement à juger si la conformité avec une Maxime est plus avantageuse que l'opposition à quelqu'autre n'est pernicieuse, en moyennant la chose en telle sorte, que la Fortification ne manque pas considerablement contre les Maximes principales.

PRE-

DE LA FORTIFICATION REGULIERE. 17

PREMIERE PARTIE.
DE LA FORTIFICATION REGULIERE.

Ne Place se rencontre rarement reguliere d'elle-même, mais quand le terrain est libre, on la peut aisément changer en reguliere quand elle est irreguliere, ce qu'il est bon de faire quand on le peut commodément, afin que la Place étant fortifiée soit par tout également défenduë. On pourroit donner 150 toises au côté de la Figure reguliere, selon la *Max.* 3. afin que la ligne de défense fût à peu prés de cette longueur, & qu'ainsi la Place eût le moins de Bastions qu'il seroit possible, pour éviter la dépense; mais pour avoir une resistance plus vigoureuse, & tirer à l'Ennemi de plus prés & avec plus de justesse, nous donnerons seulement 120 toises au côté interieur du Polygone.

Pour trouver le nombre des côtez de la Figure reguliere, à laquelle on peut reduire la proposée, que nous supposons irreguliere, ou pour le moins telle que si elle est reguliere, ses côtez sont trop longs, ou trop petits; on divisera le contour de cette Figure à reduire par 120, si l'on veut que la grande Ligne de défense soit d'environ 120 toises, comme il la faudroit diviser par 140, si l'on vouloit donner 140 toi-

B   ses

ſes à la grande Ligne de défenſe, & le Quotient donnera le nombre des côtez de la Figure reguliere, à laquelle on pourra reduire la propoſée.

<small>Planche 1. 1. Fig.</small> Cette reduction ſera facile à pratiquer, quand la Place à fortifier ne ſera pas extrémement irreguliere, comme l'Exagone irregulier ABCDEF, dont les côtez ſont ſuppoſez d'autant de toiſes que vous les voyez marquez dans la Figure: car bien que de ſa nature elle n'ait point de centre, neanmoins on en pourra aiſément trouver le centre par approximation, ſçavoir en trouvant le centre d'un Cercle qui paſſe par les trois Angles les plus éloignez de la Figure, comme A, C, E, & ce centre G ſera pris pour celui qu'on cherche, ſans que l'erreur ſoit beaucoup conſiderable, car comme la Fortification n'eſt qu'un Art, ce ſeroit une choſe ridicule que d'y vouloir obſerver avec rigueur les regles de la Geometrie.

Ayant donc ainſi trouvé le centre G de la Figure irreguliere ABCDE, on en décrira un Cercle, dont le Rayon convienne à la Figure reguliere qu'on aura trouvée en diviſant par 120 le contour de l'irreguliere. Ce Rayon ſe trouvera dans la Table ſuivante, qui montre la quantité des Rayons des Polygones reguliers depuis le Quarré juſqu'au Dodecagone, le côté interieur étant ſuppoſé de 120 toiſes : & de plus la quantité des Lignes & des Angles principaux de tous ces Polygones fortifiez par nôtre maniere qui nous eſt particuliere, & qui ne convient pas mal aux Maximes d'une bonne Fortification.

Fortification Planche 1. Page. 18.

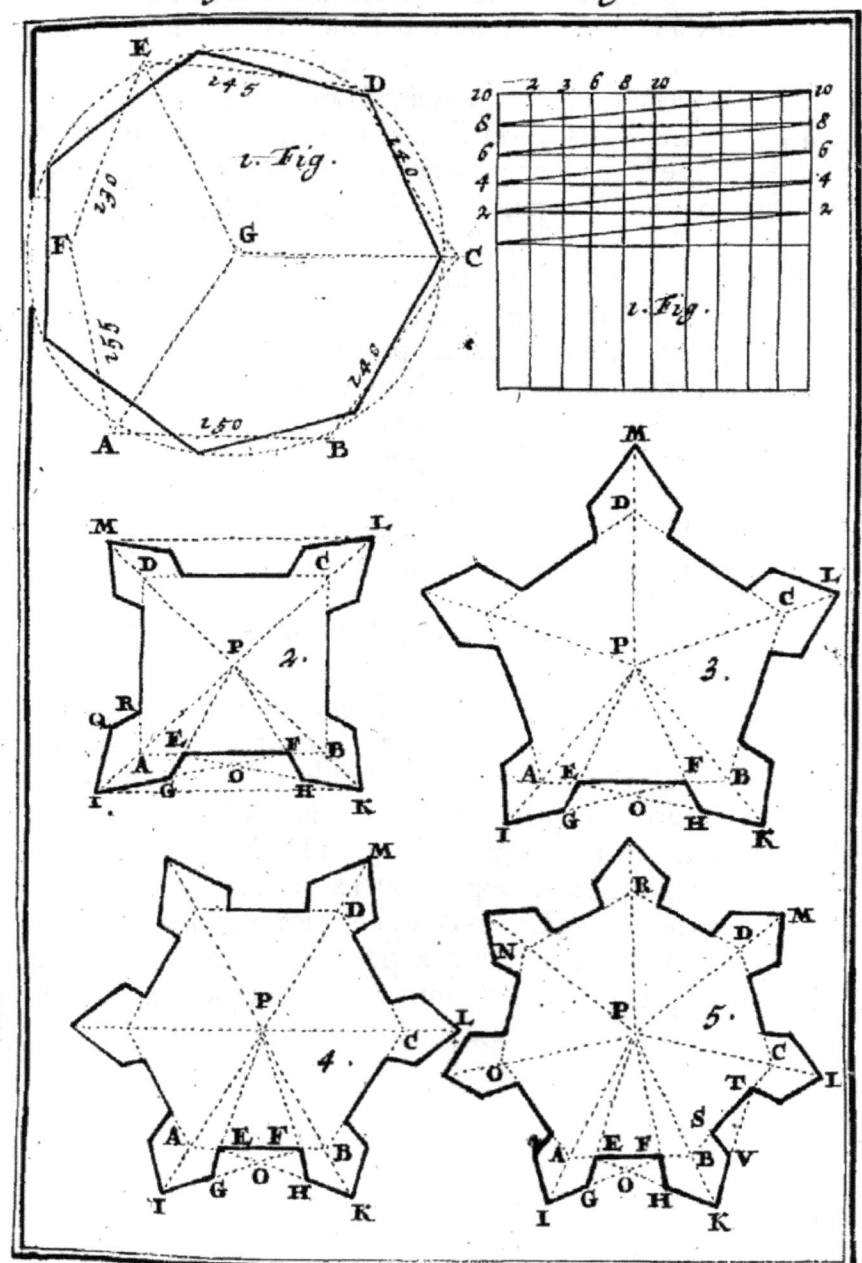

Table des Angles & des Lignes d'un Polygone fortifié, depuis le Quarré jusqu'au Dodecagone, sur un côté interieur de 120 toises.

Polygones.	IV	V	VI	VII	VIII	IX	X	XI	XII
Angle du centre	90. 0.	72. 0.	60. 0.	51. 26.	45. 0.	40. 0.	36. 0.	32. 44.	30. 0.
Angle du Polygone	90. 0.	108. 0.	120. 0.	128. 34.	135. 0.	140. 0.	144. 0.	147. 16.	150. 0.
Angle Forme-flanc	14. 2.	13. 1.	11. 55.	10. 36.	10. 2.	9. 21.	8. 44.	7. 50.	7. 22.
Angle du Flanc	120. 58.	112. 59.	108. 7.	105. 7.	102. 28.	100. 39.	99. 16.	98. 32.	97. 38.
Angle diminué	9. 42.	13. 19.	16. 49.	20. 14.	23. 46.	27. 16.	30. 45.	30. 49.	31. 16.
Angle de l'Epaule	130. 40.	126. 18.	124. 56.	125. 21.	126. 14.	127. 55.	129. 59.	129. 21.	128. 54.
Angle flanquant	160. 36.	153. 22.	146. 22.	139. 32.	132. 28.	125. 28.	118. 34.	118. 22.	117. 28.
Angle flanqué	70. 36.	81. 22.	86. 22.	88. 6.	87. 28.	85. 28.	82. 34.	85. 38.	97. 28.
Demi-gorge	24. 0.	25. 0.	26. 0.	27. 0.	28. 0.	29. 0.	30. 0.	30. 0.	30. 0.
Courtine	72. 0.	70. 0.	68. 0.	66. 0.	64. 0.	62. 0.	60. 0.	60. 0.	60. 0.
Flanc	16. 0.	20. 0.	24. 0.	28. 0.	32. 0.	36. 0.	40. 0.	40. 0.	40. 0.
Grande Lig. de déf.	117. 3.	117. 5.	119. 0.	120. 3.	122. 5.	126. 0.	129. 0.	127. 0.	125. 4.
Face du Bastion	36. 1.	37. 5.	40. 1.	42. 2.	45. 2.	48. 5.	52. 3.	50. 0.	49. 1.
Capitale	28. 0.	33. 3.	39. 4.	46. 2.	53. 4.	61. 2.	69. 4.	67. 5.	67. 3.

Planche 1.
1, Fig.

Si donc on décrit une circonference de Cercle du centre G, dont le Rayon soit conforme à celuy que l'on trouvera dans la Table precedente sous le Polygone qu'on aura trouvé par la division, l'ouverture de 120 toises, divisera cette circonference en autant de parties égales que le Polygone trouvé aura de côtez: c'est pourquoy si l'on joint les points de division par des lignes droites, on aura un Polygone regulier, dont le contour sera égal à celuy du Polygone à fortifier, & dont le contenu sera à peu prés égal à celuy du même Polygone à fortifier. J'ay dit à peu prés, parce qu'il ne s'ensuit pas que les Figures dissemblables *isoperimetres*, c'est à dire de même contour, soient égales.

Dans cet exemple, en ajoûtant ensemble tous les côtez de l'Exagone proposé irregulier ABCDE, on connoîtra que son contour est de 840 toises, lesquelles étant divisées par 120. le Quotient 7 fait connoître que l'Exagone irregulier ABCDE se peut reduire à un Eptagone regulier, dont chaque côté sera de 120 toises, & dont le contour sera le même que celuy de l'Exagone proposé ABCDE, sçavoir de 840 toises. Et parce que le Rayon d'un Eptagone se trouve dans la Table precedente d'environ 138 toises, si à l'intervalle de 138 toises on décrit du centre G une circonference de Cercle, l'ouverture de 120 toises la divisera en sept parties égales, & l'on aura un Eptagone regulier à la place de l'Exagone irregulier ABCDE. Il ne reste donc plus qu'à vous enseigner la maniere de fortifier cet Eptagone, & tous les autres Polygones.

Forti-

Fortifier un Quarré.

QUoy qu'une Place quarrée ne soit pas bien propre à être fortifiée, ayant trop peu de capacité dans son étenduë, & des angles trop aigus pour recevoir des Bastions qui soient de bonne resistance, à cause de l'obliquité & de la petitesse de leurs Flancs ; je ne la veux pourtant pas omettre, parce qu'elle peut servir pour une Citadelle, & pour commencer par la premiere des Figures, telle qu'est le Quarré, comme le Pentagone est la deuxiéme, l'Exagone la troisiéme, &c. Le Triangle étant trop imparfait pour être mis au nombre des Figures qui peuvent être bien fortifiées, & se bien défendre. *Planche 1. 1. Fig.*

Soit donc le Quarré à fortifier ABCD, dont le centre est P, qui se trouve à la rencontre des deux Diagonales AC, BD, & dont chaque côté est supposé de 120 toises, prenez sur chacun de ces côtez les Demi-gorges AE, BF, &c. chacune de 24 toises, & par les points E, F, tirez du centre P, les Flancs EG, FH, de 16 toises, après quoy vous tirerez des mêmes points E, F, par les points H, G, les lignes razantes EHK, FGI, qui donneront sur les Diametres prolongez les Pointes des Bastions aux points I, K, & tout sera fait. Il ne reste donc plus qu'à expliquer les termes, quoy qu'ils ayent déja été expliquez ailleurs. *Planche 1. 2. Fig.*

Planche 1.
2. Fig.

APB	Angle du centre.
ABC	Angle du Polygone.
GIQ	Angle flanqué.
GOH	Angle flanquant.
IGE	Angle de l'Epaule.
GEF	Angle du Flanc.
EFG	Angle diminué.
APE	Angle Forme-flanc.
ABCD	Polygone.
EGIQR	Bastion.

AB	Côté interieur.
LM	Côté exterieur.
AP	Rayon.
EG	Flanc.
EF	Courtine.
EB	Courtine prolongée.
GI	Face du Bastion.
FI	Ligne de défense.
AI	Ligne capitale.

Chaque Plan doit avoir son Echelle particuliere, comme la premiere Figure a la sienne, pour y prendre les mesures necessaires, & nous n'en n'avons point ajoûté aux autres Figures, parce qu'il est aisé de la construire, sçavoir en divisant à part une ligne égale au côté interieur AB en 120 parties égales qui représenteront des toises, ou bien en appliquant la longueur de ce côté interieur AB de 120 à 120 sur les parties égales du Compas de proportion, &c.

Fortifier un Pentagone.

LE Pentagone est déja propre à construire un Fort qui soit de bonne résistance, parce que
les

ses Flancs sont plus grands & moins inclinez que dans le Quarré, la disposition de la Figure permettant que pour la fortifier on puisse observer la plus grande partie des Maximes qui appartiennent à une bonne Fortification.

Planche 1.
3. Fig.

Pour le fortifier prenez sur les côtez interieurs AB, BC, CD, &c. que nous supposons toûjours de 120 toises, les Demi-gorges AE, BF, &c. chacune de 25 toises, & tirez comme auparavant, du centre P, par les points E, F, les Flancs EG, FH, chacun de 20 toises, pour tirer aussi comme auparavant, des mêmes points E, F, par les points H, G, les lignes razantes EK, FI, qui donneront sur les Rayons prolongez PB, PA, les pointes des Bastions aux points K, I, &c.

Fortifier un Exagone.

L'Exagone est encore plus propre que le Pentagone, à construire un Fort qui soit de bonne resistance, parce que l'Angle flanqué y devient plus ouvert, le Flanc plus grand, & moins oblique.

4. Fig.

Pour le fortifier, prenez sur les côtez interieurs AB, BC, CD, &c. qui sont toûjours supposez de 120 toises, les Demi-gorges AE, BF, &c. chacune de 26 toises, & ayant tiré comme auparavant, du centre P, par les extremitez E, F, de la Courtine, les Flancs EG, FH, chacun de 24 toises, achevez le reste comme dans les deux Polygones precedens.

Fortifier un Eptagone.

L'Eptagone est encore meilleur que l'Exagone, tant parce que le Flanc devient plus grand & moins incliné, que parce que l'Angle flanqué de-

5. Fig.

B 4   vient

24 TRAITÉ DE FORTIFICAT. I. PARTIE.

Planche 1.
5. Fig.

vient aussi plus grand, & la Demi-gorge aussi plus grande.

Pour le fortifier, faites les Demi-gorges AE, BF, chacune de 27 toises, & les Flancs EG, FH, chacun de 28, qui se doivent toûjours tirer du centre P de la Place, aprés quoy on trouvera les pointes I, K, des Bastions par les lignes razantes FGI, EHK, comme dans les Polygones precedens.

Planche 2.
7. Fig.
8. Fig.

Dans l'Octogone donnez 28 toises à chaque Demi-gorge, & 32 à chaque Flanc. En l'Enneagone donnez 29 toises à la Demi-gorge, & 36 au Flanc; & au Decagone, & à tous les autres Polygones qui le suivent, faites la Demi-gorge de 30 toises, & le Flanc de 40, la Pointe du Bastion se trouvera par tout en tirant une ligne de défense razante, pour le moins lorsque l'Angle du Bastion ne sera pas obtus; car quand il deviendra obtus, on le fera droit par le moyen d'un Demi-cercle qu'on décrira sur les deux Flancs, pour avoir un second Flanc sur la Courtine, comme nous dirons plus particulierement dans la Fortification du Chevalier de Ville.

Connoître les Angles & les Lignes d'un Polygone fortifié par la Methode precedente.

LEs parties d'un Polygone fortifié par quelque Methode que ce soit, se peuvent aisément connoître par l'Echelle particuliere du Plan, ou par le Compas de Proportion, qui peut servir d'Echelle à toute sorte de Plans, ou mieux par la Trigonometrie, sans qu'il soit besoin d'avoir un Plan exactement fortifié, pourvû que l'on sçache la Methode dont on veut se servir pour le fortifier, comme vous allez voir dans les deux exemples suivans, qui serviront à proportion pour tous les autres Polygones qu'on peut fortifier par nôtre Methode.

Pratique

De la Fortification Reguliere.

Pratique sur un Octogone.

LE côté interieur AB étant supposé de 120 toi- Plan-
ses, les Demi-gorges AE, BF, se trouveront che 2.
chacune de 28 toises, & les Flancs EG, FH, cha- 7. Fig.
cun de 32, & le reste se trouvera par supputation
en cette sorte.

Si du côté interieur AB, 120, on ôte la Demi-
gorge AE, 28, le reste donnera 92 toises pour la
Courtine prolongée EB, de laquelle si l'on ôte encore la Demi-gorge BF, 28, le reste donnera 64
toises pour la Courtine EF.

Si l'on divise le Cercle entier, ou 360 degrez,
par le nombre des côtez de la Figure, comme icy
par 8, le Quôtient donnera 45 degrez pour l'Angle du centre APB, lequel étant ôté de 180 degrez, on aura au reste 135 degrez pour l'angle du
Polygone ABC, dont la moitié donnera 67 degrez
30 minutes pour l'Angle de Base ABP.

Par le moyen de ces Lignes & de ces Angles ainsi
connus, les autres Lignes, & les autres Angles se
pourront aisément connoître par la Trigonometrie,
comme vous allez voir.

Premierement pour trouver le Rayon AP, on
fera dans le Triangle isoscéle APB, dans lequel on
connoît outre les Angles la Base AB de 120 toises,
cette Analogie,

Comme le Sinus de l'Angle du centre	*APB*
	70711
A son côté opposé AB	120
Ainsi le Sinus de l'Angle de Base ABP	92388
A son côté opposé AP	156.5.

qui se trouvera de 156 toises & d'environ 5 pieds.

B 5   Si

Planche 2. 7. Fig.

Si vous voulez une Analogie qui commence par le Sinus Total, ce qui est plus commode dans la pratique, faites ainsi,

Comme le Sinus Total   100000
    A la Secante de l'Angle de base ABP
                                             261313
Ainsi la moitié du côté interieur AB 60
    Au Rayon AP, BP 156.5.

Par le moyen de ce Rayon AP ainsi connu de 156 toises & 5 pieds, on pourra connoître l'angle du Flanc GEF, ou son égal AEP, dans le Triangle obliquangle APE, dans lequel on connoît les deux côtez AE, de 28 toises, AP de 156 toises & 5 pieds, & l'angle compris EAP de 67 degrez & 30 minutes, en cette sorte.

Ajoûtez ensemble les deux côtez AE, AP, pour avoir leur somme de 184 toises 5 pieds, & ôtez le plus petit AE du plus grand AP, pour avoir leur difference de 128 toises 5 pieds. Otez de 180 degrez l'angle connu EAP, 67. 30′. & il restera 112 degrez 30 minutes pour la somme des angles inconnus AEP, APE, dont la moitié est 56. 15′. Aprés cela faites cette Analogie,

Comme la somme des côtez AE, AP 184.5.
    A la difference des mêmes côtez AE, AP
                                             128.5.
Ainsi la Tangente de la moitié de la somme des
      angles AEP, APE 149661
    A la Tangente de la moitié de leur difference
                                             104317

à laquelle il répond dans les Tables environ 46. 13′. pour la moitié de la difference des mêmes angles

DE LA FORTIFICATION REGULIERE. 27

gles, AEP, APE, laquelle étant ajoûtée à la moitié de leur somme 56. 15'. on aura 102. 28'. pour le plus grand angle AEP, ou pour l'Angle du Flanc GEF qu'on cherche. *Planche 2. 7. Fig.*

Par le moyen de l'Angle du Flanc GEF ainsi connu de 102 degrez & 28 minutes, on pourra connoître de la même façon l'Angle diminué EFG dans le Triangle obliquangle GEF, où l'on connoît les deux côtez EG de 32 toises, EF de 64 toises, & l'angle compris GEF de 102. 28. en cette sorte.

Ajoûtez ensemble les deux côtez EF, EG, pour avoir leur somme de 96 toises, & ôtez le plus petit EF, 32, du plus grand EF, 64, pour avoir leur différence de 32 toises. Otez de 180 degrez l'angle connu GEF, 102. 28'. il restera 77 degrez & 32 minutes pour la somme des deux angles inconnus EFG, EGF, ensuite de quoi vous ferez cette Analogie,

Comme la somme des côtez EG, EF   96
A la différence des mêmes côtez EG, EF   32
Ainsi la Tangente de la moitié de la somme des angles EFG, EGF   80306
A la Tangente de la moitié de leur différence   26768

à laquelle il répond dans les Tables environ 14. 59. pour la moitié de la différence des mêmes angles EFG, EGF, laquelle étant ôtée de la moitié de leur somme 38. 46'. le reste donnera 23 degrez & 47 minutes pour l'Angle diminué EFG, qu'on cherche.

Si à cet Angle diminué ainsi trouvé de 23. 47'. on ajoûte l'Angle du Flanc GEF, qui a été trouvé de 102. 28. on aura 126. 15'. pour l'Angle de l'E-

Planche 2. 7. Fig.

l'Epaule EGI, ou FHK: & si l'on ôte le double 47. 34′ du même angle diminué de 180 degrez, le reste donnera 132. 26′. pour l'Angle flanquant exterieur GOH, duquel ôtant l'Angle du centre APB, qui est de 45 degrez, le reste donnera 87. 26′. pour l'Angle flanqué GIQ, qu'on trouvera aussi en ôtant de l'Angle du Polygone, qui est de 135 degrez, le double 47. 34′. de l'Angle diminué EFG, qui a été trouvé de 23. 47′. qui étant ôté de l'Angle du Flanc GEF, que nous avons trouvé de 102. 28′. le reste donnera 78 degrez & 41 minutes pour l'Angle flanquant interieur GEO.

On pourra connoître dans le Triangle obliquangle AFI, dans lequel on connoît outre les angles, le côté ou la Courtine prolongée AF de 92 toises, la Ligne de défense FI, & la Capitale AI, par ces deux Analogies,

Comme le Sinus de la moitié AIF de l'Angle flanqué QIG   69109.
A la Courtine prolongée AF.   92
Ainsi le Sinus de l'Angle de Gorge IAF 92388
A son costé opposé, ou à la Ligne de défense FI   122. 5.

qui se trouvera de 122 toises, & d'environ 5 pieds.

Comme le Sinus de la moitié AIF de l'Angle flanqué QIG   69109
A son costé opposé, ou à la Courtine prolongée AF   92
Ainsi le Sinus de l'Angle diminué IFA   40328
A la Capitale AI   53. 4.

qui se trouvera de 53 toises, & d'environ 4 pieds, à la-

DE LA FORTIFICATION REGULIERE. 29
à laquelle ajoûtant le petit Rayon AP, qui a été Plan-
trouvé de 156 toises & 5 pieds, on aura 210 toi- che 2.
ses & 3 pieds pour le grand Rayon PI, ou PK, 7. Fig.
par le moyen duquel on pourra trouver le côté exterieur IK, en faisant dans le Triangle isoscéle IPK,
cette Analogie,

 Comme le Sinus de l'Angle de base PIK 92388
  Au grand Rayon PK 210. 3.
 Ainsi le Sinus de l'Angle du centre IPK 70711
  Au costé exterieur IK 161

qui se trouvera d'environ 161 toises.
 Ou bien en faisant dans les deux Triangles semblables APB, IPK, cette autre Analogie,

 Comme le petit Rayon AP 156. 5.
  Au costé interieur AB 120
 Ainsi le grand Rayon IP 210. 3.
  Au costé exterieur IK 161.

 Mais la plus commode de toutes les Analogies
est la suivante, qui commence par le Sinus Total,

 Comme le Sinus Total 100000
  Au double du grand Rayon IP 421
 Ainsi le Sinus de la moitié de l'Angle du cen-
  tre IPK 38268
  Au costé exterieur IK 161

 Pour trouver la Face GI, qui n'est point le côté
d'un Triangle, on trouvera auparavant la ligne FG
dans le Triangle obliquangle EFG, par cette Analogie,

Comme le Sinus de l'Angle diminué EFG 4032
A son costé opposé EG 3
Ainsi le Sinus de l'Angle du Flanc GEF 9764
A son costé opposé FG 77.2

qui se trouvera d'environ 77 toises & 2 pieds, lequel étant ôté de la Ligne de défense FI, qui a été trouvée de 122 toises & 3 pieds, le reste donnera 45 toises & 3 pieds pour la Face GI, qu'on cherche.

Pratique sur un Enneagone.

LE côté interieur AB étant toûjours supposé de 120 toises, la Demi-gorge AE, ou BF se trouvera de 29 toises, & le Flanc EG, ou FH de 36. Le reste se connoîtra par supputation en cette sorte.

Si du côté interieur AB, 120, on ôte la Demigorge BF, 29, le reste donnera 91 toises pour la Courtine prolongée AF, de laquelle ôtant l'autre Demi-gorge AE, 29, on aura 62 toises pour la Courtine EF.

Si l'on divise le Cercle entier par le nombre des côtez de la Figure, c'est-à-dire 360 par 9, le Quotient donnera 40 degrez pour l'Angle du centre APB, lequel étant ôté de 180 degrez, le reste donnera 140 degrez pour l'Angle du Polygone ABC, dont la moitié donnera 70 degrez pour l'Angle de base ABP.

Par le moyen de ces lignes & de ces angles ainsi connus, les autres lignes & les autres angles se connoîtront aisément par la Trigonometrie, en cette sorte.

DE LA FORTIFICATION REGULIERE.

Premierement pour connoître le Rayon AP, ou Plan-BP, on fera dans le Triangle isoscéle APB, cette Analogie, che 2. 8. Fig.

Comme le Sinus de l'Angle du centre APB   64279
     Au costé interieur opposé AB   120
Ainsi le Sinus de l'Angle de base ABP   93969
     A son costé opposé, ou au Rayon AP   175. 2.

qui se trouvera de 175 toises, & d'environ 2 pieds.

Si vous voulez une Analogie qui commence par le Sinus Total, faites ainsi,

Comme le Sinus Total   100000
     A la Secante de l'Angle de base   ABP 292380
Ainsi la moitié du costé interieur AB   60
     Au Rayon AP, ou BP   175. 2.

Par le moyen de ce Rayon AP ainsi connu de 175 toises & 2 pieds, on pourra connoître l'Angle du Flanc GEF, ou son égal AEP, dans le Triangle obliquangle APE, en cette sorte.

Aioûtez ensemble les côtez AE, AP, pour avoir leur somme de 204 toises & 2 pieds, & ôtez le plus petit AE du plus grand AP, pour avoir leur difference de 146 toises & 2 pieds. Otez de 180 degrez l'Angle connu PAE, pour avoir au reste 110 la somme des Angles inconnus AEP, APE, dont la moitié est de 55 degrez: & faites cette Analogie,

Comme

Comme la somme des costez AE, AP   204.2.
  A la difference des mêmes costez AE, AP
                                                      146.2.
Ainsi la Tangente de la moitié de la somme des
    angles AEP, APE   142815
  A la Tangente de la moitié de leur differen-
    ce   102269

à laquelle il répond dans les Tables environ 45. 39'. pour la moitié de cette difference, laquelle étant ajoûtée à la moitié 55 de la somme 110 des mêmes angles AEP, APE, on aura 100. 39'. pour le plus grand angle AEP, ou pour l'Angle du Flanc GEF qu'on cherche.

Par le moyen de l'Angle du Flanc ainsi connu de 100 degrez & 39 minutes, on pourra connoître de la même façon la quantité de l'Angle diminué EFG, dans le Triangle GEF, comme vous allez voir.

Ajoûtez ensemble les deux côtez EF, 62, EG, 36, pour avoir leur somme 98, & ôtez le plus petit EG, 36, du plus grand EF, 62, pour avoir leur difference 26. Otez de 180 degrez l'angle connu GEF, 100. 39'. & la moitié du reste donnera 39. 40'. pour la moitié de la somme des Angles inconnus EFG, EGF. Aprés cela faites cette Analogie,

Comme la somme des costez EF, EG   98
  A la difference des mêmes costez EF, EG   26
Ainsi la Tangente de la moitié de la somme des
    angles EFG, EGF   82923
  A la Tangente de la moitié de leur differen-
    ce   21999
                                                                                     à la-

DE LA FORTIFICATION REGULIERE. 33

à laquelle il répond dans les Tables environ 12. 24'. lesquels étant ôtez de la moitié 39. 40'. de la somme 79. 20'. des angles EFG, EGF, le reste donnera 27. 16. pour l'Angle diminué EFG qu'on cherche.

Si à cet Angle diminué ainsi trouvé de 27. 16'. on ajoûte l'Angle du Flanc GEF, 100. 39'. on aura 127. 55'. pour l'Angle de l'Epaule EGI, ou FHK: & si l'on ôte le double 54. 32. du même Angle diminué EFG, 27. 16'. de 180 degrez, le reste donnera 125. 28'. pour l'Angle flanquant extérieur OH, ou EOF, duquel ôtant l'Angle du centre PB, qui est de 40 degrez, le reste donnera 85. 8', pour l'Angle flanqué QIG, qu'on trouvera aussi n ôtant de l'Angle du Polygone, qui est de 140 degrez, le double 54. 32' de l'Angle diminué GEF, ui a été trouvé de 27. 16'. & qui étant ôté de l'Anle du Flanc GEF, que nous avons trouvé de 100. 9'. le reste donnera 73. 23'. pour l'Angle flanquant ntérieur GEO.

On pourra connoître dans le Triangle obliquanle AFI, dans lequel on connoît outre les angles, côté ou la Courtine prolongée AF de 91 toises, Ligne de défense FI, & la Capitale AI, par ces eux Analogies,

Comme le Sinus de l'Angle AIF   67965
  A son costé opposé AF   91
Ainsi le Sinus de l'Angle de Gorge IAF 93969
  A la Ligne de défense FI   126

ui se trouvera d'environ 126 toises.

Planche 2.
8. Fig.

Comme le Sinus de l'Angle AIF	67965
A son costé opposé AF	91
Ainsi le Sinus de l'Angle diminué AFI	45813
A son costé opposé ou à la Capitale AI	61.2

qui se trouvera de 61 toises, & d'environ 2 pieds, à laquelle ajoûtant le petit Rayon AP, qui a été trouvé de 175 toises & 2 pieds, on aura 236 toises & 4 pieds pour le grand Rayon PI, ou PK, par le moyen duquel on pourra trouver le côté exterieur IK, en faisant dans le Triangle isoscéle IPK, cette Analogie.

Comme le Sinus de l'Angle de base PIK	93969
Au grand Rayon PK	236.4
Ainsi le Sinus de l'Angle du centre IPK	64279
Au costé exterieur IK	161.5

qui se trouvera de 161 toises, & d'environ 5 pieds.

Ou bien en faisant dans les deux Triangles isoscéles semblables APB, IPK, cette Analogie,

Comme le petit Rayon AP	175.2
Au costé interieur AB	120
Ainsi le grand Rayon IP	236.4
Au côté exterieur IK	161.5

Mais la plus commode de toutes les Analogies est la suivante, qui commence par le Sinus Total,

Comme le Sinus Total	100000
Au double du grand Rayon PI	473.2
Ainsi le Sinus de la moitié de l'Angle du centre IPK	34202
Au costé exterieur IK	161.5

Pour

Fortification Planche 3. Page 35.

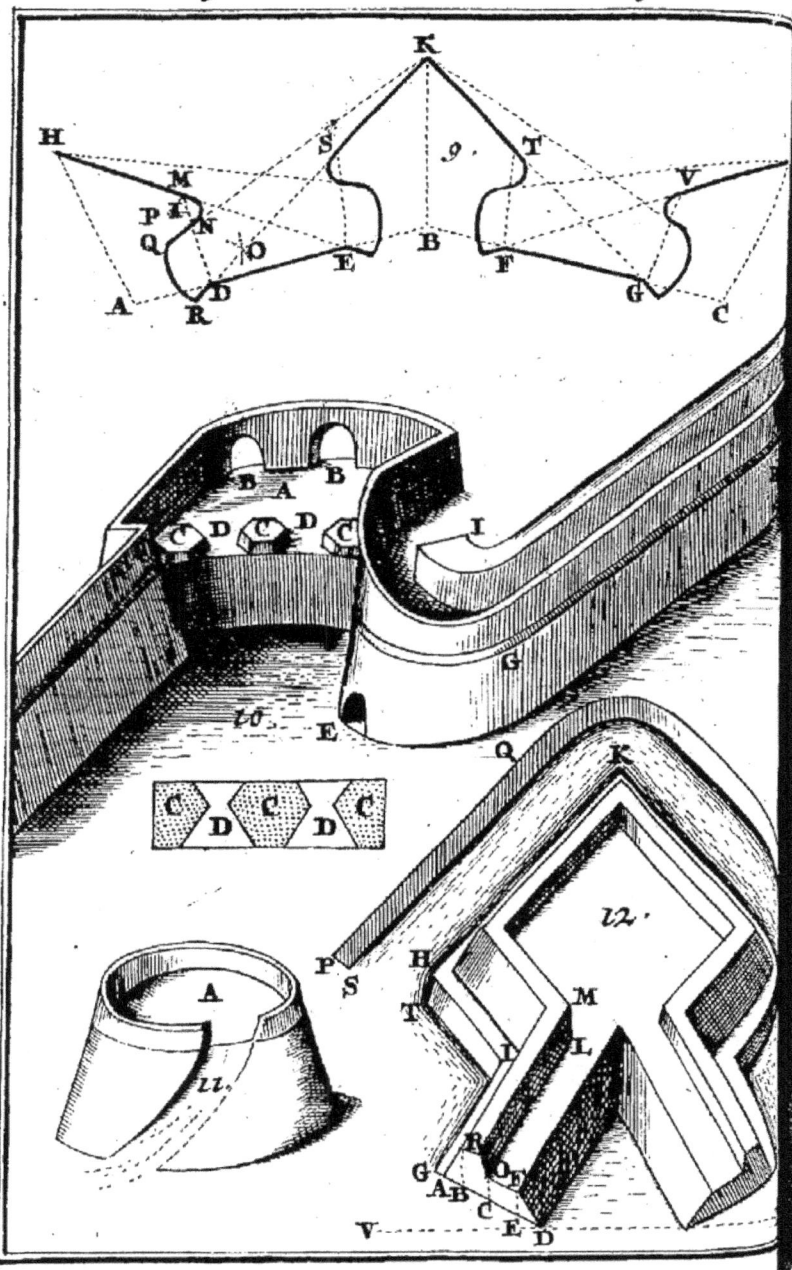

Pour trouver la Face GI, qui n'est point le côté d'un Triangle, on cherchera auparavant la ligne FG dans le Triangle obliquangle EFG, par cette Analogie, Planche 2. 8. Fig.

Comme le Sinus de l'Angle diminué EFG   45813
A son costé opposé EG   36
Ainsi le Sinus de l'Angle du Flanc GEF   98277
A son costé opposé FG   77.1.

qui se trouvera de 77 toises & d'environ 1 pied, & qui étant ôté de la Ligne de défense FI, que nous avons trouvée de 126 toises, le reste donnera 48 toises & 5 pieds pour la Face GI, qu'on cherche.

C'est de cette maniere que nous avons supputé la Table precedente, où vous voyez que l'Angle du Flanc diminuë toûjours à mesure que le Polygone a plus de côtez, de sorte qu'il sera droit dans un Polygone d'une infinité de côtez, c'est à dire dans la Ligne droite.

Fortifier une Place par le moyen des Tables supputées.

IL arrive quelquefois qu'on veut representer seulement une Partie d'un Polygone fortifié, comme ABC, dont les deux côtez AB, BC, soient par exemple les côtez du Decagone, duquel on ne peut pas avoir commodément le centre, dans ce cas il sera bon de se servir de la Table precedente, pour fortifier par son moyen, & au moyen d'une Echelle particuliere de toises les deux côtez AB, BC, que nous supposons de 120 toises, en cette sorte.

Planche 3. 9. Fig.

Ayant pris les Demi-gorges AD, BE, BF, CG, chacune de 30 toises, telles qu'on les trouve dans

36 TRAITE' DE FORTIFICAT. I. PARTIE.

Planche 3.
9. Fig.

la Table precedente pour le Decagone, décrivez des trois points A, B, C, des arcs de Cercle, à l'ouverture de 69 toises & 4 pieds, qui est la longueur de la Capitale du Decagone & des extremitez D, E, F, G, des Courtines DE, FG, décrivez d'autres arcs de Cercle à l'ouverture de 129 toises, qui est la quantité de la Ligne de défense du Decagone, pour avoir par l'intersection de ces arcs les pointes des Bastions aux points H, K, L, par où & par les mêmes extremitez D, E, F, G, vous tirerez les Lignes razantes EH, DK, GK, FL, pour y prendre les Faces HM, KS, KT, LV, & joindre les Flancs DM, ES, FT, GV, & tout sera fait.

Les Tables supputées sont aussi extrémement necessaires pour tracer sur la terre un Polygone, dont on a fait le dessein sur le papier: car comme l'on ne peut pas décrire sur le Terrain un Cercle comme sur le papier, parce qu'on trace ordinairement un Polygone autour d'une Place occupée, on doit se servir de la Table precedente, en cette sorte.

Planche 1.
5. Fig.

Pour tracer sur la Terre par exemple un Eptagone, ayant choisi un point où vous voulez un Bastion, comme B, vous y planterez le premier piquet, pour y faire avec le Graphometre ou autrement l'angle du Polygone ABC, qui dans l'Eptagone est de 128 degrez & demy, comme l'on void dans la Table precedente, par les deux lignes AB, BC, qui doivent être chacune de 120 toises; & ayant planté deux piquets aux extremitez A, C, vous ferez en C, un autre Angle du Polygone BCD aussi de 128 degrez & demy, par la ligne CD aussi de 120 toises, & au point A, un troisiéme Angle du Polygone BAO aussi de 128 degrez & demy, par la ligne AO: qui doit être pareillement de 120 toises.

Enfin

DE LA FORTIFICATION REGULIERE.

Planche 1.
5. Fig.

Enfin ayant planté deux piquets aux extremitez N, D, vous y ferez deux autres angles du Polygone ONR, CDR, chacun de 128 degrez & demi, par les deux lignes NR, DR, qui se trouveront chacune de 120 toises, & l'Eptagone se trouvera tracé autour de la Place à fortifier, & il ne restera plus que les Bastions à tracer.

Pour tracer un Bastion par exemple sur l'angle B, ayant marqué les Demi-gorges BF, BS, chacune de 27 toises, telles qu'elles doivent être dans l'Eptagone, faites aux points F, S, avec les Courtines EF, ST, les Angles EFH, TSV, chacun d'autant de degrez qu'en doit avoir l'Angle du Flanc de l'Eptagone, sçavoir de 105 degrez, par les lignes ou Flancs FH, SV, que vous ferez chacun de 28 toises, comme la Table precedente montre pour l'Eptagone, en marquant les deux points H, V, par deux piquets: & si l'on fait la même chose aux autres angles du Polygone, tous les Flancs se trouveront tracez, & il ne restera plus qu'à tracer les Faces, ce qui se peut faire en plusieurs manieres, comme vous allez voir.

Faites aux deux points H, V, les deux angles FHK, SVK, chacun d'environ 125 degrez & un tiers, tel que l'on trouve dans la Table precedente l'Angle de l'Epaule d'un Eptagone, par les deux lignes ou Faces HK, VK, qui détermineront la pointe du Bastion au point K, où par consequent vous planterez un piquet. Ou bien vous attacherez un cordeau au point E, & vous le tirerez vers K, en le faisant passer par dessus le point H, & pareillement un cordeau au point T, pour l'étendre vers K, en le faisant passer de la même façon par dessus le point V: & ces deux cordeaux ainsi tendus se croiseront au point K, où sera la pointe du Bastion. Ou bien

C 3

Planche 1.
5. Fig.

encore vous attacherez aux points H, V, deux cordeaux d'une même longueur, sçavoir de 42 toises & 2 pieds, telle qu'est la Face du Bastion de l'Eptagone dans la Table precedente; & ces deux cordeaux étant tendus, & leurs extremitez étant jointes ensemble donneront la pointe du Bastion au point K, qui vous servira d'exemple pour marquer de la même façon les pointes des autres Bastions.

Si vous n'avez point de Table supputée, il faut que le Plan que l'on veut tracer sur la terre, soit exactement décrit sur le papier, afin qu'on puisse connoître la quantité de ses angles avec un Transporteur, & la longueur de ses lignes en les transportant sur l'Echelle particuliere du Plan. Les Lignes droites se marquent sur la terre avec le cordeau, que l'on bande en l'attachant à deux piquets, & leur longueur se mesure dessus avec la Toise, aprés quoy on scillonne ou bêche la terre le long du cordeau pour laisser un vestige de la ligne droite qu'on veut tracer sur le Terrain, quand on veut lever les cordeaux & les piquets.

On se sert ordinairement de deux sortes de Piquets, sçavoir de petits qui sont longs d'un pied, ou de deux tout au plus, qui servent pour tendre les cordeaux sur un Terrain uni: & de grands, qui ont quatre ou cinq pieds de longueur, dont on se sert pour aligner sur un terrain inégal, ou rempli de Broussailles, & de petits Buissons. Les cordeaux sont pareillement de deux sortes, les gros pour aligner, & les autres plus deliez pour faire les angles.

Fortifier un Polygone avec des Cazemates & des Orillons.

Les deux côtez AB, BC, appartiennent à un De- *Plan-*cagone fortifié par nôtre Methode, qui suppo- *che 3.* se la Demi-gorge AD de 30 toises, & le Flanc DM *9. Fig.* de 40 toises, le côté interieur AB étant toûjours de 120 toises ; & il est proposé d'ajoûter des Orillons & des Flancs couverts à cette partie de Decagone.

Prenez sur le Flanc DM sa troisiéme partie MN, pour l'épaisseur de l'Orillon, & tirez de l'Angle flanqué opposé K, par le point N, la ligne NQ égale à la moitié MI, ou NI, de MN, pour l'enfoncement de la Cazemate. Prenez encore sur la grande Ligne de défense DK prolongée, la partie DR égale à NQ, pour écrire des deux points R, Q, avec l'ouverture RQ, deux arcs de Cercle, qui se coupent icy au point O, qui sera le centre du Flanc couvert RQ, que nous faisons rond plûtôt que plat, à la manière de Monsieur de Vauban, & de plusieurs autres, afin qu'il soit plus grand, que ses Merlons soient plus larges, & par consequent plus forts, & qu'il dure plus long-temps, c'est à dire qu'il resiste plus long-temps à l'effort du Canon ennemi, ce qui doit ainsi arriver à cause de sa concavité, dans laquelle le boulet de Canon se trouvant comme embrassé, & trouvant par consequent un grand nombre de parties qui resistent à son effort, doit faire moins d'effet que sur un Flanc plat, qui ne touchant le boulet qu'en un point pour ainsi dire, ne pourroit pas avoir une si grande resistance, puisque moins de parties resisteroient à l'effort de ce boulet.

Pour décrire l'Orillon que nous ferons aussi rond,

afin qu'il couvre mieux, & resiste mieux, tirez du point I milieu de la ligne MN, la droite IP, perpendiculaire à la même ligne MN, & tirez de l'extremité M de la Face MH, à la même Face MH, la perpendiculaire MP, qui rencontre icy la premiere IP, au point P, que nous prendrons pour le centre de l'Orillon rond, afin qu'il passe par les deux points M, N, & qu'il touche la Face MH en son extremité M, autrement il pourroit faire en ce point une bosse qui choqueroit la vûë, comme je l'ay remarqué en quelques lieux.

Le Flanc couvert RQ se trouvant icy d'environ 27 toises, sera capable de 9 pieces de Canon, gardant cette mesure de 3 toises pour une piece de Canon: & on le peut rendre encore plus capable, si au lieu de s'attacher au tiers du Flanc DM, pour l'épaisseur MN de l'Orillon, comme à une proportion de consequence, on fait cette épaisseur MN seulement de 7 ou 8 toises, ce qui suffit pour resister à toute sorte d'efforts.

L'usage des Cazemates ou Flancs bas, est principalement pour la défense du Fossé, & pour empêcher avec le Canon la Traverse que l'Ennemi pourroit faire dans le Fossé, pour attacher le Mineur à la Face du Bastion opposé, & ruïner tous les travaux & toutes les Machines de l'Ennemi dans le Fossé, lorsqu'il s'en est rendu le Maître.

Les Orillons aident beaucoup à ces Cazemates, ou Places basses, & ils y sont comme necessaires pour les couvrir & les preserver du Canon ennemi: car l'effet de l'Orillon est de couvrir l'Artillerie des Flancs, en telle sorte qu'on en puisse tirer à la pointe du Bastion opposé sans être vû de la Contrescarpe, & c'est à cause de cela que nous avons tiré la ligne DR de l'Angle du Bastion opposé K. Il y en a
neant-

DE LA FORTIFICATION REGULIERE. 41

neanmoins qui font répondre la Ligne ou *Revers* QN, que nous avons appellé *Enfoncement de la Cazemate*, non pas à la pointe K du Bastion opposé, mais à trois ou quatre toises de cette pointe, afin que le Flanc retiré soit mieux couvert; ce qui ne diminuë pas de beaucoup la vûë du Fossé au Canon caché vers Q, qui autrement pourroit être découvert de la *Contrescarpe*, c'est à dire du bord du Fossé en dehors vers la Campagne, lorsque l'Angle flanqué seroit bien aigu, comme il peut arriver dans une Place irreguliere.

Planche 3. 9. Fig.

Il est évident que si l'Ennemi vouloit attaquer la Courtine DE, & y faire Brêche, on pourroit battre cette Brêche à dos, & en repousser l'Ennemi qui s'y seroit logé, du Revers QN, qui étant de six ou de sept toises peut contenir deux pieces de Canon, qui seront entierement couvertes. C'est dans l'Orillon qu'on pratique de petites Portes, qu'on appelle *Fausses Portes*, & *Poternes*, pour les sorties, & pour le service du Fossé & des *Dehors*, c'est à dire des Ouvrages qui sont separez du Corps de la Place.

Quand nous avons dit que le Flanc couvert RQ se nomme *Flanc bas*, ou *Place basse*, ce n'est que par rapport à un autre Flanc couvert qui est encore plus retiré en dedans que le Flanc bas, & qui étant élevé au dessus de ce Flanc bas, se nomme *Place haute*, dans laquelle il y a une autre Batterie de Canons, dont nous donnerons le dessein, lorsque nous aurons enseigné la maniere de tracer le Plan du Rempart & du Parapet.

Nous avons aussi dit que cette Place basse, ou Flanc bas RQ, se nomme *Cazemate*, parce qu'on y pratique des Voutes, comme B, pour y mettre dessous le Canon, avec les Munitions, quand on n'en

10. Fig.

C 5

n'a plus besoin. La lettre A représente la Place basse, ou Cazemate, qui a sur le bord les *Merlons* C, à côté des *Canonieres* D, par lesquelles on tire le Canon qui est couvert par le Merlon C, qu'on appelle aussi *Tremeau*: les Canonieres sont aussi appellées *Embrasures* & *Bayes*, & quand elles sont petites, & seulement propres pour le Mousquet, on les appelle *Meurtrieres*.

Cette hauteur de terre où l'on met le Canon pour tirer sur l'Ennemi, se nomme *Batterie*, & *Plateforme*; mais on appelle plus proprement *Plate-forme*, ou *Plate-forme de Batteries*, des Solives grosses & larges, ou des Ais gros & larges, qui font une espece de Plancher fait en Trapeze, où est le Canon en Batterie. Ces Ais ou Planches s'appellent *Tablouins*, qui soûtiennent les roües des affuts, & empêchent que le Canon par sa pesanteur, ne s'enfonce dans les terres: & afin que le Canon ne recule pas si facilement, on fait pancher tant soit peu la Plateforme vers les Merlons, qui sont la partie du Parapet terminée par deux Embrasures d'une batterie.

Les Merlons C, sont comme vous voyez, coupez obliquement, aussi-bien que les embrasures D; afin que le Canon puisse tirer aussi obliquement, c'est à dire de côté. On donne ordinairement aux Merlons neuf pieds de largeur en dedans, & six en dehors, & en tout douze pieds, afin que ceux qui servent le Canon, puissent être à couvert quand ils le veulent remettre en batterie aprés son *Recul*, qui n'est ordinairement que de dix ou douze pieds. Il est évident que les Merlons étant ce qui reste du Parapet, quand on y a fait des Ouvertures ou Embrasures, pour y passer la bouche du Canon, leur hauteur & leur épaisseur sont les mêmes que celle du Parapet.

raper. Quand aux Embrasures, leur hauteur au dessus de la Plate-forme est de trois pieds vers le Canon, & d'un pied & demi seulement vers la Campagne, afin que par cette pente ou *Glacis*, le Canon puisse *plonger*, c'est-à-dire tirer de haut en bas. Leur ouverture est par le dedans d'environ trois pieds, de six ou sept pieds par le dehors, & de deux pieds à leur plus étroit. La premiere Embrasure commence sur la Ligne de défense prolongée, & la derniere à l'enfoncement de la Cazemate vers l'Orillon.

On ne fait pas seulement des Batteries pour la défense d'une Place, mais aussi pour l'attaque, ce qui fait qu'il y a plusieurs sortes de Batteries, dont quelques-unes seront ici expliquées par occasion.

Lors donc que la Plate-forme d'une Batterie est plus basse que le *Rez-de-Chaussée*, ou que le *Niveau de la Campagne*, c'est à dire que le *Sol*, ou la Surface de la terre, cette Batterie se nomme *Batterie enterrée*, ou *Batterie ruinante*: & l'on appelle *Batterie de Revers*, ou *Batterie Meurtriere*, celle qui bat par derriere: *Batterie en Echarpe*, celle qui bat de côté: & *Batterie d'Enfilade* celle qui est *Enfilée* par une ligne droite, c'est à dire celle dont les coups rasent cette ligne droite; car en termes de Fortification, on appelle *Enfiler* & *Nettoyer*, voir & pouvoir battre toute l'étenduë d'une ligne droite: & *Enfilade* la disposition d'un Terrain tellement situé qu'il void & découvre en ligne droite un *Poste*, c'est à dire un Terrain où les Soldats se postent & se retranchent pour se battre.

La lettre E represente cette petite Porte, ou fausse Porte, que nous avons appellée *Poterne*, & la double ligne FGH represente le *Cordon* de la Muraille, qui ne sert que d'ornement, au dessus duquel

quel est le Parapet IK, dont il sera parlé plus particulierement dans la description du Profil de la Muraille.

De l'Enceinte d'une Place.

ON appelle *Place* en general, ou *Place de Guerre* un lieu, ou une Ville fortifiée regulierement ou irregulierement, & quand elle est entourée de Murailles, on l'appelle *Place revêtuë*: & *Place reguliere* quand elle a les parties semblables de son Enceinte, égales entre elles, & également fortifiées: & enfin *Place irreguliere*, quand elle n'a pas les conditions de la reguliere.

Nous entendons ici pour l'*Enceinte d'une Place* non-seulement les Courtines, les Flancs, & les Faces des Bastions, avec le Rempart & son Parapet, mais encore tous les autres Ouvrages qui l'environnent, comme les Fossez, les Demi-lunes, les Cornes, & les Couronnemens.

Nous distinguerons pour une plus grande facilité trois sortes d'Enceintes, sçavoir la *Premiere*, ou *simple Enceinte*, qui contient un Rempart, un Fossé, & une Esplanade: la *seconde Enceinte*, qui contient de plus une Muraille, qu'on appelle *Chemise*, quand elle n'est pas beaucoup épaisse, avec un chemin des Rondes couvert d'un petit Parapet, pour faire le Guet de nuit: & la *Troisiéme Enceinte*, qu'on nomme *Fausse-braye*, & aussi *Basse Enceinte*, parce que c'est une espece de Parapet qui régne tout autour sur le Rez-de Chaussée entre le Rempart & le Fossé, pour défendre & empêcher le passage du Fossé. Au lieu de cet Ouvrage, qui appartient aux Hollandois, Monsieur de Vauban se contente d'une Tenaille à Flancs, qu'il met devant la

Cour-

Courtine dans le Fossé, comme vous verrez lorsque nous expliquerons sa maniere de fortifier, *Part 3.*

On appelle *Forteresse*, ou *Place forte*, & aussi *Ville*, une Place fortifiée qui contient un nombre considerable de Maisons : & *Fort* une moindre Place fortifiée, qu'on nomme *Fort Royal*, quand elle a 120 toises pour la Ligne de défense, qui regle la grandeur des autres lignes du premier trait, selon nôtre Methode, où il est aisé par le Compas de Proportion, ou bien d'une Echelle particuliere, ou mieux par la Trigonometrie, de connoître la grandeur de toutes ces lignes, en supposant le côté interieur de 120 toises, parce que la Ligne de défense approche de luy être égale, comme vous avez vû. Mais comme le Rempart, le Fossé, & l'Esplanade n'ont aucune proportion avec la Ligne de défense, il faut que les Regles suivantes guident un homme qui entreprend un Ouvrage de cette nature.

Rempart.

LE Rempart est une masse de terre qu'on éleve tout autour de la Ville, pour en couvrir les Maisons à ceux qui sont dans la Campagne, & pour élever ceux qui défendent la Place autant qu'il en est besoin, pour leur faire voir la Campagne dehors, découvrir l'Ennemi, & luy tirer aussi loin que peuvent porter leurs armes.

La hauteur du Rempart est ordinairement de trois toises, plus ou moins selon la qualité du Terrain en dehors, qui peut commander la Place : & sa largeur est par le bas d'environ 15 toises, en y comprenant les Taluds, qui en diminuent la largeur

geur par le haut, aussi plus ou moins, selon la quantité de ces Taluds; qu'on ne sçauroit bien déterminer, parce qu'elle dépend de la qualité de la terre qui se tient mieux l'une que l'autre ; car quand la Terre est bonne, on doit donner au *Talud exterieur*, c'est à dire au Talud qui est vers la Campagne le moins de pente qu'on pourra, afin que le Rempart soit plus large par le haut, & que l'Ennemi y puisse monter plus difficilement. Pour ce qui est du *Talud interieur*, c'est à dire du Talud qui est vers la ville, on le peut faire si grand que l'on voudra, afin que les Défendans y puissent monter plus facilement, & y conduire les Chars & les Canons destinés à la défense de la Place.

Planche 3. 12. Fig. La ligne AD represente la largeur du Rempart, & EF sa hauteur. La largeur de son Talud interieur est ED, & celle de son Talud exterieur est AB. Icy la terre du Rempart remplit tout le Bastion, & alors on l'appelle *Bastion plein* : & lorsque le Rempart suit parallelement le premier trait, comme le Parapet, il y a du vuide dans ce Bastion, & c'est à cause de cela que dans ce cas on l'appelle *Bastion vuide*, ou *Bastion creux*, & dans ce vuide l'on peut construire des *Magazins*, c'est-à-dire des reduits pour y mettre & conserver les Munitions de guerre & de bouche : & à la place de ce vuide, quand le Bastion est plein, on peut mettre des *Terrasses*, c'est-à-dire des Amas de terre plus ou moins élevez selon le besoin, qu'on appelle *Cavaliers*, qui sont quelquefois revêtus, & qui ont toûjours, comme les autres Ouvrages, un Parapet qui couvre le Canon qu'on y met en Batterie, pour défendre la Face du Bastion opposé, & le Bastion même, si l'Ennemi s'y loge. On les place ordinairement sur le milieu de la Courtine proche le Parapet, pour voir la Campagne

gne quand on est dans la Place, pour découvrir l'En- Plan-
nemi dans ses Travaux, & pour doubler le Feu qui che 3.
défend les endroits qui peuvent être attaquez. Ou
bien on les place dans les parties de la Fortification,
qui pourroient être commandées & enfilées de l'Ennemi, pour les couvrir.

 Leur figure est differente, selon leurs differens 11. Fig.
usages: elle est ordinairement en Quarré-long, ou
bien ronde, comme A, & quelquefois en Ovale
qu'on éleve quelquefois dans le fossé d'une Place
Marécageuse, pour couvrir une porte, ou bien
pour y loger un Corps de garde contre les surprises, & alors un semblable Cavalier est appellé *Fer
à Cheval*, & *Pâté* quand sa figure est fort irréguliè-
re.

 Au lieu de Cavaliers on fait quelquefois aux Angles des Bastions de petites élevations de terre en forme de Traverses, qu'on appelle *Plate-formes*, parce
qu'on y place du Canon qui tire par dessus le Parapet,
& aussi *Barbettes*, ce qui fait que tirer le long du Glacis du Parapet s'appelle *Tirer à Barbette*, ou *Tirer
en barbe*, parce que le feu du Canon en razant le Glacis du Parapet, & en brûlant son herbe, luy fait
pour ainsi dire la barbe.

 Enfin l'on construit sur le bord du Rempart vers
le Fossé, à tous les Angles saillans de la Place des
Guerites, ou *Echauguettes*, qui sont de petites Tours
rondes de pierre, quand le Rempart est revêtu, ou
de bois quand le Rempart n'est que de terre en forme
de lanterne, pour loger dans chacune une *Sentinelle*, c'est-à-dire un Soldat, qui écoute, void, &
veille sur le Fossé contre les surprises de l'Ennemi,
& aussi pour mettre à couvert la Sentinelle pendant
le mauvais temps.

 Comme ces Guerites font des saillies, étant sur

le

Planche 3. 11. Fig.

le bord du Rempart vers le Fossé, on coupe le Parapet du Rempart pour faire des Chemins qui conduisent du Terre-plein du Rempart à chaque Guerite. On les fait hautes de sept ou huit pieds, & larges de trois ou quatre, & elles sont ouvertes de tous côtez, afin que les Sentinelles puissent découvrir par tout. Un Cavalier qui est en quelque lieu en sentinelle pour s'assûrer contre les surprises, s'appelle *Vedette*, & être en sentinelle s'appelle *être en faction*.

Parapet.

SUr le bord du Rempart vers la Campagne, on doit faire pour couvrir les Défendans, une levée de terre épaisse d'environ 20 pieds, & haute de six, avec un petit degré large de trois pieds, & haut de deux, ou de deux & demi. Cette levée de terre s'appelle *Parapet*, & le degré *Banquette*, qui doit être du côté de la Place, afin que les Défendans y puissent monter pour mieux voir la Campagne, & tirer où il est besoin. Il faut que le Parapet aille par le dessus en penchant, qu'on appelle *Glacis*, qui donne facilité aux Mousquetaires qui sont sur la Banquette, de tirer de haut en bas dans le Fossé, ou pour le moins sur la *Contrescarpe*, c'est à dire sur le bord du Fossé du côté de la Campagne. Ce Parapet est appellé *Parapet Royal*, pour le distinguer des Parapets des autres Ouvrages.

On laisse un petit chemin sur le bord du Rempart en dehors, large de trois ou de quatre pieds, appellé *Liziere*, *Retraite*, *Berme*, *Orteil*, *Relais*, & *Pas de Souris*, afin que si la terre du Parapet vient à tomber, elle y soit retenuë, & ne remplisse pas le Fossé. Ce qui reste sur le Rempart du

côté

DE LA FORTIFICATION REGULIERE.

côté de la Place se nomme *Terre-plain*, c'est le lieu où se tiennent, vont & viennent les Défendans: il doit être suffisamment large pour y passer & tourner des Chars & des Canons.

La ligne OF represente le Terre-plain du Rempart, & la ligne BC, la base du Parapet, dont la hauteur LM au dessus du Rempart doit être au moins de six pieds, puisque le Parapet n'est fait que pour couvrir les Soldats qui sont à la défense de la Place contre l'effet du Canon; & c'est à cause de cela qu'il ne doit pas être moins épais que de trois toises, afin qu'il soit à l'épreuve du Canon, & qu'on luy ajoûte une Banquette qui puisse élever le Soldat suffisamment pour pouvoir tirer par dessus: & afin que l'on puisse monter plus facilement sur cette Banquette, qui est haute de deux ou trois pieds, il faut qu'elle ait au moins deux ou trois marches : & aussi afin que le Canon puisse tirer, il faut que le Parapet ait des Embrasures, dont les Merlons soient de bonne terre, pour pouvoir resister au Canon de l'Ennemi.

Planche 3. 12. Fig.

Comme les Embrasures diminuent en quelque façon la force du Parapet, & que le Canon tirant par une Embrasure ne peut voir qu'un certain espace, selon qu'elle est plus grande ou plus petite, & qu'ainsi il peut y avoir quelque endroit qui ne sera vû que fort peu de la Place, & que même les Embrasures seront fort obliques dans le second Flanc pour s'en pouvoir servir ; le Chevalier de Ville pour avoir le Parapet par tout d'une égale force, & pour se pouvoir passer de Banquette, voudroit qu'on n'élevât le Parapet que de quatre pieds, afin que le Canon pût être tiré en barbe, & tirer de tous côtez : & comme dans ce cas les Soldats ne seroient pas assez couverts en temps de Siege, il

D   re-

Planche 3. 12. Fig.

rehausse le Parapet avec des *Gabions*, ou paniers pleins de terre, hauts de cinq ou six pieds, & larges de quatre, tant par le haut que par le bas, entre lesquels les Mousquetaires peuvent tirer facilement : & lorsqu'on y voudra mettre du Canon pour le tirer, on ôtera seulement un de ces Gabions, que l'on remettra quand le Canon aura tiré; mais de peur que le Canon & ceux qui le servent ne restent découverts aprés le coup, il fait descendre le Rempart en Glacis vers la Place, pour faciliter le recul du Canon.

Au lieu de Gabions, qu'on appelle aussi *Manequins*, & *Corbeilles*, quand ils sont plus petits, & plus larges par le haut que par le bas, on peut se servir de *Bariques*, qui sont une espece de tonneau que le Soldat porte pour faire son logement, & qu'on remplit de terre, ou bien de *Sacs à terre*, qui sont des Sacs de grosse toile, pleins de terre, épais d'environ un pied & demi, & hauts d'autant, dont on se sert dans le besoin & à la hâte pour se mettre à couvert, & se battre contre l'Ennemi, les entre-deux servant d'embrasure pour *faire Feu*, c'est à dire tirer sur l'ennemi.

Mais comme un Parapet si bas ne met pas le Soldat à couvert du Canon, à moins qu'il n'en soit beaucoup éloigné, & que pendant qu'on ôteroit les Gabions, l'Ennemi qui seroit au guet, pourroit braquer son Canon, & incommoder celuy des Défendans; il me semble qu'il vaut mieux avoir un Parapet haut de six pieds, avec sa Banquette, & des embrasures aux endroits où elles seront necessaires : ou bien si l'on ne veut point d'Embrasures, on élevera une espece de Terrasse avec de la terre gazonnée, & des ais par dessus pour soûtenir le Canon, que l'on pourra pointer par tout, où on le trou-

DE LA FORTIFICATION REGULIERE. 51

trouvera à propos, sans appréhender qu'il soit démonté par celuy de l'Ennemi, puisqu'il se cache par son recul, pourvû que la hauteur du Rempart soit raisonnable, & mêmes l'Ennemi ne voyant point d'Embrasures, ne sçait où pointer son Canon, par l'incertitude où il est, que ceux de la Place ne mettent le Canon autre part qu'à celle d'où il a été tiré: ce qui se peut tres-facilement, & par ce moyen l'on fatigue les Ennemis, en les obligeant à changer de temps en temps le tir de leurs Canons: car à mesure que les Défendans presentent la bouche du Canon, ils le tirent, & le Canon reculant en même temps ôte à l'Ennemi le moyen de luy nuire, & ne luy laisse que l'envie d'abattre à la longue tout le Parapet, pour mettre le Canon de la Place à découvert, ce qui seroit d'un long travail.

Planche 3. 12. Fig.

Fossé.

LE *Fossé* est une profondeur que l'on fait autour d'une Place, qu'on veut défendre, pour éviter les surprises. La terre du Rempart doit avoir été prise du côté de la Campagne tout proche, afin qu'en même temps on ait fait le Rempart & le Fossé: d'où il suit que leur grandeur dépend l'une de l'autre, car puisque le Rempart se fait d'une certaine grandeur, il faut creuser le Fossé jusqu'à ce qu'on ait tiré de la terre autant qu'il en est besoin pour le Rempart, le Parapet, & l'Esplanade, pour ne pas faire des frais inutiles.

On laisse entre le Rempart & le Fossé un chemin AG large de trois ou de quatre pieds, appellé *Relais*, ou *Pas de Souris*, comme nous avons déja dit, pour retenir la terre du Parapet, en cas qu'il soit ruiné, ou que la terre s'éboule d'elle-même.

D 2   Le

Planche 3. 12. Fig. Le bord du Fossé qui est du côté de la Place, comme GIHK, se nomme *Escarpe*, & celuy qui est vers la Campagne, comme PQ, s'appelle *Contrescarpe*, que l'on termine ordinairement en rond vis à vis la pointe du Bastion, pour avoir plus de place dans le chemin couvert, & le reste est parallele à la grande Ligne de défense. Vous prendrez garde que toutes les hauteurs & profondeurs sont taludées.

On ne peut rien déterminer touchant la largeur & la profondeur du Fossé, parce qu'elles dépendent de plusieurs circonstances, & principalement de la qualité du Terrain : car dans les lieux marécageux, & aux autres où l'on trouve bien-tôt de l'eau, on le doit faire plus large & moins profond, pour donner plus de peine à l'Ennemi qui le voudroit passer, en l'obligeant à la *Saignée du Fossé*, c'est à dire à faire écouler les eaux qui le remplissent. Nous pouvons dire neanmoins que la largeur du Fossé doit surpasser la longueur des plus grands arbres, parce qu'autrement on pourroit faire des Ponts pour passer le Fossé, quand même il seroit plein d'eau.

Dans les lieux où il y a du roc, & aux autres qui sont élevez, il est bon de faire le Fossé aussi profond que l'on pourra, & moins large, pour éviter plus facilement les surprises, & pour empêcher l'*Escalade*, c'est à dire que l'Ennemi ne monte sur le Rempart avec des Echelles, outre qu'on peut employer utilement pour les Bâtimens la pierre que l'on peut tirer d'un semblable lieu en creusant beaucoup le Fossé.

Enfin dans les lieux où la terre est bonne, la largeur du Fossé est mediocre, & sa profondeur aussi. Nous donnerons dans les Plans & dans les

DE LA FORTIFICATION REGULIERE.

Profils suivans, 20 toises à la largeur du Fossé vis-à-vis l'Angle flanqué, & 15 pieds à sa profondeur. Le bord du Fossé vers la Campagne se termine vis-à-vis le milieu de la Courtine, où il est plus large que vers la pointe du Bastion, par un Angle rentrant, qu'on appelle communément *Angle de la Contrescarpe*, afin que chaque partie soit veuë & flanquée du Flanc opposé.

Planche 3. 12. Fig.

Dans un Fossé plein d'eau, on laisse environ vers le milieu une élevation de terre ou de sable, ou bien on y plante des pieux élevez à peu prés d'un pied au dessus de la Surface de l'eau, pour empêcher qu'on ne le passe avec des Bateaux: & dans un *Fossé sec*, c'est-à-dire dans un Fossé où il n'y a point d'eau, on pratique au milieu un autre Fossé plus petit, qu'on appelle *Cunette*, & *Cuvette*, & que l'on creuse jusqu'à ce qu'on trouve de l'eau, pour éviter les surprises, & empêcher les Mines, & aussi afin que les eaux s'écoulent, & laissent le reste plus sec, & il est bon qu'il ait cinq ou six pieds d'eau, si faire se peut, pour empêcher l'Ennemi de le passer à pied guay, autrement l'Ennemi pourroit s'y mettre à couvert. Quand un Fossé est revêtu, on y fait à tous ses angles des Escaliers, pour le service de la Contrescarpe.

Muraille.

Quoique la terre grasse soit excellente pour bâtir un Rempart, & ne se puisse ébouler que difficilement: neanmoins on fait en France & en Italie une bonne muraille qui a son fondement plus bas que le fond du Fossé, & qui est si haute qu'on en puisse découvrir la Campagne, sans que toutefois elle empêche la vûë du Rempart, pour empêcher que les pluyes ne détruisent rien, & pour appuyer la terre quand elle n'est pas bonne, afin de n'être pas obligé de donner au Rempart un si grand talud, & qu'il dure plus long-temps.

Quand un Rempart a une Muraille, on l'appelle *Rempart revétu*, & la Muraille se nomme *Revétement*, dont la hauteur par dessus le fond du Fossé peut être de 4 toises. Son fondement doit être de pierre, & son Corps est ordinairement aussi de pierre, mais il vaut mieux le faire de Briques si l'on peut, parce qu'elles font moins d'éclats. On luy ajoûte un *Cordon* en dessus qui ne sert que d'ornement, avec un petit Parapet, ou *Garde-foux* haut de six pieds, & large de deux, dont nous parlerons plus particulierement dans le second Profil.

On doit donner à la Muraille un Talud considerable, comme la cinquiéme ou la sixiéme partie de sa hauteur : & pour l'aider à soûtenir la poussée du Rempart, il est bon de l'appuyer en dedans avec des *Eperons*, ou *Contreforts*, ce sont des Murailles qui traversent en partie le Rempart, & qui prennent Racine au Revétement. On voute ordinairement les Eperons, aprés avoir rempli de terre leur intervalle, qui est d'environ 18 pieds, pour en affermir la solidité.

Chemin des Rondes.

LE *Chemin des Rondes* est un espace qu'on laisse sur la Muraille entre son Parapet & le Rempart d'une Place de Guerre, pour pouvoir de là écouter & voir ce qui se passe dans le Fossé. Cet espace ne se fait pas plus large que de neuf pieds, telle qu'est la largeur ordinaire de la Muraille, par le haut, & l'on y entre par des Poternes, ou petites portes

mises

mises proche les Portes de la Place, qui se font or- Plan-
dinairement sur le milieu des Courtines, parce que che 3.
c'est le lieu de plus commode & le plus dégagé. 12. Fig.

Nous avons déja dit que le Parapet du Chemin
des Rondes, qui se fait sur le *Cordon* de la Muraille, n'a que deux pieds de largeur, étant plûtôt fait
pour empêcher que ceux qui font les *Rondes*, c'est
à dire le Guet de nuit, ne tombent dans le Fossé, que
pour servir de force; & comme on le fait haut
de six pieds, sans aucune Banquette, il doit avoir
des Meurtrieres de quatre en quatre pieds. Ce
Chemin des Rondes qui se fait de Briques, se
concevra par le second Profil que nous expliquerons
bien-tôt.

Fausse-braye.

LEs Hollandois qui ne font leurs Ouvrages que
de terre, au lieu de Muraille font sur le Rez
de Chaussée une espece de Parapet, qu'on appelle
Fausse-braye, dont la hauteur est de six pieds, & la
largeur de trois toises, avec une Banquette de la
grandeur des autres, laissant entre le Rempart &
le Parapet un chemin large de trois toises, pour recevoir les ruines que le Canon des Assiegeans peut
faire tomber dans ce chemin, ou Terre-plain de la
Fausse-braye.

Le principal usage de le Fausse-braye est de défendre le Fossé, mais je ne voudrois pas la continuer le long des Faces des Bastions, parce qu'elle
peut être enfilée en cet endroit par les Travaux de
l'Ennemi: & quoique l'on puisse élever des Parapets plus hauts vers la pointe du Bastion, pour
l'empêcher d'être enfilée, neanmoins cela ne la rend
pas meilleure, à cause que ce Parapet étant une

fois démoli, ce qu'on a bien-tôt fait, la Fauſſe-braye ſe trouve toûjours enfilée, outre que les débris du Rempart obligent ceux qui y ſont, de l'abandonner, ce qui laiſſe le moyen à l'Ennemi de s'en ſaiſir aiſément. D'où il eſt aiſé de conclure que dans les Places revétuës les Fauſſe-brayes ſont entierement inutiles, parce que les débris des Murailles que le Canon des Aſſiegeans fait tomber dans le Terre-plain de cet Ouvrage, tuent tous ceux qui s'y rencontrent.

Chemin couvert, & Eſplanade.

ON laiſſe ſur la Contreſcarpe un chemin large de quatre ou de cinq toiſes, qu'on appelle *Chemin couvert*, & *Coridor*, qui eſt comme un autre Terre-plain, parce qu'il eſt couvert d'un Parapet haut de ſix pieds, avec une Banquette ſemblable aux autres. Ce Parapet a un grand Glacis, qui ſe va perdre inſenſiblement vers la Campagne juſqu'à 15 ou 20 toiſes, ce qui luy a donné le nom d'*Eſplanade*, ou ſimplement de *Glacis*.

Le Chemin couvert avec ſon Parapet, & ſon Eſplanade ſuivent parallelement la Contreſcarpe de la Place, & des dehors quand il y en a, pour défendre la Campagne, & pour empêcher que l'Ennemi n'approche, & ne ſe ſaiſiſſe du Foſſé: & pour une plus grande aſſûrance on ajoûte ſur le Glacis à quelque diſtance du Parapet, des *Paliſſades*, qui ſont des pieux quarrez & épointez, que l'on plante ordinairement à plomb environ trois pieds dans terre, & qu'on éleve de quatre à cinq pieds au deſſus de terre, en les mettant ſi proches les uns des autres, qu'il ne reſte de l'intervale entre eux que pour la bouche du Mouſquet, ou tout au plus pour le

paſſage

passage d'une Pique. Ces Pieux sont rangez en Lozange, faisant un angle vers la Campagne, & un autre du côté de la Place.

Pour empêcher encore que l'Ennemi ne se rende facilement maître de la Contrescarpe, ou du Chemin couvert, on construit tout le long du pied du Glacis un Fossé plein d'eau, qu'on appelle *Avant-Fossé*, ou *Fossé de la Contrescarpe*. Il y en a qui veulent que le Chemin couvert soit creusé au dessous du niveau de la Campagne d'environ deux pieds, afin que la Cavalerie y puisse être à couvert, & que les Places basses le puissent mieux commander & défendre.

Pour interrompre les Travaux des Ennemis, on construit au delà du Glacis ou Esplanade des *Redoutes* à la portée du Mousquet des Dehors de la Place, afin qu'elles en puissent être défenduës. Ces Redoutes sont de petits Ouvrages quarrez, ayant un Parapet & un Fossé, & servent de Corps de garde retranchez.

Décrire le Profil d'un Fort ayant une Enceinte de la premiere sorte.

ON appelle *Profil*, ou *Porfil d'un Ouvrage*, ou *Ortographie*, la Section de cet Ouvrage coupé par un Plan perpendiculaire au Plan de l'Horizon. Cela est aisé à comprendre par la Figure ADFOR, qui est le Profil d'un Rempart & de son Parapet, lequel Profil montre les hauteurs & les largeurs de toutes les parties de cet Ouvrage. Planche 3. 12. Fig.

Pour décrire le Profil du Rempart, du Fossé, & de l'Esplanade, tirez premierement le Niveau de la Campagne AB, & y prenez les lignes AC, Planche 4. 13. Fig.

AC, Base du Rempart, 15 toises.
CE, Largeur du Fossé, 20 toises.
EF, Chemin couvert, 5 toises.
FB, Largeur de l'Esplanade, 20 toises.
CD, Relais, 4 pieds.

Tirez des points A, C, D, E, F, autant de perpendiculaires à la ligne AB, & y prenez les lignes

AH, *CI*, Hauteur du Rempart, 3 toises.
DP, *EQ*, Profondeur du Fossé, 15 pieds.
FG, Hauteur de l'Esplanade, 6 pieds.

Tirez le Glacis GB, & joignez les droites HI, PQ, pour y prendre les lignes

HO, Talud interieur du Rempart, 3 toises.
IK, Talud exterieur du Rempart, 3 toises.
KL, Base du Parapet, 3 toises.
PR, Talud interieur du Fossé, 15 pieds.
QS, Talud exterieur du Fossé, 15 pieds.

Elevez du point L, sur HI, la perpendiculaire LM, de 6 pieds pour la hauteur du Parapet, comme celle de l'Esplanade FG, & la Banquette qu'on ajoûte à chacun, doit avoir au moins 2 pieds de hauteur, & 3 pieds de largeur. Le Glacis MN du Parapet se tire par le point E de la Contrescarpe, & se termine à la rencontre de la droite ME, & de la ligne CK prolongée.

Décrire

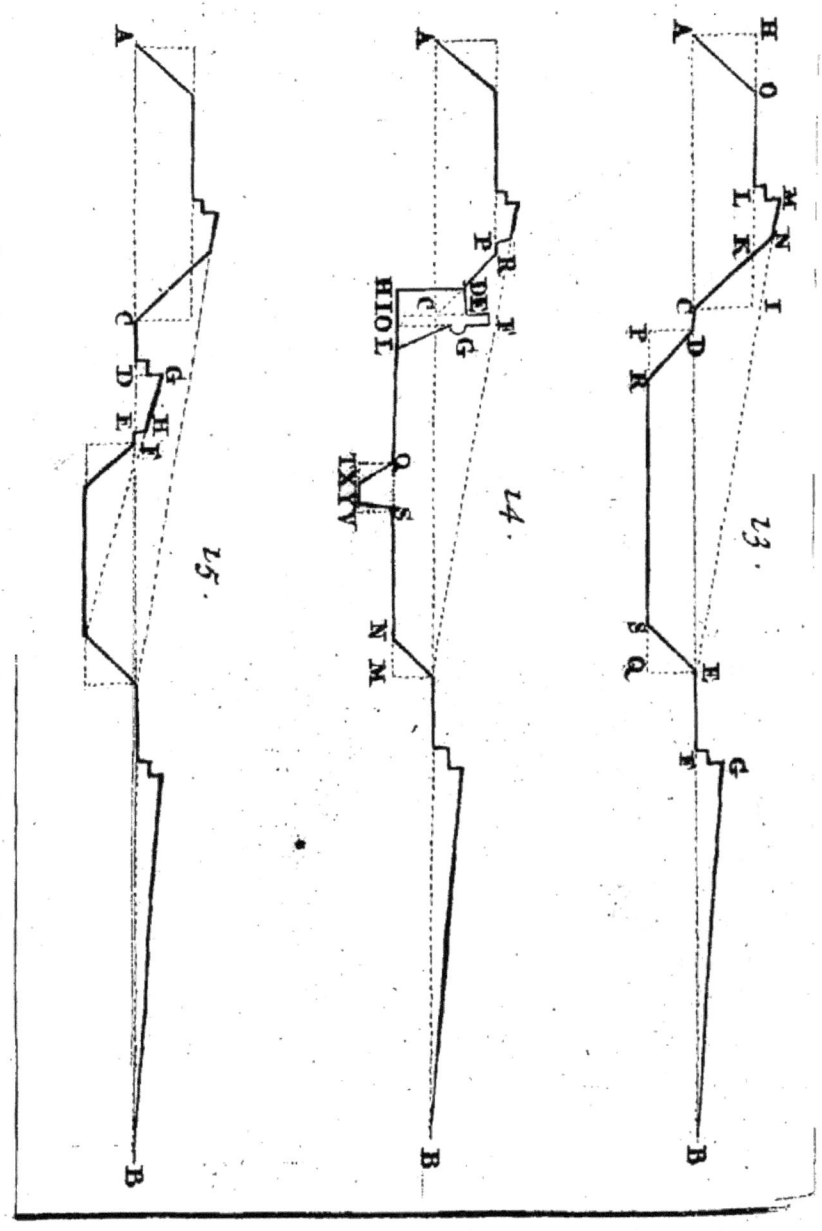

Fortification Planche 4. Page 59.

Décrire le Profil d'une Forteresse ayant une Enceinte de la seconde sorte.

AYant fait comme auparavant le Profil du Rempart, du Fossé, & de l'Esplanade, prenez les lignes *Planche 4. 14. Fig.*

HI, Base de la Muraille, 9 pieds.
IO, Base du Parapet, 2 pieds.
OL, Talud de la Muraille, 4 pieds.
CE, Hauteur de la Muraille, 9 pieds.
DE, Chemin des Rondes, 9 pieds.
EF, Hauteur du Parapet, 6 pieds.
PR, Berme, 2 pieds.

On ajoûte au dessous de la Muraille, vis-à-vis du chemin des Rondes, un *Cordon* G, qui est une bande de pierres taillées en rond, & faisant Saillie. Comme ce Cordon ne sert que d'ornement, il me semble fort inutile, & mêmes prejudiciable, parce qu'il sert de Mire à l'Ennemi, pour mieux pointer le Canon. Il est évident que d'autant plus les Murailles sont basses, elles donnent d'autant moins de prise au Canon Ennemi, & remplissent moins le Fossé par leurs ruïnes, mais aussi elles sont plus faciles à être escaladées.

Si vous voulez une Cunette au milieu du Fossé, ce qui se fait rarement, donnez 15 pieds à sa largeur QS, ou TV, & autant à sa profondeur QT, SV, & environ 5 pieds à chacun des deux Taluds TX, VY. Quand on palissade un semblable Fossé, c'est toûjours du côté de la Place.

Décrire

Décrire le Profil d'une Place forte, ayant une Enceinte de la troisiéme sorte.

Planche 4. 15. Fig.

AYant fait comme auparavant, le Profil du Rempart, du Fossé, & de l'Esplanade, prenez les lignes

CD, *Place de la Fausse-braye,* 3 *toises.*
DE, *Largeur de la Fausse-braye,* 3 *toises.*
DG, *Hauteur de la Fausse-braye,* 6 *pieds.*
EF, *Relais,* 3 *pieds.*

Quoique la Fausse-braye ne soit approuvée que de tres-peu de gens, & mêmes en de differentes manieres, & presque entierement rejettée par ceux qui ont le plus de pratique, pour le moins à la maniere des Hollandois, neanmoins j'ay crû que j'en devois icy donner le Profil, & ensuite le Plan, pour vous mieux faire comprendre ce que c'est, en attendant que nous expliquions la Methode de Monsieur de Vauban, pour en tirer plus d'utilité.

Representer un Profil en Perspective.

LA *Perspective* en general est l'art de representer dans le Tableau les objets visibles, comme ils paroissent dans le Tableau, que pour cette fin l'on suppose transparent. Par là on connoît que l'objet pour être visible, doit être mediocrement éloigné de l'œil, qui doit aussi être mediocrement éloigné du Tableau, que l'on conçoit toûjours entre l'œil & l'objet.

On ne se sert pas ordinairement de cette Perspecti-

Fortification Planche 5. Page 62.

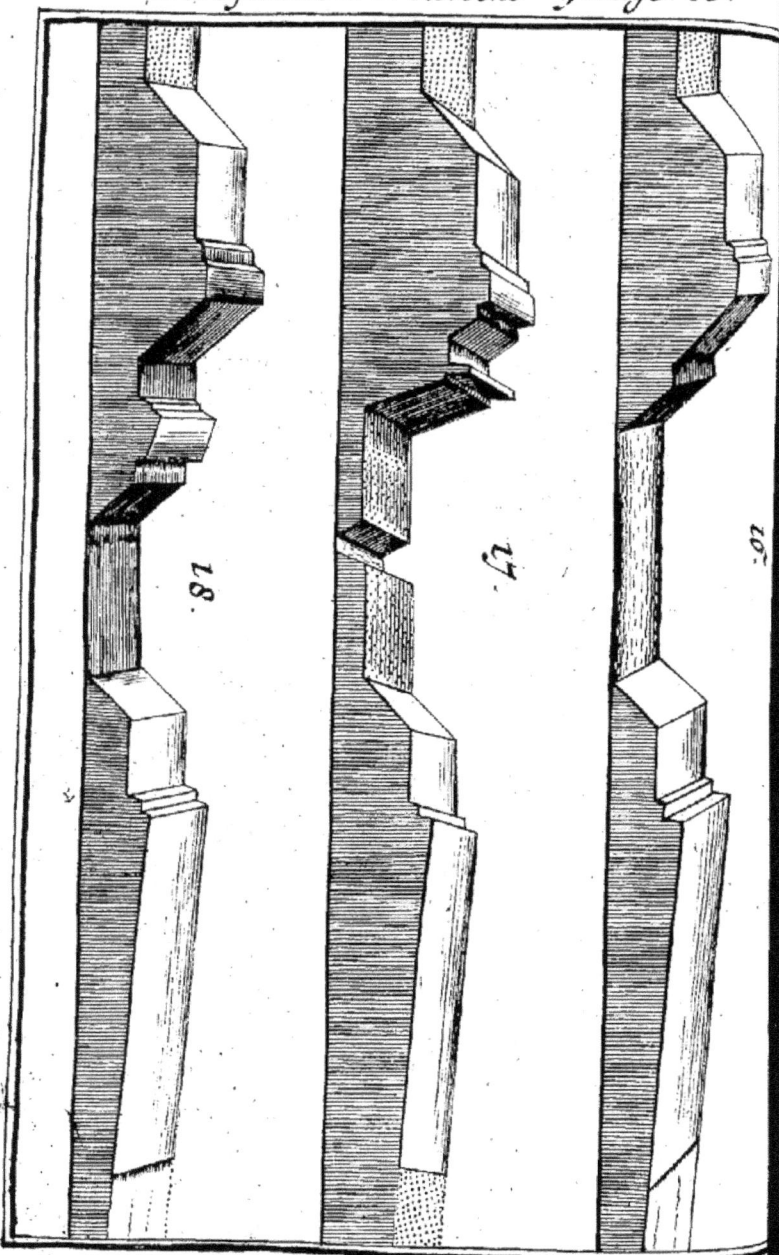

spective dans la Fortification, parce qu'elle est trop difficile, & qu'elle change la proportion des parties qu'on veut representer, les plus éloignées de l'œil & du Tableau paroissant plus petites que les plus proches; mais on se sert d'une Perspective plus simple & plus facile, qu'on appelle *Perspective Cavaliere*, & *Perspective Militaire*, qui suppose l'œil infiniment éloigné du Tableau, & qui dans cette supposition ne change point la figure du Plan Geometral: & quoy qu'elle soit naturellement impossible, la force de la vûë ne pouvant pas se porter à une distance infinie, elle ne laisse pas neanmoins de faire un bon effet, en faisant connoître distinctement ce que l'on veut representer; c'est pourquoy nous nous en servirons tant pour les Plans que pour les Profils, & premierement pour les Profils en cette sorte. *Planche 3. 15. Fig.*

Ayant fait le trait du Profil suivant les Regles precedentes, tirez d'un même côté, tel qu'il vous plaira, par tous les angles du Profil, des lignes droites paralleles entre elles, & d'une grandeur égale & telle aussi qu'il vous plaira, & joignez les extremitez de toutes ces lignes par des lignes droites qui feront un second Profil, & tout sera fait, pourvû que les parties opposées au jour qu'on peut choisir à volonté, soient ombrées comme il faut. *Planche 5. 16. 17. & 18. Fig.*

Décrire le Plan d'un Fort ayant une Enceinte de la premiere sorte.

ON appelle *Plan*, ou *Ichnographie*, la coupe horizontale d'un Ouvrage de Guerre; c'est à dire la Section de cet Ouvrage coupé par un Plan parallele à l'Horizon, où l'on void la longueur des lignes, & la quantité des angles, l'épaisseur du

Rempart & du Parapet, & la largeur du Fossé, &c.

Planche 6. 19. Fig.
Pour décrire le Plan du Rempart, du Fossé, & de l'Esplanade, décrivez le Polygone dont vous avez besoin, avec le premier trait, que nous marquerons par tout par une ligne plus grosse que les autres, pour le pouvoir connoître plus facilement. Ou bien si le feüillet n'est pas assez grand, décrivez le Triangle de vôtre Polygone, comme ABC, avec une Courtine & deux Demi-bastions. Tirez au dedans du Poligone la ligne DE parallelle au premier trait, & éloignée du même premier trait de trois toises, pour la base du Parapet, qui doit suivre par tout le premier trait à la distance de trois toises. Tirez encore en dedans la ligne FG, parallele à la Courtine, & éloignée de la même Courtine de quinze toises, pour la base du Rempart, telle qu'on la trouve dans les Profils precedens.

Aprés cela décrivez en dehors, de la pointe du Bastion, comme centre, l'arc de Cercle HI, à l'intervale de vingt toises pour la largeur du Fossé, & tirez la Contrescarpe IK, qui raze l'arc HI, & qui tende à l'extremité de l'Orillon du Flanc opposé, quand il y en a un, ce qui se fait ordinairement, afin que le Fossé soit défendu de tout le Flanc retiré. Tirez la ligne LMN parallele à la Contrescarpe IK, & éloignée de la même Contrescarpe de cinq toises, pour la largeur du Chemin couvert. Enfin tirez la ligne OPQ parallele à la ligne precedente LMN, & éloignée de cette ligne de vingt toises pour la largeur de l'Esplanade.

Le point K est l'Angle de la Contrescarpe, où nous avons ajoûté la Place d'Armes MNM, pour mieux flanquer la Campagne. Nous avons donné dix toises à chacune de ses deux Demi-gorges, & 12 toises à chacun de ses deux côtez ou faces MN.

Le

Fortification Planche 6. Page. 63.

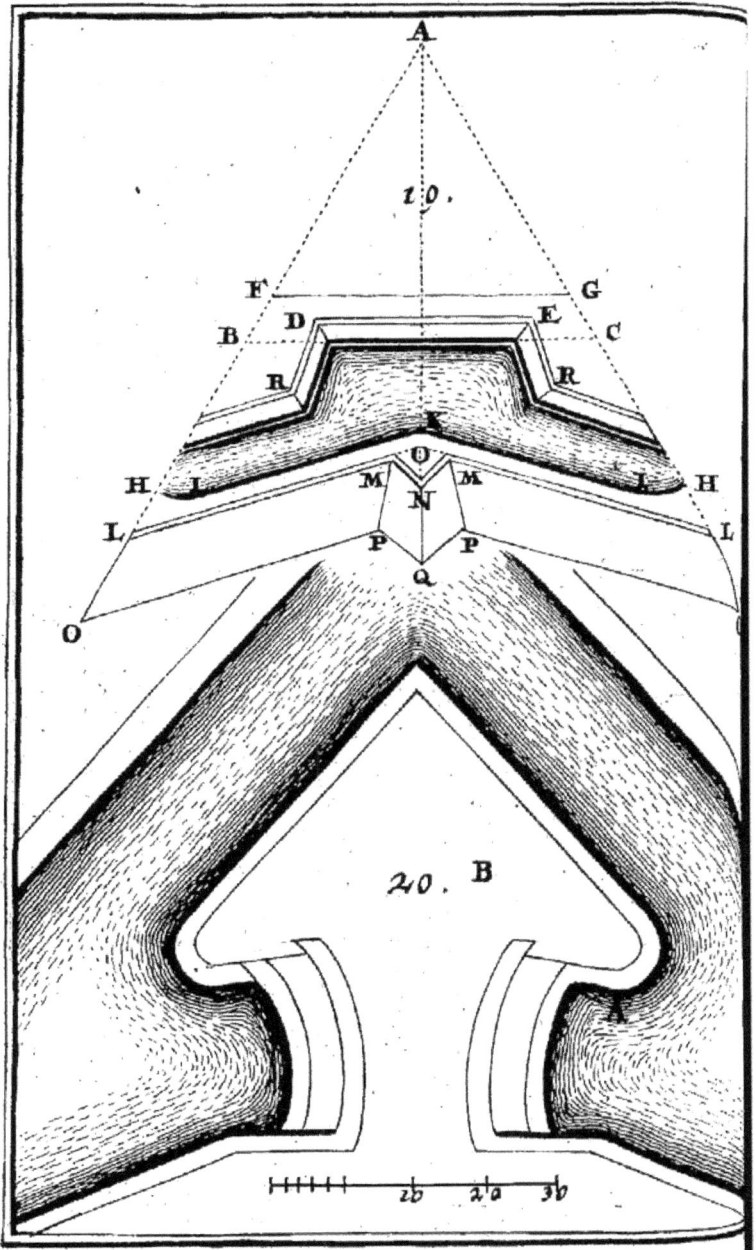

Le Coridor ou Chemin couvert LM, eſt dit être enfilé de l'Angle de l'Epaule oppoſé R, parce que de cet Angle on void tout le long du Chemin couvert. La double ligne que nous avons ajoûtée ſur le Terre-plein du Rempart, & dans le Chemin couvert, repreſente la Banquette, & celle que nous avons ajoûtée au delà du premier trait dans le Foſſé, rereſente le Relais. Enfin les lignes tranſverſales que nous avons tirées au Paparet du Rempart, & à l'Eſplanade, repreſentent les Glacis.

Décrire le Plan d'un Fort ayant une Enceinte de la ſeconde ſorte.

Yant fait, comme auparavant, le premier trait des Baſtions, & des Courtines, tirez des lignes paralleles ſuivant les largeurs marquées dans le ſecond Profil, leſquelles on prendra ſur l'Echelle particuliere du Plan, s'il en a une, ou bien ſur le Compas de proportion, l'ayant ouvert en telle ſorte que la diſtance des points marquez 120 de part & d'autre ſur les deux lignes des parties égales, ſoit égale au côté interieur, parce que ce côté eſt toûjours ſuppoſé de 120 toiſes.

Pour le Rempart & ſon Parapet, ils ſe marquent au dedans du premier trait, & la Muraille au delà, le ſuit toûjours parallelement. Le Rempart eſt quelquefois de même, & alors les Baſtions ſont creux, & aiſez à *Contreminer*, c'eſt à dire à y pratiquer des *Contremines*, ou *Caſcanes*; qui ſont des enfoncemens ſous terre, en forme de puits, d'où il ſort un *Rameau*, ou *Branche*, c'eſt à dire un chemin que l'on conduit ſous terre pour éventer la *Mine* de l'Ennemi, qui eſt une ouverture qu'il fait dans le lieu qu'il veut faire ſauter par l'effet de la poudre.

dre. Le premier conduit qui se fait sous terre, & auquel on ne donne de hauteur & de largeur qu'autant qu'il en faut à un homme qui y travaille à genoux, s'appelle *Galerie*, ou *Canal*, au bout duquel on fait la *Chambre* de la Mine, qu'on appelle aussi *Fourneau*, qui est une espece de petite Chambre, où l'on met les barils de poudre destinez à faire sauter ce que l'on se propose. Cette Chambre se fait en forme de cube, ayant environ six pieds pour sa hauteur & pour sa largeur. Ou bien on la fait en croix, pour donner par en haut un passage au feu, quand on craint que les Assiegez n'éventent la Mine, ce qui peut arriver lorsque l'Ennemi la fait dans un Bastion vuide. Quand le terrain de la Chambre est sec, au lieu de barils, on y met simplement des sacs de poudre; & quand il est humide, la Mine se fait comme un trou, où l'on met les barils de Poudre, qu'on appelle *Caissons*, où l'on met le feu en même temps par plusieurs *Saucisses*, ou traînées de poudre cousuës en rouleau dans de la toile goudronnée, qui regne depuis le Fourneau jusqu'à l'endroit où se tient l'Ingenieur, pour faire joüer la Mine. Enfin lorsque dans le terrain il se rencontre du Roc, ou quelqu'autre chose qui empêche de faire la Mine au lieu proposé, on fait de petits Fourneaux, & une *Araignée*, qui sont plusieurs Rameaux terminez par de petites Mines, qu'on appelle *Fougades*, ou *Fougasses*, que l'on fait joüer tous à la fois, en y mettant le feu par des Saucisses plus ou moins lentes, selon que chaque Mine ou Fourneau est plus ou moins éloigné de la Saucisse principale, qui commence à l'ouverture de l'Araignée.

Décrire

Décrire le Plan d'un Fort, ayant une Enceinte de la troisiéme sorte.

DEcrivez comme auparavant le Polygone avec le premier trait des Bastions & des Courtines. Faites le Rempart & le Parapet comme à l'ordinaire, en sorte que le Parapet soit toûjours parallele au *Trait fondamental*, c'est à dire au premier trait. Décrivez au delà du premier trait la Fausse-braye parallele en tout lieu au premier trait par deux lignes éloignées entre elles & du premier trait de trois toises pour le Chemin ou Terre-plain, & la place de la Fausse-braye.

Nous avons déja dit qu'une Fausse-braye faite de la sorte n'est pas beaucoup approuvée, & que Monsieur de Vauban la fait d'une autre maniere, que nous expliquerons en son lieu. Nous n'avons pas ajoûté les Taluds dans la *Fig.* 19. pour éviter la confusion. On les represente seulement dans les grands Plans.

Décrire le Plan d'un Fort avec des Flancs hauts, & des Flancs bas.

ON se sert des Flancs bas, ou Places basses dans une Forteresse, pour empêcher la traverse du Fossé, en ruinant avec le Canon tous les Travaux, & toutes les Machines des Ennemis, & principalement la Galerie que l'Ennemi a coutume de faire dans le Fossé, aprés avoir percé la Contrescarpe, ce qui s'appelle *faire la Sape*, pour attacher le Mineur à la Face du Bastion, & pour venir ensuite à l'Assaut, lorsque la Mine a fait une Bréche considerable.

E   Puis-

Planche 6.
20. Fig.

Puisque donc les Flancs bas sont destinez pour découvrir & flanquer le Fossé, & sur tout la Face opposée du Bastion, ils doivent être couverts par un Orillon, dont la construction a été enseignée dans la *Fig. 9. Planche 3.* où l'on void que les Flancs couverts, ou Flancs bas répondent à la Face opposée du Bastion, étant superflu qu'ils découvrent davantage, parce qu'autrement ils seroient moins couverts, ce qui est d'une tres-grande consequence.

Comme l'on met dans ces Flancs bas des Pieces de Canon pour la défense du Fossé, ils doivent avoir sur le bord exterieur un Parapet haut de six pieds, & large de dix-huit, ou de vingt, avec des Embrasures, dont les Merlons soient de bonne terre, & une Plate-forme large d'environ quatre ou cinq toises pour la place des Canons. Ce Parapet sert pour tenir à couvert les Canons, & les Orillons servent pour conserver les Flancs bas, c'est à dire pour empêcher qu'ils ne soient rompus par le Canon ennemi.

Les Flancs hauts, ou Places hautes sont tout-à-fait necessaires dans une Place fortifiée, parce qu'ils servent au défaut des Flancs bas, quand ils ne sont pas en état, & qu'ils sont rompus, & aussi parce qu'ils contraignent l'Ennemi à faire leurs Tranchées, leurs Batteries, & toutes leurs autres ouvertures plus hautes. Ils ont un Parapet semblable & au niveau de celuy de la Place, la partie du Rempart, qui reste dans la Demi-gorge, servant de Batterie pour les Canons que l'on met derriere ce Parapet de trois en trois toises, quand il a des Embrasures, comme dans les Flancs bas.

Le bon sens & cette figure vous fait connoître que la place du Flanc haut doit être plus retirée
vers

vers la Demi-gorge que celle du Flanc bas, dont la Batterie pourra être au niveau du Rez-de-chauffée, c'est à dire de 15 pieds au deffus du fond du Foffé, que nous avons fait profond d'autant, quoy qu'on la puiffe faire un peu plus baffe, afin que le Canon ennemi y ait moins de prife. D'où il eft aifé de conclure, que quand la Demi-gorge eft bien grande, comme il arrive dans les grands Polygones par nôtre Methode, on peut avoir trois Flancs couverts, un Flanc bas, un Flanc moyen, & un Flanc haut, à la maniere du Cointe de Pagan, comme nous dirons plus particulierement, lorfque nous expliquerons fa Methode. Mais comme nos Flancs font grands, il me femble que deux Flancs couverts doivent fuffire, & que trois feroient plûtôt nuifibles qu'utiles, parce que s'ils étoient une fois ruinez par le Canon ennemi, ils ferviroient comme de degrez pour *Monter à l'Affaut*, c'eft à dire monter à la Bréche, ou à l'ouverture qu'on a faite avec le Canon dans le Corps de la Place, & lorfqu'on découvre cette Bréche, en telle forte qu'on puiffe *faire feu*, c'eft à dire tirer inceffamment pour la défendre, comme il arriveroit fi elle avoit été faite à un Flanc, parce que de l'autre Flanc on la pourroit défendre, cela s'appelle *Voir en Bréche*.

On doit faire à chaque Flanc couvert une petite porte, ou *Poterne*, par laquelle on pourra fortir au fond du Foffé fans être vû de l'Ennemi. Cette porte fert non-feulement pour aller en garde aux Dehors, & *Faire des forties*, c'eft à dire fortir de la Ville en ordre pour attaquer hautement, & s'oppofer au deffein des Affiegeans, mais auffi pour aller aux *Coffres*, qu'on fait au devant du Flanc bas dans le Foffé en cas d'attaque, fans lefquelles portes on ne fçauroit aller dans le Foffé, ni par confequent dé-

Planche 6.
20. Fig.

68 TRAITE' DE FORTIFICAT. I. PARTIE.

Planche 6.
20. Fig.

fendre ces *Cofres*, qui ne sont autre chose qu'un petit Fossé qu'on fait dans le grand, quand il est sec, vis-à-vis des Flancs-bas, ayant 15 ou 20 pieds de largeur, & 6 à 8 de profondeur, & couvert de planches & de terre élevées environ de deux pieds au dessus du Plan du Fossé, en forme de Paparet, pour mettre dans cet entre-deux plusieurs Canonieres, pour autant de petites Pieces d'Artillerie, qu'on met dans ces Cofres pour la défense de la Face opposée du Bastion, & pour s'opposer au passage du Fossé.

On ne fait de semblables Cofres que quand le Fossé est sec, & qu'il n'y a point de Fausse-braye, parce qu'elle les couvriroit, & les rendroit inutiles. Mais au lieu de Cofres, on fait quelquefois dans le milieu du Fossé, au devant du milieu des Tenailles des *Caponieres*, qui sont des logemens profonds de quatre ou cinq pieds, ayant un Paparet de part & d'autre, palissadé & haut d'environ trois pieds, comme un double Chemin couvert, pour couvrir les Mousquetaires qui s'y logent, & qui font leurs décharges par des Meurtrieres, & par où ils passent pour gagner les Dehors. Les Caponieres se font aussi bien souvent sur le Glacis de l'Esplanade, pour repousser l'Ennemi qui voudroit se rendre maître du Chemin couvert. Elles sont tres-utiles pour nettoyer le Fossé, & en empêcher le passage.

Ces petites Portes, ou Poternes se font au bas A de l'Orillon, comme nous avons déja dit ailleurs, & au dessous de la Place haute l'on fait une Voute pour conduire le Canon dans la Cazemate, ou Flanc bas, par l'ouverture B, qui se fait au dessus de l'Orillon, par laquelle on décend, pour aller au bas du même Orillon. On va de la porte A dans les

Cofres,

Cofres, qui sont vis-à-vis du Flanc bas, par une petite Allée couverte, c'est à dire par un petit Fossé couvert, qui se pratique dans le grand proche de l'Orillon. La longueur de ce Cofre occupe toute la largeur du grand Fossé, ce qui le rend different de la Caponiere, qui n'en occupe qu'une partie. L'Assiegeant *s'épaule*, c'est à dire se couvre contre les Cofres, en jettant de la terre du côté que vient le Feu des Mousquetaires qui y sont logez.

Planche 6. 20. Fig.

Proche des Flancs hauts on ajoûte sur le Rempart à l'angle du Flanc des Cavaliers pour tirer de loin, pour incommoder l'Ennemi dans ses Tranchées, pour rompre ses Batteries, & démonter son Canon. On met aussi des Cavaliers sur les Courtines pour la même fin, principalement quand il y a proche de la Place quelques éminences à la portée du Canon, qui la commandent, & qu'on n'a pas le temps de razer; autrement il vaut mieux les razer, ou bien les laisser quand elles sont hors la portée du Canon, qui est environ de mille toises de but en blanc, parce qu'elles ne peuvent nuire qu'aux clochers & aux cheminées.

Lorsque les éminences battent *de revers*, c'est à dire à dos & par derriere, dans les Bastions, qui est le pire des commandemens, sur tout quand il bat des endroits qui en doivent défendre d'autres, on construit le long des Capitales des *Traverses*, ou Parapets hauts d'environ six pieds vers leurs Banquettes, & de cinq vers l'autre côté; & lorsque les éminences enfilent des Faces, & découvrent des Flancs, on fait des traverses dans le Fossé. Mais on peut souvent empêcher un Bastion d'être commandé, en élevant sa pointe; & aussi empêcher qu'une éminence ne batte de revers dans le Bastion, en élevant la Face & le Flanc du côté de cette éminence.

Enfin

Enfin lorsque les éminences sont proches de la Place, on les enferme dans quelque Dehors, comme dans un Ouvrage à Corne, ou dans un Ouvrage Couronné, dont nous enseignerons la construction dans la seconde Partie : ou bien quand elles sont bien proches de la Place, comme à la portée du Mousquet, on y construit une Citadelle, comme il sera aussi enseigné dans la seconde Partie.

Décrire un Fort avec la Place d'Armes, & les Ruës principales.

Planche 7.
21. Fig.

ON appelle *Place d'Armes d'une Ville de Guerre* un grand espace vuide & libre, d'une figure semblable au Polygone fortifié, qu'on laisse ordinairement au milieu de la Ville, afin qu'elle découvre également de tous côtez, & où aboutissent les ruës principales, qui doivent répondre non-seulement au milieu des Courtines vers les Portes, pour la commodité publique, mais encore aux gorges des Bastions, afin que du centre A de la Place, le Gouverneur ou le Major puisse voir tout ce qui se passe dans toutes les Attaques, & par ce moyen envoyer un prompt secours où il sera jugé necessaire, sans être obligé d'aller sur les Remparts pour s'en informer, & qu'ainsi en voyant tous les Bastions, le milieu des Courtines, & les Portes, on puisse tenir toute la Ville en sujetion. On y assemble les Soldats pour recevoir les Ordres, & pour leur faire faire l'Exercice.

La grandeur de la Place d'Armes doit être proportionnée à celle du Polygone fortifié, ce qui me semble ne se pouvoir mieux faire qu'en donnant à son Rayon AB, ou AC, quand elle est reguliere, la longueur d'une Demi-gorge qui croît toûjours à mesure

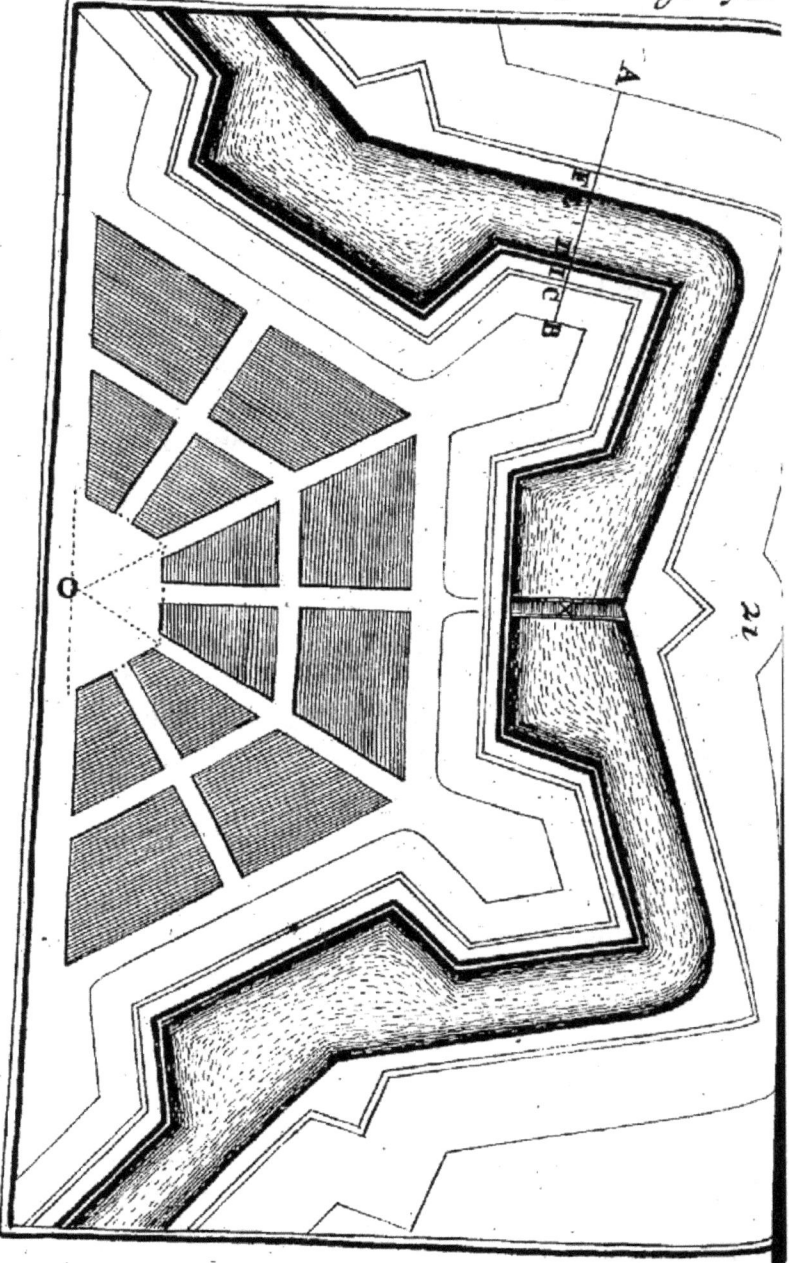

DE LA FORTIFICATION REGULIERE. 71

mesure que le Polygone a plus de Bastions, se- Plan-
lon nôtre Methode, pour le moins jusqu'au Deca- che 7.
gone. 21. Fig.

Pour les ruës, on en fait toûjours une le long du Rempart, un peu plus large que les autres, comme de huit toises, afin qu'on ait de la place pour se retrancher en cas de besoin, & pour assembler & mettre les Soldats en bataille, quand il survient une Allarme inopinée, & les tenir prêts à la défense. Cet entre-deux sert aussi pour empêcher que des Maisons de la Ville on n'ait communication sur les Remparts, pour mieux assurer les Rondes, les Gardes, & toute la Place.

Les autres ruës se font moins larges, comme de six toises tout au plus dans les grandes Places seulement, car leur largeur est bien moindre aux petites Places, comme de trois ou de quatre toises. Elles se communiquent les unes aux autres, & les principales se tirent le long des Rayons du Polygone, & des lignes tirées du centre de la Place par le milieu des Courtines, pour pouvoir répondre aux Centres des Bastions, & aux Portes.

On met ordinairement les Portes de la Ville à l'extremité des Ruës qui répondent au milieu des Courtines, qui est le lieu le plus fort, étant défendu par les deux Flancs, ce qui se doit ainsi faire, parce que les Portes sont la partie de la Place la plus sujette à être surprise. Leur largeur est de dix ou douze pieds, & leur hauteur de quinze ou seize.

On fait le moins que l'on peut de Portes dans une Place de Guerre, parce que moins il y en a, moins on a besoin de Corps de Garde, qui sont necessaires pour empêcher les surprises. On y passe par des Voutes pratiquées sous le Rempart, au milieu desquelles il y a des *Orgues*, qui sont plu-

sieurs

Planche 8.
Fig. 22.

sieurs grosses & longues poutres ferrées en pointes par le bas, comme A, separées les unes des autres d'un demy pied, & suspenduës chacune par un cordeau C, à un Moulinet B, qui est en haut, qu'on lâche quand on les veut faire tomber à plomb toutes à la fois sur le passage au cas de quelque entreprise, pour barrer ce passage ainsi qu'une Porte, quoique rompuës par le Petard, ou par le Canon, parce que s'il les brise par en bas, elles retombent à l'instant, leur longueur reparant la brisure.

Planche 9.
25. Fig.

Les Orgues sont meilleures que les *Herses*, ou *Sarasines*, ou *Cataractes*, qui sont une espece de porte composée de plusieurs pieces de bois ferrées en pointe, comme AB, & disposées en forme de treillis, qu'on lâche par le moyen d'un Moulinet, où elle est attachée & suspenduë par une corde comme les Orgues, quand la Porte de la Ville a été petardée ou rompuë ; parce que le Petard peut rompre les Herses sans aucun remede prompt & facile, & qu'on les peut empêcher de tomber en mettant une piece de bois toute droite dans leurs Coulisses qui sont entaillées dans les deux côtez de la Porte : ou

28. Fig.

bien en mettant au dessous des *Chevalets*, qui sont une espece de Table à quatre pieds, comme AB, ou CD : ou bien encore un Chariot renversé qui les peut arrêter.

La Voute, dont nous avons parlé, en a deux autres à ses côtez, qu'on appelle Corps de Garde, parce qu'on y met des Soldats pour faire la Garde, & pour empêcher les surprises. On fait ordinairement plusieurs Portes à une même entrée, avec plusieurs Corps de Garde pour empêcher le Petard & les surprises, mais on les doit faire en détournant, parce que si elles étoient placées en ligne droite, le Petard ou le Canon en pourroit emporter plusieurs à la fois.

On

Fortification Planche 8. Page 73.

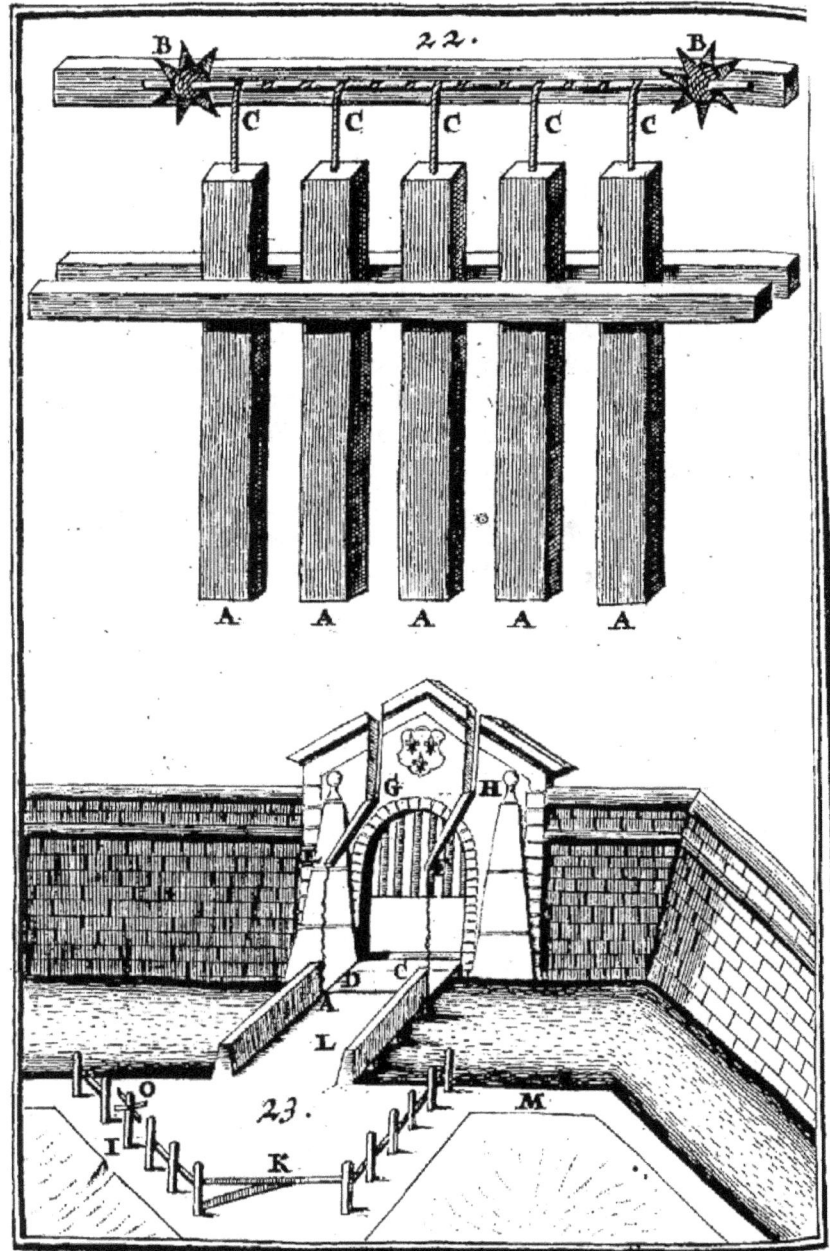

DE LA FORTIFICATION REGULIERE. 73

On couvre chaque Porte par une Demi-lune ou Ravelin, où l'on va par dessus le grand Pont de bois L, qui se fait dans le Fossé de la Place, & qui est immobile, étant soûtenu par des piliers B, de bois, & quelquefois de pierre, & c'est à cause de cela qu'on l'appelle *Pont dormant*, lequel est separé d'un autre Pont de bois qui se fait proche la porte de la Place, & qu'on appelle *Pont-levis*, parce qu'il se hausse & se baisse quand on veut.

Planche 8. 23. Fig.

Ces Ponts-levis sont tres-necessaires à une Place, & on les fait ordinairement de deux sortes, dont les plus communs sont les *Ponts à Fléches*, qui se levent & se baissent tous entiers, comme ABCD, qui a son mouvement du côté CD de la Porte, & qui est suspendu par l'autre extremité AB par les deux chaînes de fer AE, BF, soûtenuës par les Fléches EG, FH, qui sont de petites Poutres, dont le moûvement les fait hausser & baisser.

Cette sorte de Pont n'est pas trop bonne, parce que comme dit de Ville, lorsqu'un semblable Pont est levé, il est découvert, & si les Fléches viennent à se rompre, on ne le peut hausser ni baisser. Les meilleurs sont les *Ponts à Bascule*, ou les *Ponts à Trebuchet*, parce qu'ils se levent ou se haussent par le moyen d'une Bascule, ou Trébuchet, & d'un Contrepoids qui est en dedans. On doit faire les Ponts si bas qu'ils ne soient découverts de la Campagne, & si larges que deux Charettes y puissent passer l'une à côté de l'autre.

On fait quelquefois un Pont-levis plus simplement, sçavoir avec des *Trapes*, c'est à dire avec des Planches qui s'ôtent & se remettent tous les jours. On ajoûte ordinairement au grand Pont deux Ponts-levis, l'un vers le milieu, & l'autre joignant la Porte, & à chaque Pont-levis on pose une

E 5 Sen-

Sentinelle: & alors il est bon que le grand Pont aille un peu en détournant, comme les Portes de la Place.

Planche 8. 23. Fig.

On fait des Ponts-levis à chaque Ouvrage que le grand chemin traverse, & quand il n'y a point de Ravelin devant la Porte de la Place, on met un Corps de Garde au milieu du Pont dormant, autrement on le pose dans le Ravelin: & s'il n'y a point de Ravelin, il y faut au moins un Chemin couvert M, & au devant du grand Pont, ou du Pont dormant une bonne Palissade I, avec des *Tourniquets* O, & une *Barriere* K, qui s'ouvre & se ferme pour le passage des Charettes.

Enfin on place le long du Rempart au dedans de la Ville des *Cazernes*, ou petites Maisons, où logent les Soldats de la Garnison, pour décharger & soulager les Bourgeois. On met ordinairement deux lits dans chaque Cazerne, pour y coucher six Soldats, trois à trois. On en fait servir une moitié pour monter la Garde, & l'autre demeure pour la seureté du Quartier. Quand plusieurs Soldats logent ensemble, cela s'appelle *Chambrer*. Les Cavaliers logent ordinairement trois à trois, ou quatre à quatre, & les *Fantassins*, c'est à dire les Soldats qui combattent à pied, six à six. On fait aussi les Magazins dans les ruës les plus proches du Rempart, afin que les Munitions soient transportées plus facilement. Les Magazins des Poudres doivent être en divers lieux les plus écartez & les mieux fermez qu'il se pourra.

Tracer le Plan d'une Fortification sur la Terre.

LA maniere de tracer une Fortification sur le papier est bien differente de celle dont on doit se servir pour la tracer sur le Terrain, car icy on ne peut plus se servir d'Echelle ni de Compas pour la mesure des Lignes, ni de Transporteur pour la mesure des Angles: mais au lieu d'un Transporteur il faut avoir un Graphometre pour faire sur la terre des Angles d'autant de degrez que l'on voudra, comme nous avons enseigné dans nôtre *Introduction aux Mathematiques*; & au lieu du Compas & d'une Echelle, on doit avoir des Piquets, pour y attacher les cordeaux, & une chaîne assez longue divisée en toises & en pieds, pour mesurer les Lignes.

Nous avons déja enseigné la maniere de tracer sur le Terrain le premier trait des Courtines & des Bastions, lorsque nous avons donné le moyen de fortifier par le moyen des Tables supputées: & il ne reste plus ici qu'à vous enseigner le moyen de tracer autour de cette Place le Plan du Rempart, du Relais, du Fossé, du Chemin couvert, & de l'Esplanade, ce qu'il faut avoir fait avant que de remuer la terre.

Ayant tiré environ par le milieu de la Face du Bastion, la ligne AB, qui soit à peu prés perpendiculaire à cette Face, prenez-y en dedans depuis I jusqu'à B, quinze toises pour la base du Rempart, & en dehors, depuis I jusqu'à D 4 pieds pour le Relais, depuis I jusqu'à E vingt toises pour la largeur du Fossé, depuis E jusqu'à F, cinq toises pour le Coridor, & depuis F jusqu'à A vingt toises pour l'Esplanade.

Planche 7. 21. Fig.

Nous n'avons pas marqué la largeur IC du Parapet, parce que cette largeur se doit prendre sur le Terre-plain du Rempart, qui n'est pas encore élevé. Cette preparation étant faite, vous ferez avec une béche ou avec une charruë, en dedans par le point B, un sillon parallele au premier trait pour le

com-

commencement du Rempart, si vous voulez des Bastions creux, & en dehors par le point I, un autre sillon parallele aussi au premier trait pour le Relais.

Planche 7.
21. Fig.

Il ne sera pas difficile de tracer le Fossé, si l'on fait par le point E, la Contrescarpe parallele à la Face du Bastion, au cas que tout le Flanc couvert puisse défendre le Fossé, autrement il la faudra tirer par le revers de l'Orillon, s'il y en a un. Pour l'arrondissement du Fossé on le fera par le moyen d'un cordeau long de vingt toises, ou de la largeur du Fossé, & attaché par l'un de ses bouts à la pointe du Bastion.

Enfin on tirera par le point F, une ligne ou sillon parallele à la Contrescarpe, pour le Chemin couvert. On en pourra faire autant par le point A pour l'Esplanade, mais il n'est pas si necessaire, ni si facile, à cause de l'inégalité du terrain, & il suffit de faire que le Glacis de l'Esplanade s'aille perdant insensiblement vers la campagne à la distance d'environ quinze ou vingt toises du Chemin couvert.

Elever le Rempart, avec son Parapet, & l'Esplanade, de la terre qu'on tire du Fossé.

Ayant tracé sur la terre le Plan du Rempart, du Fossé, & de l'Esplanade, comme il vient d'être enseigné, nous commencerons par les fondemens du Rempart, que l'on creuse de cinq à six pieds, quand le terrain n'est pas assez ferme, & davantage, comme de sept à huit pieds, quand le sol est sablonneux, & dans ce cas on le pave de Planches, autrement on y plante des *Pilotis*, qui sont de gros pieux ordinairement de Chêne, pointus par une de leurs extremitez, & ferrez par les deux bouts.

Fortification Planche 9. Page 77.

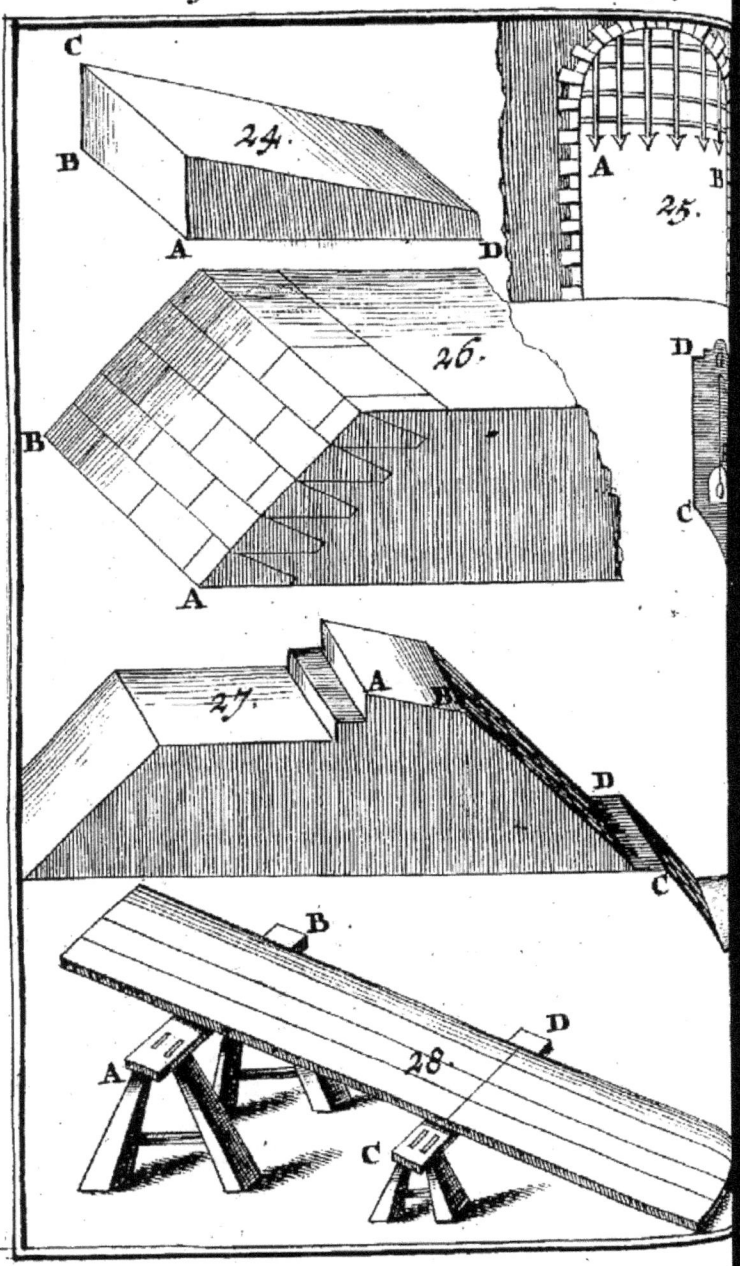

bouts. On les enfonce dans la terre jusqu'à refus de Planche 7. 21. Fig.
Mouton, aprés quoy on arrête leurs têtes par des
pierres qu'on engage par force entre-deux : ou bien
quand il y a de l'eau ou des fables mouvans, on lie
les Pilotis ensemble avec de longues pieces de bois,
posées en forme de chaffis ou treillis bien ferré, &
chevillées de fer, pour arrêter toutes les têtes des
Pilotis, sur lesquelles on fait un Plancher, pour y
élever les fondemens ; & si la terre est mouvante,
on enfonce les Pilotis un peu de biais, pour refifter à la poussée des terres.

Afin que la partie exterieure du Rempart se lie Planche 9. 24. Fig.
mieux, on la borde de *Gazons*, qui sont des Motes de terre faites à peu prés comme un coin à fendre du bois, comme ABCD, sa longueur AD étant
de quinze pouces, la largeur AB, de six pouces & son
épaisseur BC vers le gros bout qui se met en dehors,
de cinq pouces. Pour l'épaisseur de l'autre bout
vers D, nous ne la déterminons pas, parce qu'elle
dépend de la quantité du Talud qu'on donne au
Rempart ; & c'est à l'ouvrier à couper les Gazons
conformément à ce Talud. Il est bon de lever les
Gazons dans les Prez, parce que leur terre est mieux
liée par les Racines des herbes.

Ayant posé les premiers Gazons le long de la li- Planche 9. 26. Fig.
gne AB, pour le commencement des Fondemens du
Rempart, chaque Gazon fera attaché à la terre avec
une bonne cheville de bois. Dessus ce premier lit
de Gazons on en met un second, & sur ce second un
troisiéme, & ainsi ensuite jusqu'à la hauteur du Rempart, en telle sorte que le second lit de Gazons couvre tous les joints du premier, & que pareillement
le troisiéme lit couvre tous les joints du second, &
ainsi des autres, comme la Figure montre.

Tous ces Gazons auront de bonnes Chevilles de
bois

bois, & pour les mieux lier, à chaque pied qu'on hausse le Rempart, on étend horizontalement des branches de Saule, épaisses d'environ un pouce, qui auront leur gros bout fiché dans les Gazons de devant, lequel en percera deux, ce qui entretiendra tout le Rempart, & empêchera que rien ne s'éboule.

Planche 9. 26. Fig.

Le vuide qui se trouvera entre les rangs de Gazons, doit être rempli de la terre du Fossé, foulée & bien batuë avec des *Pilons*, ou *Damoiselles*, qui sont des pieces de bois longues de cinq ou six pieds rondes & ferrées par les deux bouts ; que l'on tient quand on veut s'en servir pour battre la terre, par deux anses attachées environ au milieu. Les Paveurs s'en servent ordinairement dans les Villes pour enfoncer les pavez.

Afin que la terre se joigne mieux en la battant avec le Pilon, on la moüille tant soit peu, de sorte qu'un pied se reduit à sept ou huit pouces: & pour bien conserver le Talud, on se servira du *Niveau*, ou *Plomb* CDEF, dont la pointe F convient à la pente du Talud, en ajustant le côté CF contre un ais appliqué sur le commencement du Talud, en sorte que le filet GH tombe sur sa ligne, qui doit être parellele au côté CD, ou EF.

On fait pancher le Terre-plain du Rempart un peu vers la Ville, tant pour donner cours aux eaux de ce côté-là, que pour faciliter le Recul du Canon, qui de la sorte se met hors la vûë des Ennemis, lorsqu'il recule aprés avoir tiré : & on luy donne environ un pied de hauteur plus qu'il ne doit avoir, à cause de l'affaissage.

On y plante des Arbres, & principalement des Ormes qui sont les meilleurs : leurs Racines servent pour lier la terre : le gros bois sert pour les *Affuts*

des

DE LA FORTIFICATION REGULIERE. 79

des Canons, c'est à dire pour ces petits Chariots, sur lesquels on monte & conduit les Canons : & le menu bois sert pour le *Fascinage*, c'est à dire pour construire des *Fascines*, qui sont des Fagots de menus branchages. *Planche 9. 26. Fig.*

On plante sur la partie exterieure du Rempart, au pied de son Parapet, c'est à dire au niveau du Terre-plain, des *Fraises*, qui sont des pieux quarrez de Chêne, posez presque horizontalement à six pouces de distance les uns des autres, & sortant en dehors de dix ou douze pieds, pour empêcher les Escalades, & la Desertion des Soldats.

Quand le Rempart sera achevé, & que la terre sera bien affermie, on y élevera de la même façon le Parapet AB haut de six pieds vers le devant A, & de quatre vers le derriere B, en le bordant de Gazons de part & d'autre, & même au-dessus, mais il vaudra mieux y semer de la graine de foin, ou de quelqu'autre herbe qui ne croisse pas bien haut. *27. Fig.*

On laisse, comme nous avons déja dit, entre le Rempart & le Fossé un chemin CD, que nous avons appellé *Relais*, & *Pas de Souris*, pour affermir le Rempart, & retenir la terre du Parapet qui se pourroit ébouler d'elle-même, ou par l'effort du Canon ennemi, & qui sans ce Chemin ou Relais, tomberoit dans le Fossé, & le gâteroit.

En faisant les Taluds du Fossé, qui doivent être les derniers faits, parce qu'autrement ils pourroient être rompus pendant le travail, on fera servir leur terre pour l'Esplanade, qui doit être haute de six pieds, & large de 15 ou de 20 toises, comme nous avons déja dit ailleurs, & qui autant que l'on pourra, doit être de cailloux ou de pierres, couverte de gazon.

On ne doit pas bâtir les Ouvrages de terre en
Hy-

Planche 9. 27. Fig.

Hyver, à cause de la gelée, mais en Eté, lorsque la terre est séche, dont la meilleure est l'Argile grise, ou la terre marécageuse, parce qu'elle se lie mieux, & ne demande pas un si grand Talud, outre qu'elle produit plus d'herbe, dont les Racines servent beaucoup à l'affermir, & à la soûtenir.

La terre sablonneuse n'est pas bonne, & la graveleuse encore moins, ne pouvant être bien soûtenuë que par une Muraille, dont les Fondemens se feront comme ceux du Rempart, ou bien en creusant jusqu'à la terre ferme, & en remplissant ce creux de mortier fait avec de la chaux toute chaude, & mêlé avec du gravier, & de petits cailloux, ce qui fait une prise qui se lie si fortement, que la pierre n'est pas plus dure.

On compte la profondeur des Fondemens depuis la terre ferme jusqu'au niveau du Fossé. Ils doivent contenir les Taluds de la Muraille, à laquelle on donne, outre son Talud, un pied & demi de saillie de côté & d'autre, qu'on appelle *Retraite*, pour luy donner plus de solidité. Ce Talud est ordinairement égal à la neuviéme partie de la hauteur de la Muraille, qui est d'environ quatre toises au dessus du fond du Fossé. D'où il suit que pour bâtir les Fondemens de la Muraille, on doit sçavoir quelle hauteur on luy veut donner.

Quoique nous ayons fixé dans les Profils l'épaisseur de la Muraille à neuf pieds, neanmoins cela ne doit pas être pris pour une regle generale, parce que cette épaisseur doit changer selon la qualité de la terre qu'elle doit soûtenir, étant certain qu'une terre grasse & ferme ne demande pas une Muraille si épaisse qu'une terre maigre, ou sablonneuse. On luy donne ordinairement quatre pieds & demi d'épaisseur vers le Cordon, c'est à dire à la hauteur du Rempart, & l'on se peut contenter de trois quand la Maçonnerie est bonne. Nous

DE LA FORTIFICATION REGULIERE. 81

Nous avons déja dit ailleurs qu'on ajoûte à la Muraille des Eperons ou Contreforts, qui la rendent plus forte pour soûtenir la terre qui pousse toûjours en dehors : & nous dirons ici qu'aux Murailles on ne fait point de Relais, ni de Fraises, parce qu'elles sont escarpées, & moins sujettes à l'Escalade : mais on peut ajoûter à leur pied de grosses Palissades, ou des pieces de bois rondes & droites, épaisses d'environ un pied, & longues de douze, qu'on enfoncera à moitié dans la terre, autant prés l'une de l'autre & de la Muraille qu'on pourra, pour empêcher plus facilement la Muraille d'être minée.

On doit avoir fait le Rempart avant la Muraille, parce qu'autrement elle empêcheroit le transport des terres qui se tirent du Fossé, & aussi pour donner le temps à la terre du Rempart pendant deux ou trois années, de se rasseoir & prendre son assiete; autrement comme elle pousse extraordinairement, principalement aprés les pluyes, la Muraille auroit de la peine à la soûtenir, & seroit en danger d'être renversée. La matiere de la Muraille peut être de pierre, mais la Brique est meilleure, parce qu'étant plus douce le boulet du Canon n'y fait qu'un trou sans aucun éclat.

Quand on creuse le Fossé on y laisse de certaines hauteurs faites de la même terre qu'on transporte, à laquelle on ne touche point, qu'on appelle *Témoins*, qui servent pour sçavoir en toises cubes, ou en pieds cubiques, combien l'on a tiré de terre. On se sert de plusieurs sortes d'Instrumens pour remuer les terres, & pour les transporter avec les pierres d'un lieu à un autre, dont les plus ordinaires & les plus commodes seront ici expliquez par ordre.

F Mais

Mais auparavant, nous dirons que quand le Fossé est tellement creusé, qu'on n'en peut plus ôter la terre sans monter, on fait pour les Ouvriers un Pont large de sept ou huit pieds, afin que ceux qui menent la terre en haut, & ceux qui s'en retournent vuides, puissent passer ensemble sans s'incommoder. Ce Pont se fait de plusieurs Planches fortes & serrées ensemble, qui doivent s'appuyer sur des Chevalets de diverse hauteur, comme AB, CD, afin que le Pont aille peu à peu en montant, & qu'ainsi on puisse plus facilement conduire par dessus les Broüettes chargées de terre.

Planche 9. 28. Fig.

Explication de quelques Instrumens, dont on se sert dans la Fortification pour remuer les Terres.

LEs Instrumens dont on se sert pour *remuer les Terres*, c'est à dire creuser & ouvrir les Terres pour les transporter ailleurs, & en faire des Remparts & des Parapets, sont premierement le *Pic*, ainsi appellé parce qu'il sert à piquer & à ouvrir la terre. Il a un fer pointu long d'environ un pied, & un manche de bois, long à peu prés de trois pieds.

Le *Hoyau*, semblable en grandeur à l'Instrument precedent, mais different, en ce qu'il a sa pointe large de trois pouces, & qu'il est tres-utile pour travailler dans les terres fortes, & pierreuses, au lieu que le Pic ne fait que son trou.

La *Pêle de bois*, qui est de la même longueur que les deux Instrumens precedens, & qui sert pour prendre & charger la terre remuée dans les Broüettes & dans les Tombereaux, lorsqu'on la veut transporter ailleurs.

Cette

DE LA FORTIFICATION REGULIERE. 83

Cette Pêle est ordinairement toute de bois, & quelquefois on la ferre par le bout, & même tout autour, pour être de plus longue durée, & pour avoir plus de prise dans les terres fortes ou d'Argille. On s'en sert ordinairement pour faire des Gazons.

Le *Housset*, ou *Bêche*, qui est une espece de Pêle, dont tout le bas est de fer, & le dessus est quarré, afin d'y appuyer le pied, & ainsi en poussant avec le pied, la faire entrer dans la terre qu'on veut remuer sans Pic, ni Hoyau.

La *Pince*, qui est toute de fer, & longue ordinairement de trois à quatre pieds, ainsi appellée, parce qu'elle sert à pincer les pierres par dessous, pour les separer & les élever de terre, & les charger sur les Civieres.

Pour mieux pincer, la Pince est ordinairement recourbée & refenduë par le bout, & alors on l'appelle *Pied de Chevre*: & pour mieux lever les pierres, on met sous la Pince qui sert de Levier, une petite pierre, ou un éclat de bois pour servir de Point fixe, ou Centre de mouvement, que les Maçons appellent *Cale*, & *Orgueil*.

Explication de quelques Instrumens, dont on se sert dans la Fortification pour transporter les terres d'un lieu à un autre.

LEs Instrumens dont on se sert pour transporter les terres, sont premierement la *Broüette*, qui est composée de deux Bras, & d'une Roüe, avec un Cofre au milieu, où l'on met avec une Pêle, la terre du Fossé qu'on veut transporter ailleurs, pour la construction des Remparts, des Parapets, du chemin couvert, &c.

Sa Figure vous montre clairement, qu'en levant les deux bras de la broüette, & en la pouſſant, un homme ſeul la fait aller ſur la Roüe. Ces deux Bras ou Manches doivent être longs au delà du Cofre de la Broüette d'environ un pied & demi, & le Cofre doit être profond de ſept pouces, long de ſeize, & large de quinze pour tenir à peu prés un pied cubique de terre.

Le *Tombereau*, qui eſt une eſpece de Charette à deux Roüës, dont le fond eſt fait en treillis, & les deux côtez ſont de groſſes Planches enfermées par quatre pieces de bois en maniere de Soliveau, qu'on appelle *Gizans*, & dont on ſe ſert pour porter la terre, & auſſi les petites pierres qui ſe rencontrent dans les terres, car pour les groſſes & peſantes, comme celles dont on fait les Paremens & les Angles des Baſtions, on les porte avec des *Chars*, ou *Chariots*, qui ſont une eſpece de Charette plus forte à quatre Roüës.

La *Hotte*, qui eſt une eſpece de panier d'ozier profond, & plus large par en haut que par en bas, que l'on porte ordinairement derriere le dos avec des *Bretelles*, ou bandes de cuir qu'on ſe paſſe dans les bras pour ſoûtenir la Hotte, de laquelle on ſe ſert ſeulement pour porter la terre d'un lieu à un autre bien proche. Elle contient environ un demi pied cubique de terre.

La *Civiere*, qui eſt un Inſtrument de bois ordinairement de Hêtre, ayant quatre Bras longs chacun d'environ deux pieds, & un treillis au milieu, ſur lequel on met les pierres qui ſe rencontrent dans les terres, pour les porter ailleurs par le moyen de deux perſonnes, dont chacun ſoûtient deux Bras.

Les Maçons ſe ſervent d'une autre eſpece de Civiere

viere extraordinairement forte, qu'ils appellent *Bar*, pour porter de grosses pierres au moyen de plusieurs personnes. Ils se servent aussi d'une troisiéme espece de Civiere faite comme une Echelle qu'ils appellent *Bouriquet*, pour élever des *Moilons*, ou petites pierres propres à bâtir, & autres Matereaux dans des Baquets, au moyen de quatre cordes qui se joignent à un crochet de fer appellé *Brayer du Bouriquet*.

Elever un Plan de Fortification en Perspective.

L'Art de representer en Perspective un objet élevé sur son Plan Geometral, s'appelle *Scenographie*, soit que cette representation se fasse par la Perspective veritable, ou par la Perspective Cavaliere ou Militaire, dont nous nous servirons ici, parce qu'elle convient mieux à la matiere que nous traitons, & que comme nous avons déja dit ailleurs, elle ne change point le Plan Geometral, & sert autant pour faire comprendre ce qui est élevé, & y distinguer toutes les parties en particulier, que la veritable Perspective qui demande beaucoup de temps, & donne beaucoup de peine à ceux qui veulent y travailler, & qui change les proportions des Bastions, qui paroissent trop irreguliers, quoique reguliers, & pour ainsi dire, estropiez & sans défenses.

Ayant fait en blanc le Plan ichnographique de ce que vous voulez élever en Perspective, tirez de tous les angles de ce Plan, excepté de ceux des Taluds, des lignes blanches paralleles entre elles, & perpendiculaires à une même ligne droite, qu'on peut tirer à volonté, comme à la ligne VX. Aprés cela commencez à élever la partie la plus haute, sça- Planche 3. 12. Fig.

voir

Planche 3.
12. Fig.

voir le Parapet, parce que les parties plus hautes cachent à l'œil les plus basses qui sont derriere, dont le dessus par consequent peut être tiré de noir sans crainte de manquer. Prenant donc toutes les perpendiculaires qui partent des angles du Plan du Parapet d'une même longueur, selon la hauteur que vous voudrez donner au Parapet, qui doit être plus grande que sa hauteur naturelle, afin que le Plan élevé ait meilleure grace; joignez les extremitez de toutes ces lignes par des lignes noires, & le Parapet sera élevé, pourvû que des extremitez de dehors vous tiriez en bas aux Taluds correspondans des lignes droites, comme AR, &c.

Faites ensuite les perpendiculaires CO, EF, & toutes les autres qui partent des angles du Plan du Rempart, d'une longueur égale à celle que vous voudrez donner à la hauteur du Rempart, & joignez les extremitez de ces perpendiculaires par les lignes droites OF, OL, &c. sçavoir seulement celles qui ne sont pas cachées par le Parapet, dont la hauteur LM au dessus du Rempart, doit seulement être marquée en dedans, & le Rempart sera élevé, pourvû que pareillement vous tiriez ses Taluds, comme FD, &c.

Enfin prenez en bas les perpendiculaires PS, HT, & toutes les autres qui partiront des Angles du Plan du Fossé, égales chacune à la profondeur que vous voudrez donner au Fossé, & joignez pareillement les extremitez de ces lignes par des lignes droites, pour le moins celles qui ne seront pas cachées à l'œil, & vous aurez le Fossé abaissé sans aucun Talud, qu'il ne sera pas difficile d'ajoûter, & d'achever le reste sans qu'il soit besoin d'en parler davantage.

S E-

SECONDE PARTIE.
DE LA CONSTRUCTION DES DEHORS.

ON entend par *Dehors* les Ouvrages élevez que l'on construit au delà du Fossé d'une Place fortifiée pour la couvrir, & pour empêcher que l'Ennemi ne tire avantage des concavitez & de éminences qui se rencontrent ordinairement aux environs des Contrescarpes : car ces concavitez & hauteurs peuvent servir de Logemens & de Rideaux, c'est-à-dire de couverture aux Assiégeans, & leur faciliter la conduite de leurs Tranchées, & l'élevation de leurs Batteries contre la Ville.

Ainsi vous voyez la necessité qu'il y a d'avoir des Dehors, qui sont les pieces les plus importantes d'une Place de guerre, & comme les Armes de la Fortification: de sorte que les Places qui n'ont point de Dehors, ne peuvent pas être dites bien fortifiées, parce que comme dit de Ville, quelque robuste que soit le Rempart de la Ville, s'il n'est armé, c'est-à-dire couvert de bons Dehors, il ne peut pas resister long-temps, étant battu continuellement par l'Ennemi qui en est fort proche; au lieu que les Dehors arrêtent l'Ennemi, retardent ses entreprises, étant bien pratiquez & bien gardez, en attendant du secours, particulierement si les Fossez sont remplis d'eau.

Quoy qu'il semble que pour la garde des Dehors on ait besoin d'une plus forte Garnison, parce qu'autrement il semble que les Troupes des Assiegeans seroient obligées de se desunir, ce qui les rendroit moins capables de se garentir des surprises: neanmoins si l'on considere que la Place étant assiegée, l'Ennemi est contraint d'attaquer les Dehors qui peuvent être défendus par autant de Soldats qu'il en faudroit pour défendre la Place si elle étoit attaquée sans avoir aucuns Dehors, pendant que le Corps de la Place demeure en assurance, sans qu'il soit besoin que les Bastions qui ne sont point attaquez, soient gardez par des Soldats qui y seroient inutiles; on connoîtra aisément qu'il ne faut pas avoir pour cela un nombre de Soldats considerablement plus grand, parce qu'on n'aura besoin de mettre dans les Bastions que quelques Sentinelles, & seulement quelques Soldats dans les Corps de Garde, pour empêcher les surprises.

Nous affecterons de faire les Dehors aussi grands & autant capables qu'il nous sera possible, parce que quand ils sont petits, on ne peut pas les conserver long-temps; car si leurs Parapets sont une fois rompus & ouverts, ces Dehors doivent être defendus par un bon nombre de Soldats, qu'ils ne peuvent pas contenir, étant trop petits, & l'on ne peut pas si bien retrancher, & défendre les Brêches à couvert, outre que si l'Ennemi y jette quelques Bombes, on n'a pas assez de place pour s'écarter & se retirer.

Nous décrirons seulement ici le Plan ou l'Ichnographie de ces Dehors, sans faire une mention particuliere de leur Profil ou Ortographie, parce que leurs hauteurs se diversifient selon les assietes des lieux où on les fait, comme aussi selon que le

Corps

Fortification Planche 10. Page 89.

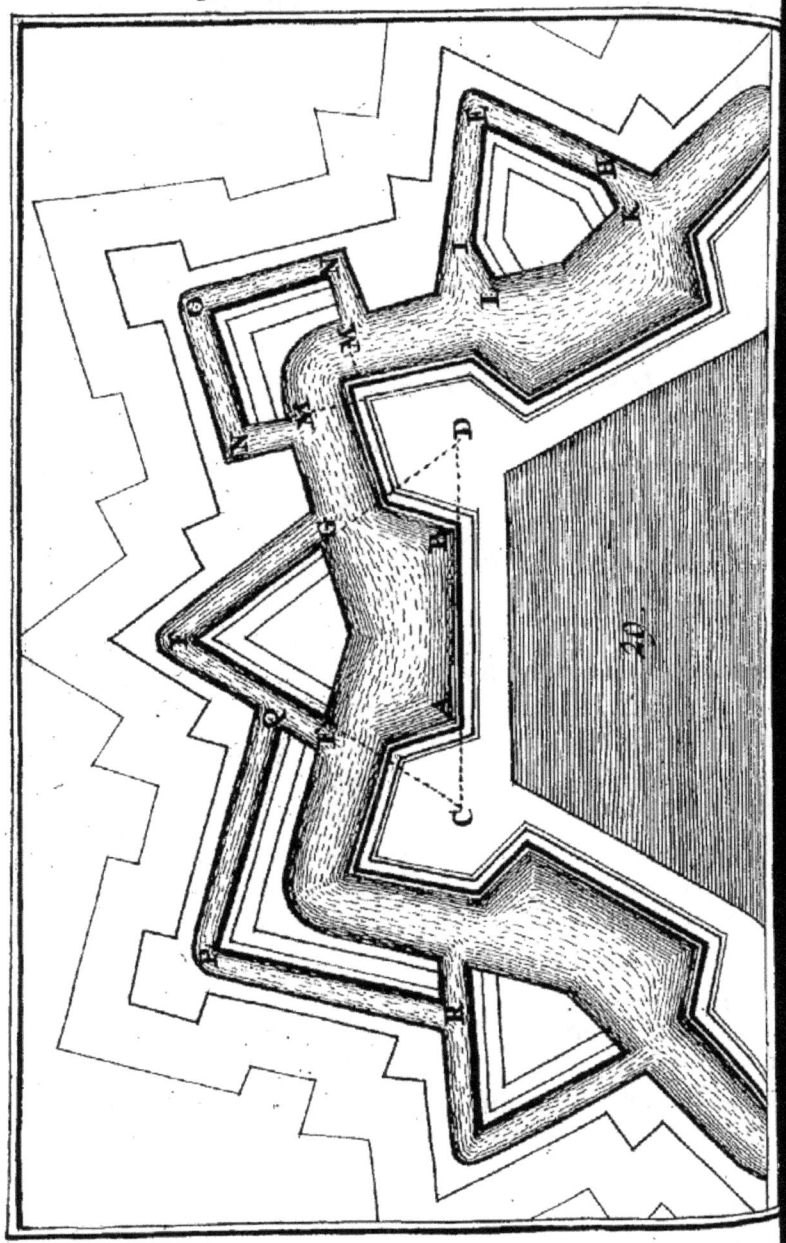

DE LA CONSTRUCTION DES DEHORS. 89

Corps de la Place est plus ou moins élevé. Ainsi pourvû que l'on ait toûjours devant les yeux cette maxime qui porte, que les Ouvrages les plus éloignez de la Place doivent être commandez & vûs par les plus proches, il n'y point d'autre regle que le jugement & l'experience, qui nous puisse déterminer les hauteurs que l'on doit donner à tous les Ouvrages differens, dont nous allons enseigner la construction.

Décrire le Plan d'un Fort avec des Demi-l'unes & des Ravelins.

ON confond ordinairement le nom de *Demi-lune* avec celuy de *Ravelin*: mais nous entendons ici pour *Demi-l'une* une espece de Bastion détaché, comme MNONM, que l'on fait au delà du Fossé tout proche, vis-à-vis la pointe du Bastion pour la couvrir, ayant été ainsi appellé, parce que sa Gorge se termine en arc, comme un Croissant: & pour *Ravelin* un petit Dehors placé sur l'Angle de la Contrescarpe vis-à-vis une des Courtines de la Place, & composé au moins de deux Faces, & de deux Demi-gorges, comme FEG, pour couvrir non seulement les Flancs, mais encore les Portes & les Ponts, & aussi pour défendre les Demi-lunes, qui comme nous avons dit, se font devant la pointe du Bastion, lorsque cet Angle est trop aigu.

Planche 10. 29. Fig.

La construction des Ravelins est differente, selon la maniere differente de Fortifier: mais il importe peu de quelle maniere on les construise, pourvû que leurs Faces ne fassent pas un angle trop aigu, & qu'elles ne soient pas trop longues ni trop courtes, leur longueur pouvant être de 40 à 50 toises, & leur Angle de 60 degrez tout au moins. Pour

F 5   suivre

suivre cette maxime, nous décrirons le Ravelin en cette sorte.

Décrivez des deux extremitez A, B, de la Courtine AB, avec une ouverture du Compas égale à la Courtine prolongée AD, ou BC, deux arcs de Cercle, qui se coupent ici au point E, par où vous tirerez aux deux extremitez C, D, du côté interieur CD, les Faces EF, EG, qui se trouveront terminées par la Contrescarpe aux points F, G, car je suppose que le Fossé est déja tracé; & vous aurez le premier trait du Ravelin, auquel vous ajoûterez en dehors un Fossé large d'environ dix toises, & en dedans un Rempart de la même largeur, & son Parapet large de trois toises, afin qu'il soit à l'épreuve du Canon, le tout par des lignes paralleles entre elles, & aux deux Faces.

Nous avons tiré les Faces EF, EG, aux centres C, D, des Bastions, afin qu'elles soient défenduës des Faces des mêmes Bastions. On ajoûte quelquefois des Flancs à un semblable Ravelin, comme HK, IL, que nous avons fait perpendiculaires à la Courtine de la Ville, aprés avoir fait les Faces EH, EI, chacune de 40 toises: ce qui se pratique rarement, parce qu'on ne tire pas un grand avantage de ces Flancs, qui augmentent la dépense du Fossé, & empêchent que le Flanc du Bastion ne soit si bien couvert, outre qu'ils servent de Parapets aux Ennemis contre la Place, quand ils se sont saisis du Ravelin.

Tous ces Ravelins se font ordinairement de terre, & quelquefois on les revêt de murailles, sur tout lorsqu'ils sont devant les Portes & les Ponts, afin qu'ils durent plus long-temps, comme il est necessaire en ces endroits: & au cas qu'ils ne soient pas revêtus, ce qui oblige de leur donner un plus grand

DE LA CONSTRUCTION DES DEHORS. 91

grand Talud, ils doivent au moins être fraisez un peu au dessous du Parapet, pour empêcher qu'on ne se coule si facilement dans le Ravelin par le Talud, qui doit par necessité être grand, puisque l'on suppose que l'Ouvrage n'est que de terre. *Planche 10. Fig. 29.*

Pour Décrire une Demi-lune, prolongez au délà du Fossé de la Place, la partie du Parapet qui est proche la Banquette de la Face du Bastion, en sorte que les deux lignes MN soient égales chacune à la moitié d'une Demi-gorge du Bastion, & tirez par les deux extremitez N de ces Flancs MN, les Faces NO paralleles à la Contrescarpe : & vous aurez le premier trait de la Demi-lune, à laquelle vous ajoûterez en dehors un Fossé large de dix toises, & parallele au premier trait, & en dedans un Rempart de la même largeur, & un Parapet large de trois toises, par deux lignes paralleles aux Faces NO.

Comme cet Ouvrage ne sert que pour couvrir la pointe du Bastion, que l'on attaque rarement à moins que cet Angle ne soit trop aigu, ce qui peut arriver seulement dans une Place irreguliere, on ne le fait pas souvent : & comme l'on attaque plûtôt la Face du Bastion que son Angle, qui est défendu de deux Flancs, afin que toute la Face soit couverte, il vaudra mieux prolonger les Faces de la Demi-lune jusqu'à la Contrescarpe du Ravelin, comme PQ, PR, & alors cet Ouvrage RPQ change de nom, & au lieu de l'appeller *Demi-lune*, on le nomme *Contre-garde*, ou *Conserve*, & aussi *Envelope*, quoique par ce mot d'*Envelope*, qu'on appelle aussi *Sillon*, quoique pour *Sillon* on entende ordinairement une Elevation de terres, qu'on fait au milieu du grand Fossé, pour le fortifier quand il est trop large.

On appelle aussi *Contre-garde*, un Ouvrage à Corne

Corne en Tenaille, dont le front est ouvert de chaque côté, depuis l'Escarpe jusqu'à la Contrescarpe du Fossé du Ravelin, de sorte qu'un côté de la Tenaille n'a point de communication avec l'autre. Quoique cet Ouvrage, dont nous enseignerons la construction dans la troisième Partie, lorsque nous expliquerons la Methode de Monsieur de Bombelle, soit excellent pour couvrir un Ravelin, qui pour lors prend le nom de *Demi-lune tenaillée*, ou *Demi-lune acornée*, neantmoins pour occuper plus de terrain, il vaut mieux quelquefois se servir d'un Ouvrage à Corne avec des Demi-bastions, dont nous allons enseigner la construction.

Décrire un Ouvrage à Corne.

LEs *Ouvrages à Corne*, qu'on appelle simplement *Cornes*, se font en differentes manieres, selon la qualité du Terrain, & le lieu où on les veut mettre, qui est ordinairement aprés le Ravelin, pour couvrir ce Ravelin, & la Courtine de la Place. Les uns ont leurs grands côtez, qu'on appelle *Ailes*, paralleles entre eux, & perpendiculaires à la Courtine de la Place, & ce sont les meilleurs: les autres vont en s'étrecissant vers la Place, & les autres tout au contraire, vont en s'élargissant du côté de la Place: les uns se font avec une simple Tenaille, & les autres avec une double Tenaille: mais le meilleur de tous les Ouvrages à Corne est celuy qui se fait avec deux Demi-bastions, par lequel nous allons commencer.

Planche 11. 30. Fig. Tirez par les deux Angles A, B, de l'Epaule du Parapet, les droites AC, BD, paralleles entre elles & à la ligne EF, qui divise à Angles droits & en deux également la Courtine FG, & égales chacune à

la

Fortification Planche 11. Page 93.

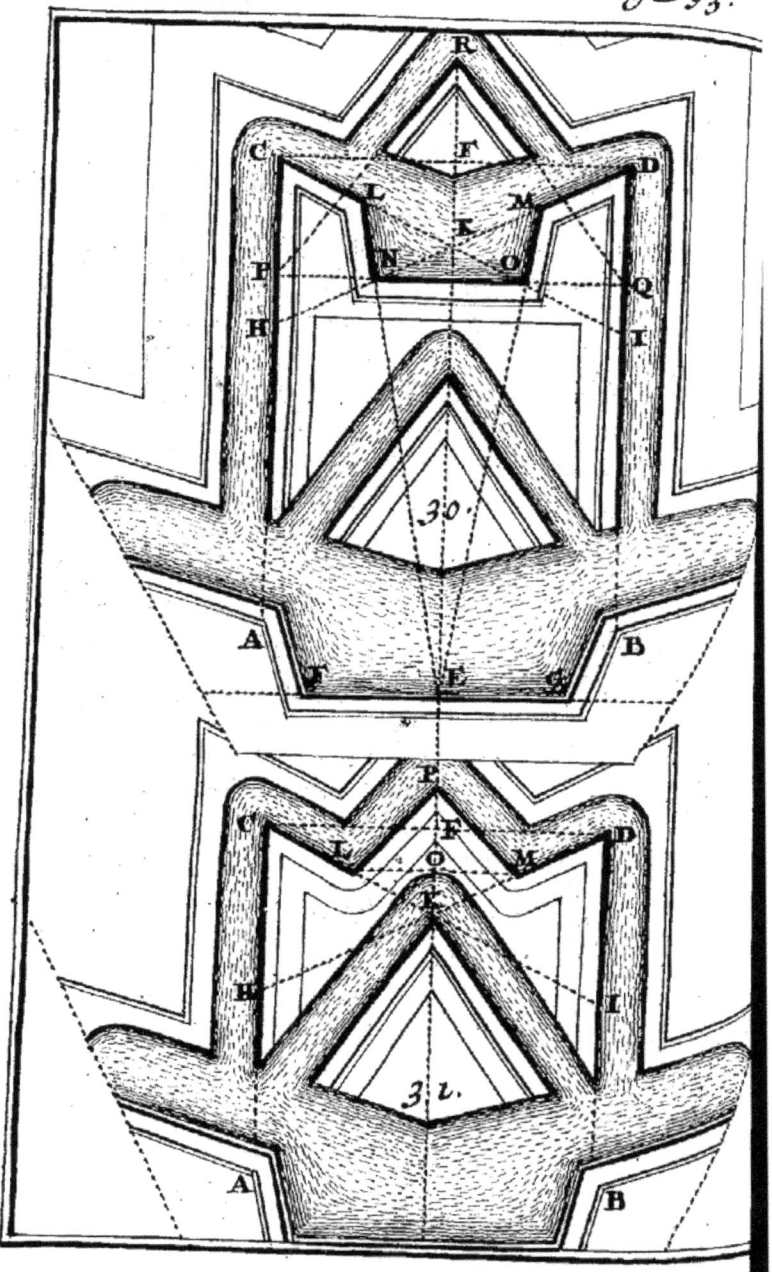

la grande ligne de défense, ou chacune de 120 toises, ou un peu plus longue, si l'on veut qu'il reste quelque espace entre le Rempart de la Corne, & le Fossé du Ravelin, & afin que la Corne puisse être défendue du Corps de la Place, & les Ailes AC, BD, de la Face de chaque Bastion. Menez la droite CD, qui se trouvera divisée à angles droits & en deux également au point F, par la droite EF. Prenez sur ces deux parallèles AC, BD, les lignes CH, DI, égales chacune à la moitié CF, ou DF, de la ligne CD, & menez les droites CI, DH, qui font la Tenaille simple CKD, dont on pourroit se contenter si l'on vouloit une Corne à Tenaille simple, mais si l'on veut une *Tenaille renforcée*, c'est à dire une Tenaille fortifiée par une Courtine entre deux Demi-bastions, divisez chacune des deux Tenailles CK, DK, en deux également aux points L, M, & les deux lignes CL, DM, seront les Faces des Demi-Bastions : & pour en avoir les Flancs & la Courtine, tirez des deux points L, M, au point E, milieu de la Courtine de la Place, les droites EL, EM, qui seront coupées aux points N, O, par les deux lignes DH, CI. Enfin joignez la droite NO, qui sera la Courtine, & les deux Flancs seront LN, MO. Ainsi vous aurez le premier trait de la Corne, à laquelle vous ajoûterez en dedans un Rempart avec son Parapet, & en dehors un Fossé, dont les mesures seront semblables à celles du Ravelin pour la largeur, car pour la hauteur on sçait bien qu'elle doit être moindre que celle du Ravelin.

Il sera bon d'ajoûter à l'Angle de la Contrescarpe de cette Corne un Ravelin qui couvre les Flancs & la Courtine : ce Ravelin se décrira comme celuy de la Place, sçavoir en prolongeant la Courtine NO

Planche 11.
30. Fig.

de

Planche 12. de côté & d'autre jusqu'au premier trait aux points P, Q, & en décrivant des deux extremitez N, O, de la Courtine NO, avec une ouverture du Compas égale à NQ, ou OP, deux arcs de Cercle, qui se coupent ici au point R, &c.

31. Fig. Pour faire un Ouvrage à Corne avec une double Tenaille, ayant divisé comme auparavant, chacune des deux Tenailles CK, DK, en deux également aux points L, M, joignez la droite LM, qui sera divisée par la ligne EF à angles droits, & en deux également au point O, duquel vous prendrez sur la même ligne EF, la partie OP égale à CL, ou DM, pour joindre les droites PL, PM, qui acheveront le premier trait de la double Tenaille, à laquelle vous ajoûterez un Fossé, & un Rempart avec son Parapet comme auparavant.

La situation du Terrain ne permet pas toûjours de faire paralleles les Ailes d'un Ouvrage à Corne, & dans ce cas, on luy peut donner une autre figure : & lorsqu'il s'élargit vers la Campagne, on le nomme *Ouvrage à queuë d'Irondelle*, & quand ses Ailes s'approchent l'une de l'autre vers la Campagne, on l'appelle *Ouvrage à Contrequeuë d'Ironde*, dont les Ailes se feront, si l'on peut, perpendiculaires aux Faces de chaque Bastion, afin qu'elles en soient mieux défenduës. Quand un Ouvrage à queuë d'Irondelle a deux Tenailles, il prend le nom de *Bonnet à Prêtre*, dont nous allons enseigner la construction.

Décri-

Fortification Planche 12. Page 95.

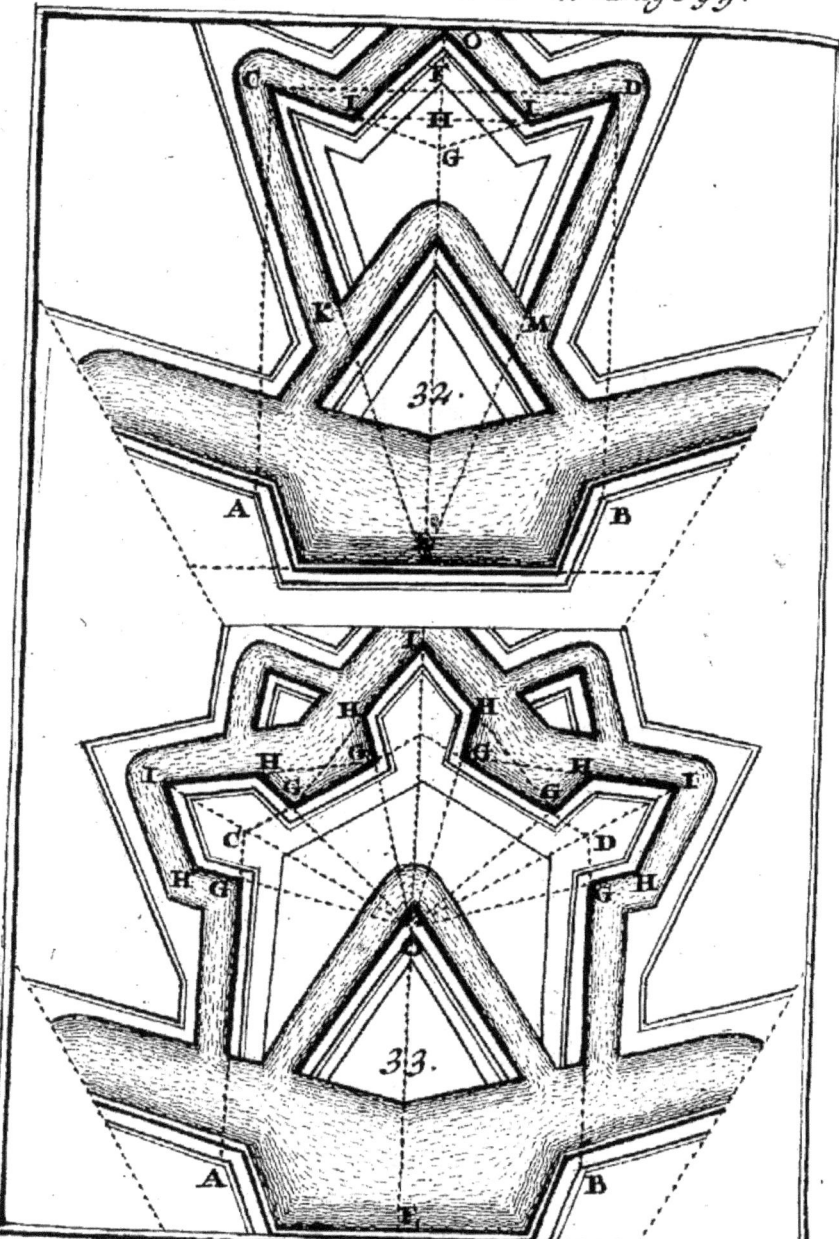

DE LA CONSTRUCTION DES DEHORS. 95

Décrire un Bonnet à Prêtre.

Planche 12.
32. Fig.

Yant tiré comme auparavant, les deux lignes AC, BD, paralleles à la ligne EF, & d'une longueur volontaire, pourvû qu'elle ne passe pas à portée du Mousquet, prenez sur cette ligne EF, la partie FG égale au tiers de CF, ou de DF, & faites la Tenaille simple CGD, dont chaque Face doit être divisée en deux également aux points I, L, pour y faire une double Tenaille comme auparavant, sçavoir en joignant la droite IL, & en faisant la ligne HO égale à CI, ou DL, après quoy on tirera les droites OI, OL, & les deux Ailes CK, DM, au point E milieu de la Courtine de la Place, qu'on arrêtera à la Contrescarpe du Ravelin, quand il y en aura un, comme ici, ou bien à la Contrescarpe du grand Fossé, quand il n'y aura point de Demilune.

Cet Ouvrage a été appellé *Bonnet à Prêtre*, parce qu'étant composé de trois Angles saillans, qu'en termes de Fortification l'on appelle *Angles vifs*, & de deux Angles rentrans, que l'on nomme *Angles morts*, & de plus étant plus large par la Tête que par la Gorge, il ressemble à un Bonnet de Prêtre. Il a été inventé principalement pour renfermer des Sources de Fontaines, & des *Commandemens*, c'est à dire des Eminences, dont la perte pourroit nuire aux Habitans, & leur servir d'obstacle pour la défense de la Place.

Décrire

Décrire une Couronne.

Planche 12.
33. Fig.

LA *Couronne*, qu'on appelle aussi *Ouvrage Couronné* & *Ouvrage à Couronne*, est une espece d'Ouvrage à Corne, composé de trois Bastions, ou bien de deux Demi-bastions & d'un Bastion entier au milieu: celui-ci se fait ordinairement en Queuë d'I. ronde, & le premier a ses deux côtez paralleles, comme vous allez voir.

Pour donc décrire premierement une Couronne avec trois Bastions, tirez comme auparavant, les deux lignes AC, BD, paralleles entre elles & à la ligne EF, & un peu moindres que la portée du Mousquet, afin que le Bastion du milieu, qui avance un peu dans la Campagne, puisse être defendu du Corps de la Place: & faites aux points C, D, avec les lignes AC, BD, les angles ACF, BDF, chacun de 120 degrez, ce qui sera facile, en décrivant, des deux points C, D, deux arcs de Cercle, pour y porter deux fois la même ouverture du Compas, &c. Portez la longueur de la ligne CF, ou DF, depuis F sur la ligne EF en O, qui sera le centre d'un Exagone, dont CF & DF en sont deux côtez, & C, F, D, trois Angles, ou vous ferez autant de Bastions en donnant à leurs Demi-gorges CG, FG, DG, & à leurs Flancs GH, la quatriéme partie du côté interieur CF, ou DF.

On donnera à cet Ouvrage un Fossé, & un Rempart avec son Parapet, semblables à ceux des Ouvrages precedens, observant que le Parapet doit toûjours être large au moins de trois toises, afin qu'il puisse resister au Canon ennemi: neanmoins nous ne luy avons donné que la moitié de cette largeur le long du Flanc GH, qui approche d'être parallele à la

Face

Fortification Planche 13. Page 97.

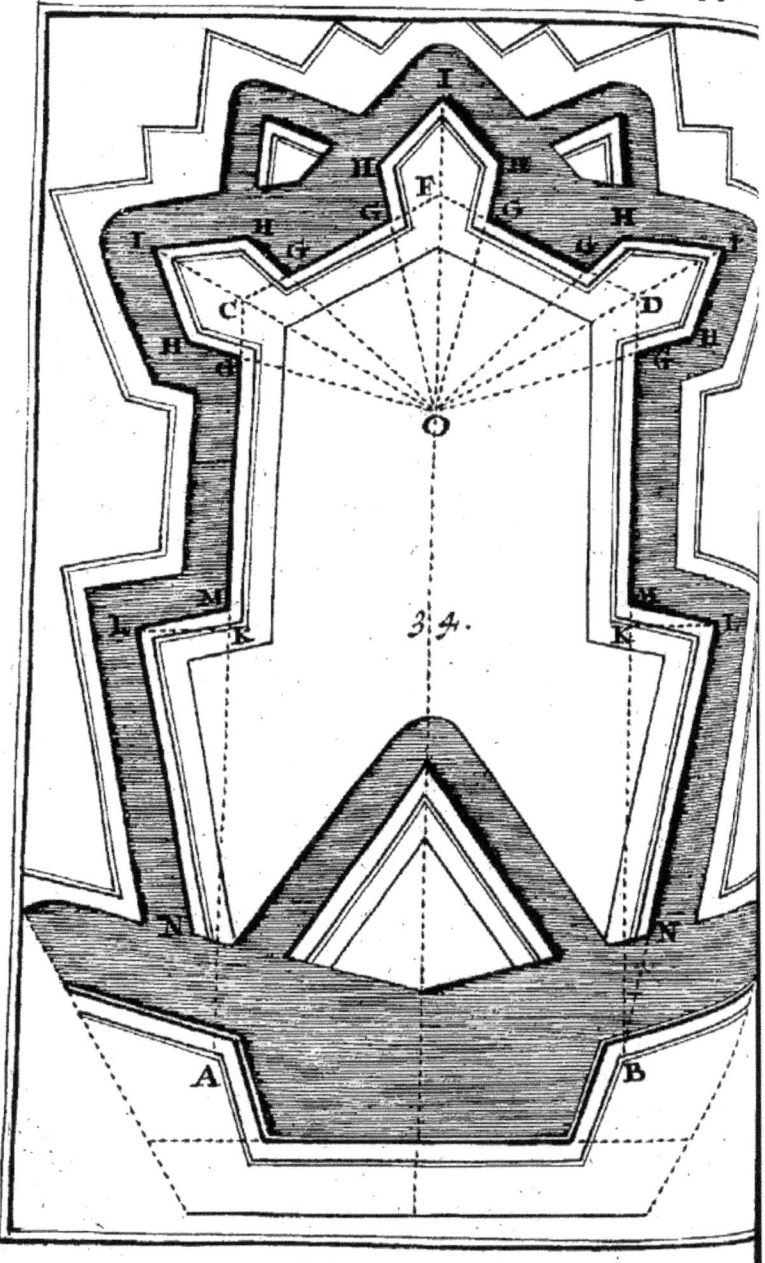

DE LA CONSTRUCTION DES DEHORS. 97

Face du Bastion de la Place, afin que de cette Face Planche 12. 33. Fig. il puisse être ruiné avec le Canon, au cas que l'Ennemi s'en soit rendu le Maître, pour l'empêcher de s'en couvrir.

Lorsque pour occuper quelque Commandement, ou quelque passage, ou bien quelque *Cavin*, c'est à dire quelque lieu bas & creux, où l'Ennemi pourroit se *Retrancher*, ou se mettre à couvert, ou pour quelqu'autre cause ; on est contraint de faire les Ailes d'une Couronne, ou d'un Ouvrage à Corne hors la portée du Mousquet, on fait des *Retours*, ou Epaulemens environ au milieu de ces Ailes, en cette sorte.

Ayant retranché les lignes AK, BK, chacune de Planche 13. 34. Fig. 100 toises plus ou moins selon la longueur AC, ou BD, tirez par les deux points K, les lignes KL perpendiculaires aux lignes AC, BD, & longues chacune de 20 toises, & tirez des points K, par les Epaules A, B, du Parapet de la Place, les deux côtez LN, qui se termineront à la Contrescarpe du grand Fossé, ausquels vous tirerez par les mêmes points L, les Flancs perpendiculaires, ou Epaulemens LM, qui serviront pour défendre la Couronne qui se fera aux extremitez C, D, comme il vient d'être enseigné.

Nous avons tiré dans cet Ouvrage, & dans les Cornes precedentes, les côtez LN, aux Angles A, B, de l'Epaule du Parapet de chaque Bastion de la Place, afin qu'ils fussent défendus des Faces des mêmes Bastions : & nous avons fait les Flancs LM perpendiculaires aux mêmes côtez LN, afin que les angles L étant droits, ils fussent plus forts & plus capables, & que ces Flancs LM, par leurs obliquitez défendissent mieux la Campagne.

Pour décrire une Couronne en Queuë d'Irondelle,

G

Planche 14.
35. Fig.

delle, tirez comme auparavant, les deux lignes AC, BD, paralleles à la ligne EF, & égales à peu près au côté interieur de la Place, & faites comme auparavant, un Bastion à l'Angle F, & seulement deux Demi-Bastions aux angles C, D, pour tirer de leurs pointes I, au centre M de la Place, ou en quelqu'autre point de la ligne MEF les Ailes IK, IL, qui s'arrêteront à la Contrescarpe, &c.

Cet Ouvrage par sa grandeur est preferable aux Ouvrages à Corne ordinaires principalement quand on veut s'en servir pour enfermer un Palais, ou quelqu'autre Maison de consequence. Lorsqu'un chemin de la Ville passe par dedans la Couronne, on le conduira par le milieu d'une Courtine, & on le couvrira d'un petit Ravelin, comme nous avons fait dans cet Ouvrage & dans les deux precedens.

Décrire un Couronnement.

Planche 15.
36. Fig.

Quoy qu'une Couronne s'appelle aussi Couronnement, neanmoins nous entendons ici par *Couronnement*, un Ouvrage de terre qu'on fait quelquefois autour de la Tête d'une Corne à deux Demi-Bastions pour la couvrir, pour occuper le Terrain, & pour éloigner l'Ennemi. Nous le ferons plus grand & plus capable que ceux que l'on fait ordinairement : pour y pouvoir commodément mettre en Bataille ceux qui sont necessaires à sa défense.

La Corne étant décrite, comme il a été enseigné auparavant, prolongez au delà de son Fossé la partie du Parapet, qui est parallele à la Face de chaque Demi-Bastion, depuis C en D, en sorte que chaque ligne CD soit de 30 toises, que nous ferons servir de Flanc du côté de la Place, & que vous diviserez

Fortification Planche 14. Page 99.

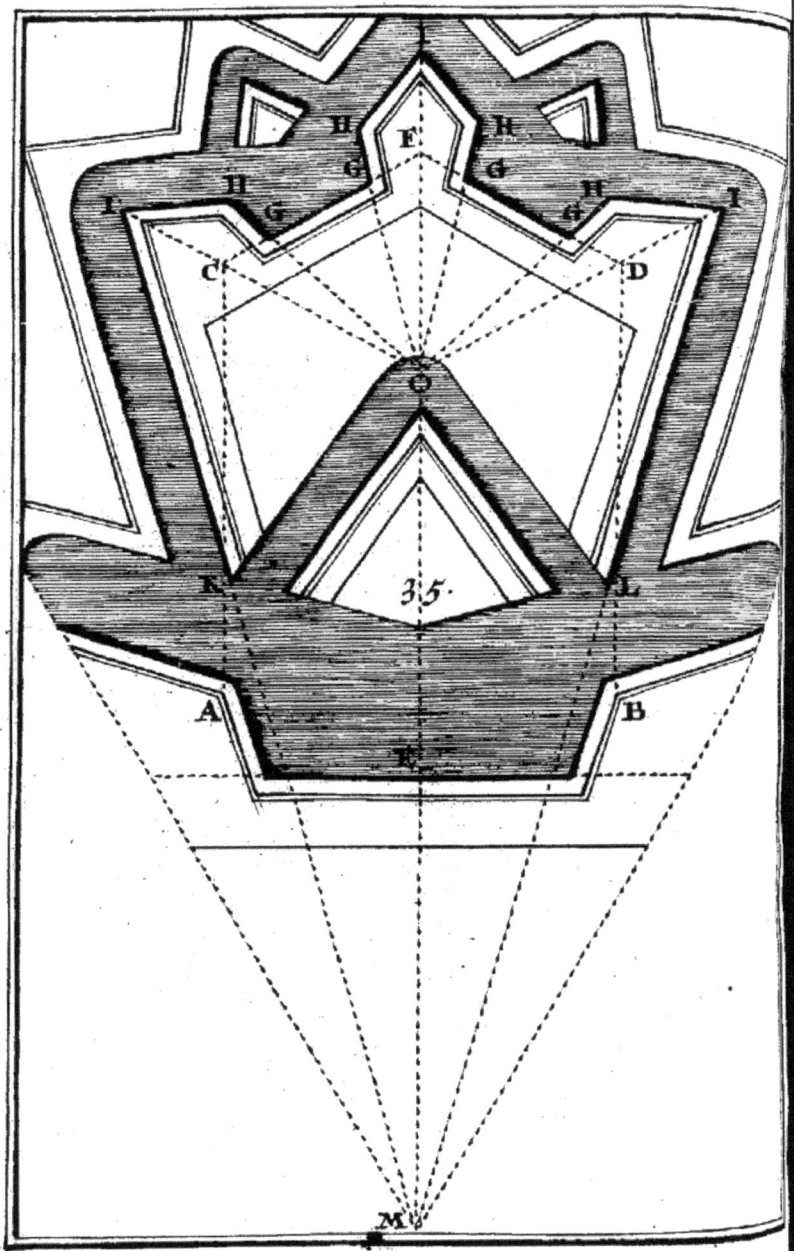

35.

Fortification Planche 15. Page 99.

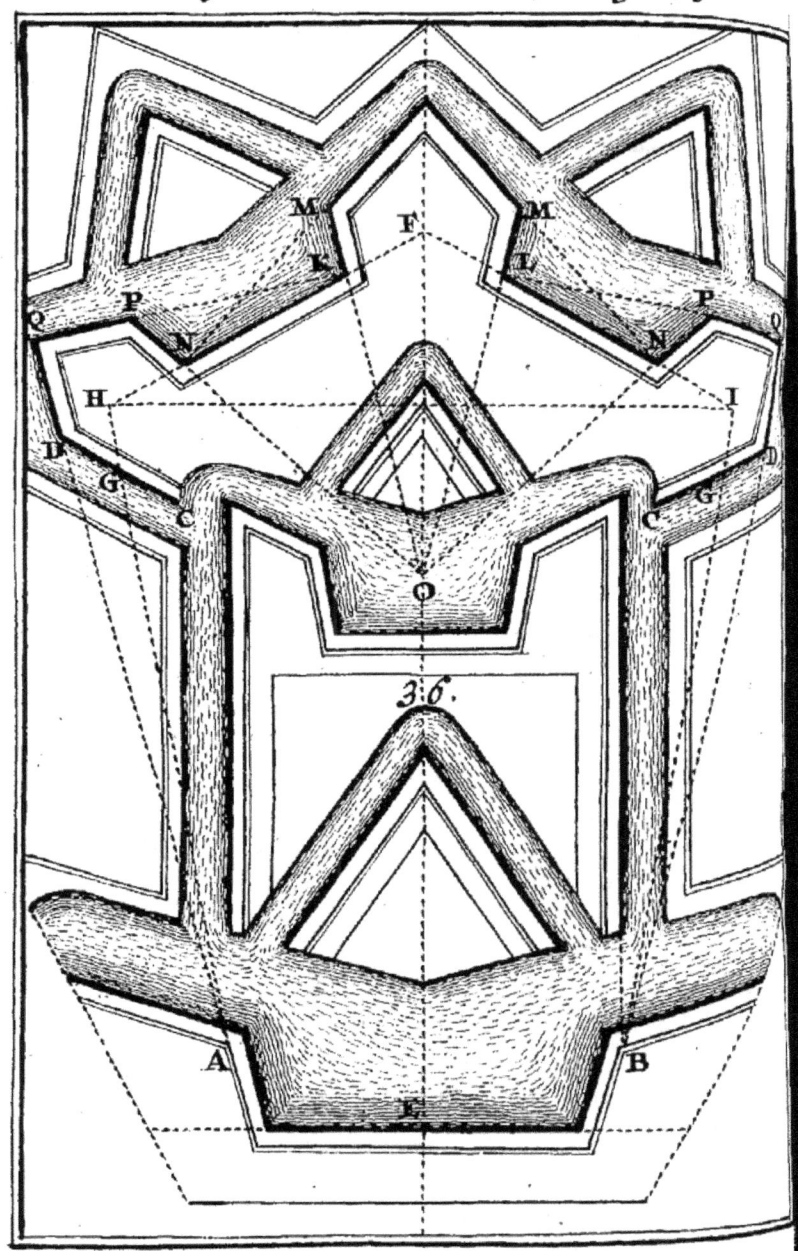

DE LA CONSTRUCTION DES DEHORS. 99

viserez en deux également aux points G, par où vous tirerez des épaules A, B, les droites GH, GI, égales chacune à CG, ou à DG, pour joindre la droite HI, qui sera divisée à angles droits & en deux également par la droite EF, qui divise aussi à angles droits & en deux également la Courtine de la Place & de la Corne.

Planche 15.
36. Fig.

Aprés cela, faites aux deux points H, I, avec la ligne HI, les angles HIF, IHF, chacun de 30 degrez, par les lignes HF, IF, qui seront égales, & se couperont au point F de la ligne EF, où l'on fera un Bastion, dont les Demi-gorges FK, FL, soient chacune la quatriéme partie du côté FH, ou FI, & les Flancs KM, LM, chacun la cinquiéme partie du même côté interieur FH, ou FI. Ces Flancs se tireront du point O, qu'on trouve en faisant la ligne FO égale au côté interieur FH, ou FI, comme nous avons déja fait auparavant, où ce point O a été consideré comme le centre d'un Exagone, dont les lignes FH, FI, en sont les côtez.

Faites encore un Bastion à chacun des deux angles H, I, en faisant les Demi-gorges HN, IN, & les Flancs NP, comme auparavant, aprés quoy la pointe Q de chaque Bastion se trouvera terminée à la rencontre des lignes de défense KPQ, LPQ, ADQ, BDQ; & vous aurez le premier trait du Couronnement, auquel vous ajoûterez en dehors un Fossé large de huit ou dix toises, & en dedans un Parapet large au moins de trois toises, sans aucun Rempart, le Niveau de la Campagne servant de Rempart, parce que cet Ouvrage étant beaucoup éloigné de la Place doit être fort bas, pour pouvoir être commandé par la Corne, laquelle dans ce cas s'appelle *Corne Couronnée*, ce qui se dit aussi d'une Corne composée de deux Demi-bastions &

G 2 d'un

d'un Bastion entier. Le Chemin couvert qui regne le long du Fossé du Couronnement, doit être creusé au dessous du Niveau de la Campagne, parce que cet Ouvrage étant fort bas, comme nous avons dit, & le Terre-plain de son Rempart étant presque au Rez-de-Chaussée, ce Rez-de-Chaussée sert de Glacis à l'Esplanade. Tous les Fossez doivent avoir communication les uns avec les autres, quand ils sont pleins d'eau.

Planche 15. 36. Fig.

De la Construction des Traverses.

LEs Traverses sont des Ouvrages de terre en forme de Parapets, que l'on construit de front ou de biais, pour fermer le passage à l'Ennemi dans un lieu fort étroit, & pour luy ôter le moyen de se prevaloir des sentiers qui se rencontrent dans les Marais, ou entre des Rochers, ou de quelqu'autre passage de consequence : comme aussi pour se couvrir & n'être pas enfilé, & alors une semblable Traverse prend le nom de *Rideau*, quoy qu'en termes de Fortification, on appelle aussi *Rideau* une petite Eminence qui regne en longueur sur une Plaine, & qui est quelquefois presque parallele au Front d'une Place. On s'en sert aussi devant les Ponts & les Portes, & pour se retrancher, faire ferme, resister plus long-temps, & retarder les desseins de l'Ennemi, en attendant un secours, ou la rencontre de quelque accident inesperé & favorable, pour faire une meilleure & plus avantageuse Capitulation.

Les Traverses se peuvent faire à discretion, & par consequent en une infinité de manieres differentes, selon que le sujet en vaut la peine. On les fait ordinairement avec un ou plusieurs Ravelins, ou bien avec un Bastion, qu'on appelle *Bastion plat*,

parce

Fortification Planche 16. Page 101.

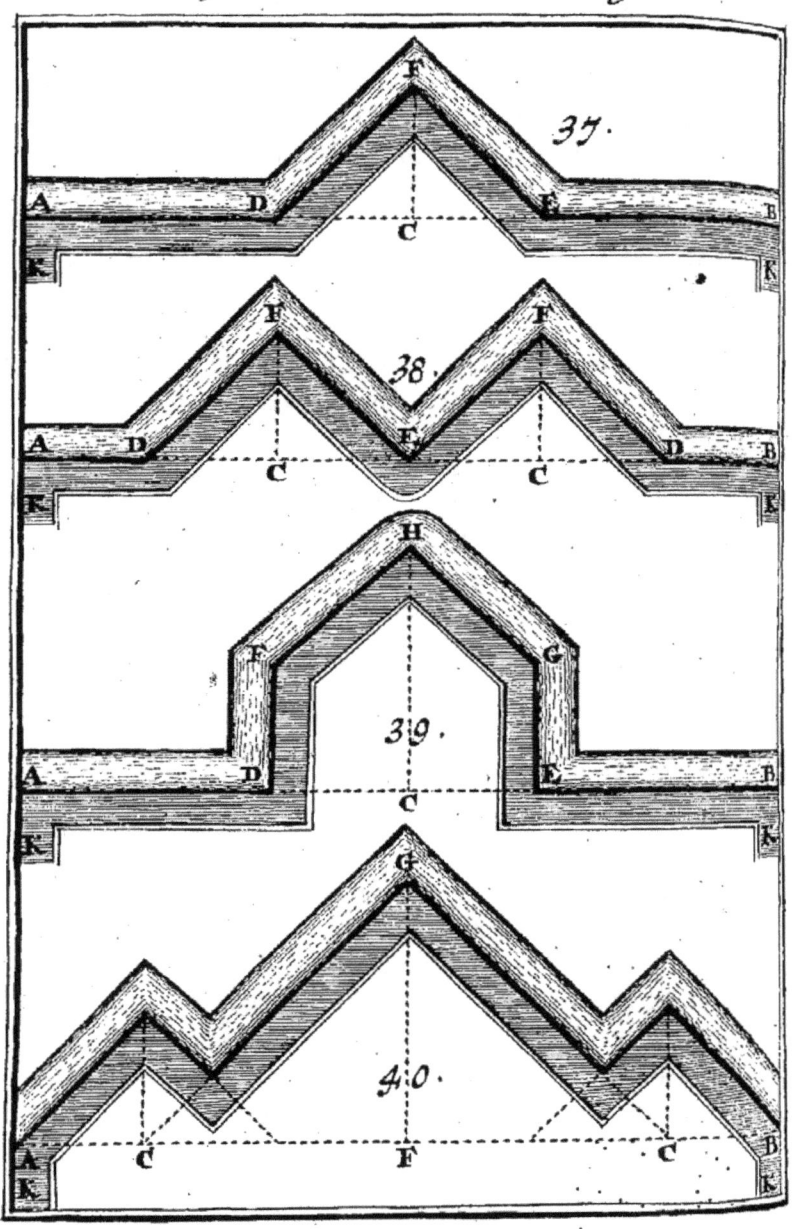

DE LA CONSTRUCTION DES DEHORS. 101

parce qu'il se fait sur une ligne droite, sçavoir au milieu de la largeur du chemin qu'on veut fermer à l'Ennemi. Nous en expliquerons ici de quatre sortes, parce qu'elles sont plus ordinaires, & qu'elles me semblent les meilleures.

La premiere sorte de Traverses est composée d'un Ravelin, dont chaque Demi-gorge CD, CE, & la Capitale CF, est égale à la sixiéme partie de la largeur AB. *Planche 16. 37. Fig.*

La seconde Traverse est composée de deux Ravelins semblables au precedent, qui font une double Tenaille. *38. Fig.*

La troisiéme Traverse est composée d'un Bastion plat au milieu de la largeur AB, dont les Demi-gorges CD, CE, & les Flancs perpendiculaires DF, EG, sont égaux chacun à la sixiéme partie de la largeur AB, & la Capitale CH, égale à la Gorge DE. *39.*

La quatriéme Traverse contient deux Ravelins semblables & égaux aux precedens à chaque extremité de la largeur AB, avec un troisiéme & plus grand Ravelin, dont la Capitale FG, & les Demi-gorges FC, sont doubles de celles des deux autres. *40. Fig.*

On n'oubliera pas de faire autour de ces Traverses un Fossé en dehors large de cinq ou six toises, ou de plus selon le temps & l'occasion, avec un Parapet en dedans, comme à l'ordinaire, pour couvrir ceux qui y seront. On ajoûtera aussi aux extremitez A, B, les Flancs AK, BK, pour *Epauler*, c'est à dire couvrir de côté le Soldat qui sera à la defense de la Traverse.

Les Traverses sont extrémement utiles, étant mises l'une aprés l'autre du côté où une Ville peut seulement être attaquée, quoy qu'on y puisse aussi

G 3 mettre

mettre d'autres Dehors l'un devant l'autre en forme de Traverses, pour fatiguer l'Ennemi, & l'obliger à lever le Siege.

Planche 16. 40. Fig.

L'experience a fait connoître que plusieurs Traverses étant construites l'une auprés de l'autre, sont aussi tres-commodes pour éviter l'effet de la Bombe ou de la Grenade, parce que si elle tombe dans une Traverse, elle s'y trouve engagée, & s'y consume inutilement, le Soldat se pouvant cacher derriere les autres Traverses, jusqu'à ce que la Grenade ou la bombe ait crevé.

De la Construction des Citadelles.

ON appelle *Citadelle*, ou *Château*, une petite Forteresse, quelquefois de quatre Bastions, ordinairement de cinq, & rarement de six, parce que le Quarré est trop imparfait, & que l'Exagone est trop grand, que l'on met principalement aux Villes conquises par l'ordre du Prince, quand il doute de la fidelité des Habitans, pour s'assurer contre leur rebellion, ou bien pour les défendre quand ils demeurent dans leur devoir, ou les châtier s'ils se revoltent. Pour cette fin, la Citadelle doit commander à toute la Ville, ce qui fait qu'on la bâtit dans le Terrain le plus élevé, sur tout lorsque la Place est environnée de plusieurs hauteurs, pour éviter la dépense de les applanir.

Planche 17. 41. Fig.

Pour décrire le Pentagone propre pour une Citadelle, on doit donner à son centre A la pointe d'un Bastion de la Ville, & faire son Rayon AB de 70, ou de 80 toises. On fortifiera ce Pentagone, comme il a été enseigné auparavant, en sorte que deux Bastions avancent dans la Ville, & que toute la Courtine regarde directement la Ville, & la tienne

Fortification Planche 17. Page 103.

DE LA CONSTRUCTION DES DEHORS. 103

en sujétion : & pour y mieux réüssir, il sera bon de lever sur chacun de ces deux Bastions un Cavalier pour ruïner les Maisons & les Bâtimens de la Place, au cas que l'Ennemi s'en fût rendu le Maître. La Citadelle aura un Rempart de dix toises avec son Parapet de trois toises, un Fossé de douze toises, avec son Coridor de cinq toises, & son Esplanade de vingt. *Planche 17. 41. Fig.*

On rompra les défenses de la Place du côté de la Citadelle, en continuant les Faces de chaque Bastion jusqu'au Fossé de la Citadelle, de peur que ces défenses ne puissent servir aux Habitans, qui pourroient se revolter, ou aux Soldats, pour se rendre Maîtres de la Citadelle : car la Ville ne doit pas être fortifiée contre la Citadelle, mais bien la Citadelle contre la Ville. C'est pourquoy pour faire que la Citadelle commande mieux à la Ville, il sera bon de mettre devant la Courtine qui entre dans la Place, un Ravelin, en laissant une grande Place entre le Fossé de la Citadelle & les Maisons de la Ville, pour empêcher les entreprises, que les Bourgeois pourroient faire contre la Citadelle, n'y pouvant approcher qu'à découvert & par Tranchées. Cette Place s'appelle *Explanation*.

Les Citadelles n'ont ordinairement que deux Portes, une du côté de la Place, & une autre vers la Campagne, pour y mener toûjours des Munitions & des Vivres, & pour recevoir du secours au besoin, & c'est à cause de cela qu'on l'appelle *Porte de secours*, qu'on n'ouvrira jamais que pour recevoir le secours. On bâtit la Citadelle partie dans la Ville, & partie en dehors, afin que le Gouverneur de la Citadelle soit Maître de l'entrée de la Place du côté de la Campagne, & aussi de l'entrée du côté de la Ville.

G 4 Quand

Quand les Citadelles font détachées du Corps de la Place, on les doit élever entre la Ville & le lieu où l'Ennemi pourroit asseoir son Camp, pour l'empêcher de faire ses approches de ce côté-là. Elles n'ont pas tant d'avantage que lorsqu'elles entrent un peu dans la Ville, parce qu'elles ne peuvent plus assujettir les Bourgeois à leur devoir, ni empêcher si facilement l'intelligence qu'ils pourroient avoir avec les Ennemis de l'Etat.

Ainsi on ne doit jamais sans une grande necessité faire des Citadelles de la sorte; on en fait, comme nous avons déja dit dans le lieu le plus haut, lorsque la Place est environnée de plusieurs hauteurs, pour éviter la dépense de les applanir: & aussi quand il se rencontre des Châteaux déja tout bâtis, qui par l'avantage de leur situation peuvent aisément commander à la Ville: & principalement aux Places Maritimes, dans le lieu qui commande à la Ville & aux Ports.

Planche 18. 42. Fig. Il ne faut pas que le centre A d'une semblable Citadelle soit éloigné des deux Epaules B, C, de chaque Bastion de plus que de la portée du Mousquet, si cela se peut, afin qu'en cas de besoin elle puisse être défenduë en partie des deux mêmes Bastions, dont la Courtine & les deux Flancs qui regardent la Citadelle ne doivent avoir aucun Rempart ni aucun Parapet, mais seulement une simple muraille, afin que la Citadelle puisse mieux commander à la Ville.

On conduira depuis le Fossé de la Citadelle de part & d'autre, vis-à-vis la pointe de chaque Bastion, jusqu'au Fossé de la Ville un autre Fossé plus petit, dont la terre servira pour la construction du petit Rempart & de son Parapet D, que l'on ajoûte de chaque côté, pour couvrir la Place d'Armes

E,

Fortification Planche 18. Page 105.

DE LA CONSTRUCTION DES DEHORS. 105

E, qu'on laisse entre la Citadelle & la Ville.

Avant que de mettre fin à cette seconde Partie, nous enseignerons ici la construction & l'usage d'un Instrument propre & tres-commode pour décrire facilement & tres-promptement sur le papier le premier trait d'un Polygone regulier fortifié par nôtre Methode, ou par telle autre qu'on voudra, qui ne donne point de seconds Flancs, depuis le Quarré jusqu'au Decagone.

Planche 18.
42. Fig.

Ayant tiré sur du letton, ou sur quelqu'autre matiere solide, la ligne BC de 1000 parties prises sur une Echelle exactement divisée, décrivez de son point de milieu A, par ses deux extremitez B, C, un Demi-cercle, pour mettre sur sa circonference, depuis l'extremité C, les Rayons des Polygones reguliers, selon le nombre de leurs parties, que nous avons ajoûté à chacun, & marquez les chiffres IV, V, VI, &c. qui seront les marques du Quarré du Pentagone, de l'Exagone, &c. Tirez par ces mêmes points IV, V, VI, &c. au centre A, autant de lignes droites, pour y marquer depuis le même centre A, la longueur des Demi-gorges convenablement à chaque Polygone, telle que vous la voyez marquée dans la Table des lignes & des angles que nous avons donnée au commencement de la premiere Partie, pour un côté interieur de 120 toises, qui est ici le même que le Rayon de l'Exagone, & joignez tous les points marquez sur ces Demi-diametres par une ligne courbe, qui sera appellée la *Ligne des Demi-gorges*. Faites-en autant pour les Capitales, en mettant leurs longueurs depuis le même centre A, ou bien comme ici, pour éviter la confusion, depuis la Ligne des Demi-gorges sur les mêmes Demi-diametres, pour avoir une seconde ligne courbe, que nous appellerons la *Ligne des Capitales*,

Planche 19.
43. Fig.

G 5

pitales, & l'Instrument sera achevé, dont l'usage est tel.

Planche 19.
43. Fig.

Pour fortifier par exemple un Pentagone, prenez sur l'Instrument la longueur CV, & décrivez avec cette ouverture, du centre O, une circonference de Cercle, que vous diviserez en cinq parties égales par l'ouverture CVI, du Rayon de l'Exagone, qui est le côté interieur commun à tous les Polygones reguliers, & tirant des lignes droites d'un point de division à l'autre, & autant du centre O, par les mêmes points de division, on aura un Pentagone, qu'on fortifiera par le moyen de l'Instrument, en cette sorte.

Prenez sur le Demi-diametre AV, qui appartient au Pentagone, depuis le centre A, la grandeur de la Demi-gorge, & la portez sur le côté interieur DE, & sur tous les autres, depuis D en F, & depuis E en G, &c. & la longueur de la Capitale sur le même Demi-diametre AV du Pentagone depuis la ligne des Demi-gorges, & la portez sur les Rayons prolongez OD, OE, & sur tous les autres, depuis les mêmes points D, E, en H & en I, &c. & tirez les lignes razantes GH, FI, qui termineront les Flancs FL, GM, qui se doivent tirer du centre O, par les extremitez F, G, des Demi-gorges, &c.

TROI-

Fortification Planche 19. Page 106.

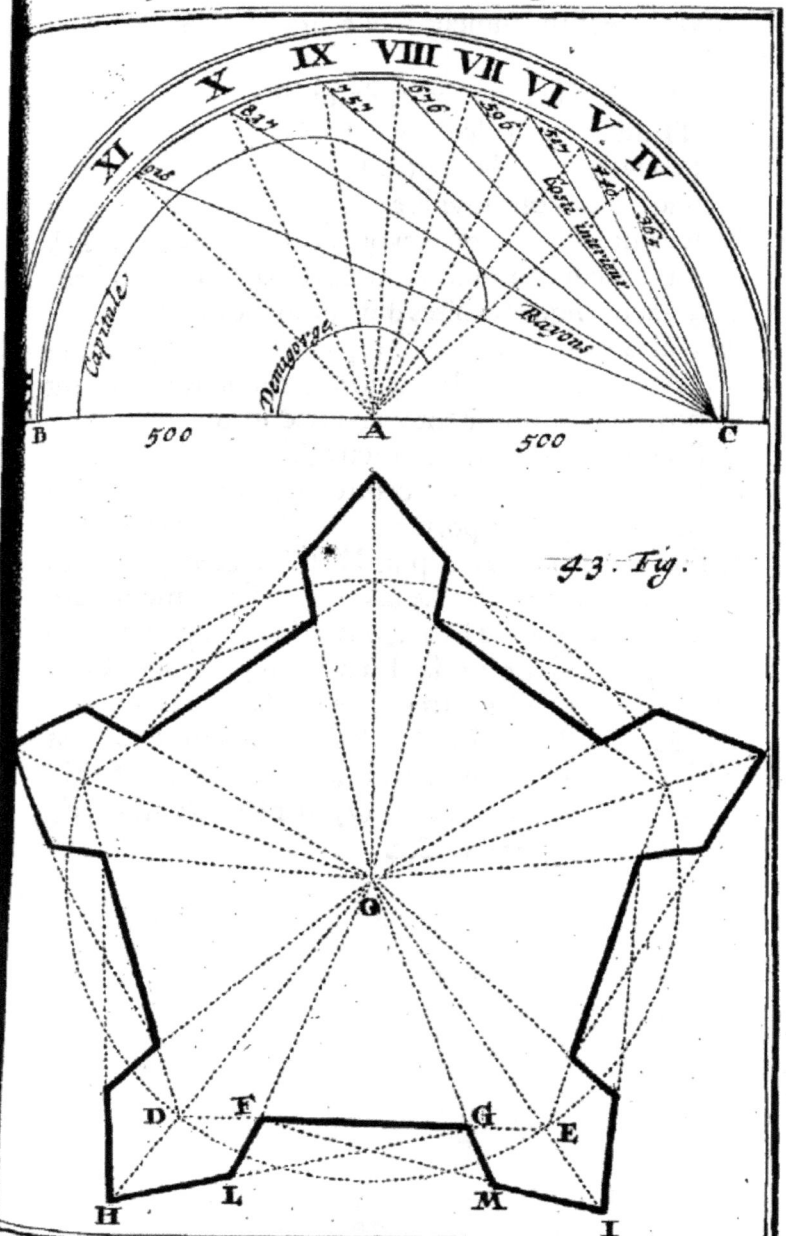

43. Fig.

TROISIE'ME PARTIE.
DES DIFFERENTES MANIERES DE FORTIFIER.

CEs trois Maximes principales de la Fortification, sçavoir que toutes les parties de la Place soient flanquées, que la ligne de défense n'excede pas la portée du Mousquet, & que toute la Fortification, & principalement celle des Flancs, soit assez forte pour resister au Canon des Ennemis; ont fait inventer plusieurs manieres de fortifier, dont les unes ont été appellées *à l'Italienne*, les autres *à la Françoise*, & les autres *à la Hollandoise*, selon que leurs Auteurs ont été Italiens, François, ou Hollandois. Mais sans suivre cette distinction, qui est de petite consequence, nous expliquerons simplement les principales manieres de fortifier, qui ont été inventées par les Auteurs les plus fameux, & premierement la nôtre, non pas pour me vouloir mettre au rang de ces Auteurs insignes, dont je prétens parler dans la suite, mais pour mieux expliquer & corriger nôtre Methode de fortifier, dont nous nous sommes servi jusqu'à present, & pour vous donner quelque chose de nouveau.

Nous dirons donc que pour rendre plus parfaite nôtre maniere de fortifier, qui donne des Flancs bien longs, quoique, comme nous avons déja dit, il soit libre de les faire plus petits, on peut la corriger en laissant à la Demi-gorge la grandeur que
nous

nous luy avons attribuée, & en donnant au Flanc un nombre de toises égal au double du nombre des Bastions, & dix toises de plus, sçavoir en faisant le Flanc qui se tire toûjours du centre, de 18 toises dans le Quarré, de 20 dans le Pentagone, de 22 dans l'Exagone, & ainsi ensuite jusqu'au Decagone, où le Flanc se trouvant de 30 toises comme la Demi-gorge, demeurera de cette grandeur, le côté interieur étant toûjours supposé de 120 toises.

Planche 20. 44. Fig. Comme il arrive que par cette seconde maniere de fortifier dans l'Octogone & dans tous les autres Polygones qui le suivent, l'Angle flanqué devient obtus, & par consequent défectueux, on le pourra faire droit par le moyen du Demi-cercle ADB décrit sur la ligne droite AB, qui joint les deux Epaules A, B, du Bastion : & alors on aura un second Flanc GH sur la Courtine, & deux Lignes de défense, l'une *Razante* comme DH, & l'autre *Fichante*, comme DG.

Calcul de cette seconde Methode.

LA maniere de supputer les Lignes & les Angles d'un Polygone fortifié par cette seconde Methode, est la même que celle qui a été enseignée dans la premiere, pour le moins jusqu'à l'Octogone, car à l'Octogone & aux autres Polygones plus grands, où nous avons voulu faire l'Angle flanqué droit, la Methode de fortifier changeant, la maniere de supputer doit aussi changer, comme vous allez voir.

Le Rayon CO, & l'Angle du Flanc AEG, se trouveront, comme il a été enseigné dans la premiere Methode, c'est pourquoy nous n'en parlerons pas

Fortification Planche 20. Page 109.

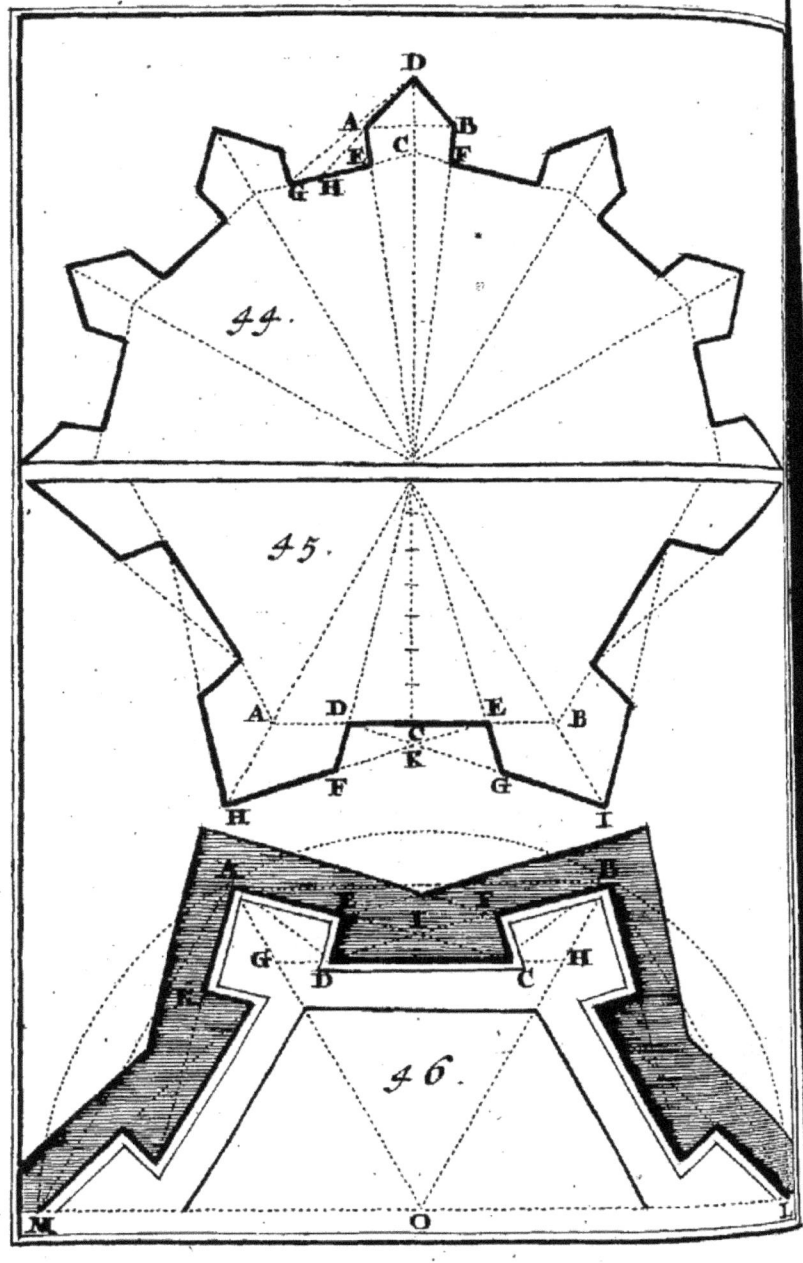

DES DIFFÉRENTES MANIÈRES DE FORTIF. 109

pas davantage. Pour l'Angle flanqué ADB, il est droit, ou de 90 degrez, & sa moitié ADC par consequent de 45 degrez, laquelle étant ôtée de l'angle HCO, qui dans le Dodecagone, dont la Figure en represente la moitié, est de 75 degrez, le reste donnera 30 degrez pour l'Angle diminué CHD, auquel ajoûtant l'Angle du Flanc AEG, qui se trouve dans ce Polygone de 97. 38′. on aura 127. 38′. pour l'Angle de l'Epaule DAE.

Planche 20.
44. Fig.

Pour trouver le second Flanc GH, on cherchera auparavant le *complement* EH, dans le triangle obliquangle AEH, dans lequel outre les angles on connoit le Flanc AE de 30 toises par cette Analogie,

Comme le Sinus de l'Angle diminué AHE	50000
A son costé opposé AE	30
Ainsi le Sinus de l'Angle de l'Epaule A	79193
A son costé opposé EH	47. 3.

qui se trouvera de 47 toises, & d'environ 3 pieds, & qui étant ôté de la Courtine GE, ou de 60 toises, le reste donnera 12 toises & 3 pieds pour le second Flanc GH.

Si au complement EH, qui a été trouvé de 47 toises & 3 pieds, on ajoûte la Demi-gorge CE, qui est de 30 toises, on aura 77 toises & 3 pieds pour la ligne CH: & dans le Triangle obliquangle HCD, on pourra trouver la Capitale CD, & la ligne razante HD, par ces deux Analogies,

110 TRAITE' DE FORTIFICAT. III. PART.

Planche 20.
44. Fig.

Comme le Sinus du Demi-angle flanqué CDH 70711
A son costé opposé CH 77. 3.
Ainsi le Sinus de l'Angle diminué CHD 50000
A la Capitale CD 54. 4.

qui se trouvera de 54 toises, & d'environ 4 pieds.

Comme le Sinus du Demi-angle flanqué CDH 70711
A son costé opposé CH 77. 3.
Ainsi le Sinus de l'Angle DCH 96592
A la ligne razante DH 105. 5.

qui se trouvera de 105 toises, & d'environ 5 pieds.

La Face AD se trouvera comme dans la premiere Methode, & la Ligne fichante GD se peut trouver dans le Triangle obliquangle GCD, où l'on connoît la Courtine prolongée CG, qui se rencontre dans ce Polygone de 90 toises, la Capitale CD de 54 toises & 4 pieds, & l'angle compris GCD de 105 degrez; en trouvant auparavant l'angle CDG, en cette sorte.

Comme la somme des costez CG, CD 144. 4.
A leur difference 35. 2.
Ainsi la Tangente du quart de l'Angle du Polygone 76733
A une autre Tangente 18741

à laquelle il répond dans les Tables, 10 degrez & environ 37 minutes, qui étant ajoûtez au quart de l'Angle du Polygone, c'est à dire à 37. 30'. on aura 48. 7'. pour l'angle CDG, par le moyen duquel

DES DIFFERENTES MANIERES DE FORT. 111
quel on trouvera la Ligne fichante GD, en faisant Planche 20. 44. Fig.
dans le même Triangle GCD, cette Analogie,

Comme le Sinus de l'Angle CDG   74450
A son costé opposé CG   90.
Ainsi le Sinus de l'Angle GCD   96592
A la Ligne fichante GD   116.5.

qui se trouvera de 116 toises, & d'environ 5 pieds.

Troisiéme Methode de Fortifier.

SI vous voulez avoir un second Flanc plus grand sur la Courtine, & même dans tous les Polygones, ayant déterminé la longueur des Flancs & des Demi-gorges, comme dans la seconde Methode precedente, au lieu de faire l'Angle du Bastion droit par le moyen du Demi-cercle ADB, ce qui n'est pas d'une trop grande consequence, vous le pourrez faire aigu dans tous les Polygones, sans craindre qu'il le devienne trop, sçavoir en faisant la Capitale CD égale à la Ligne de Gorge EF.

Pour connoître par le calcul la quantité de l'Angle flanqué D, selon cette troisiéme construction, on cherchera premierement la Capitale CD, ou la Ligne de Gorge EF, dans le Triangle isoscéle ECF, où l'on connoît l'angle ECF de 150 degrez, & chacun des deux angles à la base EF de 15 degrez, avec les Demi-gorges CE, CF qui sont chacune de 30 toises dans cette figure, qui represente la moitié d'un Dodecagone. Pour donc trouver par supputation la Ligne de Gorge EF, faites cette Analogie,

Comme

Comme le Sinus de l'Angle CEF   2588
A son costé opposé CF   3
Ainsi le Sinus de l'Angle ECF   5000
A la Ligne de Gorge EF   59

Ainsi la Ligne de Gorge EF, ou la Capitale CD se trouvera d'environ 59 toises, laquelle se peut trouver plus facilement par cette autre Analogie, qui commence par le Sinus Total,

Comme le Sinus Total   100000
Au double de la Demi-gorge CE, ou CF   60
Ainsi le Sinus de la moitié de l'Angle du Polygone   96592
A la Capitale CD   59

qui se trouvera de 59 toises, comme auparavant, & qui étant ajoûtée au petit Rayon OC, qui se trouvera de 231 toises & 5 pieds, on aura 290 toises & 5 pieds pour le grand Rayon OD.

Pour l'Angle du Flanc AEG, ou CEO, il se trouvera de 97. 38'. par le moyen duquel on pourra trouver par supputation dans le Triangle obliquangle CEO, la ligne OE, par cette analogie,

Comme le Sinus de l'Angle du Flanc CEO   99113
A son costé opposé CO   231. 5.
Ainsi le Sinus du Demi-angle du Polygone ECO   96592
A son costé opposé OE   225. 5

qui se trouvera de 225 toises & d'environ 5 pieds auquel ajoûtant 30 toises pour le Flanc AE, on aura 255 toises & 5 pieds pour la ligne AO. Ainsi dans le Triangle obliquangle ADO, on connoîtra les deux

DES DIFFERENTES MANIERES DE FORTIF. 113

deux côtez AO, DO, & l'Angle compris ou l'Angle forme-flanc AOD, qui dans la premiere Methode se trouvera de 7. 22′. comme l'on voit dans la Table que nous avons ajoûtée au commencement de la premiere Partie. C'est pourquoy on pourra connoître l'Angle flanqué ADB, en cherchant sa moitié ADO, en cette sorte.

Planche 20. 44. Fig.

Otez de 180 degrez l'Angle forme-flanc AOD, ou 7. 22′. & la moitié du reste 172. 38. sera 86. 19′. dont la Tangente est 1553398, qui sera le troisiéme terme de cette Analogie,

Comme la somme des costez AO, DO   546. 4.
A leur difference   35. 0.
Ainsi la Tangente precedente   1553398
A une autre Tangente   99455

à laquelle il répond dans les Tables, 44 degrez & environ 51 minutes, qui étant ôtez de la moitié precedente 86. 19′. il restera 41. 28′. pour le Demi-angle flanqué ADO, c'est pourquoy l'Angle flanqué ADB sera de 82. 56′. lequel étant ainsi connu, le reste se pourra connoître comme auparavant.

Quatriéme Methode de Fortifier.

NOus finirons par cette quatriéme maniere pour ceux qui ne veulent point de seconds Flancs; elle est plus generale que les precedentes, parce qu'elle ne donne point de limites aux Flancs qui se tirent toûjours du centre de la Place, ni aux Demi-gorges, car bien qu'elles aillent toûjours en augmentant, neanmoins elles croissent fort insensiblement dans les grands Polygones, de sorte que, comme nous avons déja dit ailleurs, en un Polygone de trente côtez, une Demi-gorge ne surpasse pas 36 toises sur un côté interieur de 120 toises.

Planche 20. 45 Fig. Ayant tiré du centre O, du Polygone à fortifier, par le point C, milieu du côté interieur AB, la droite OC, qui sera perpendiculaire au même côté AB, divisez cette perpendiculaire OC en autant de parties égales que le Polygone proposé aura de côtez plus un, comme ici pour un Exagone en sept parties égales, & en donnez deux aux Demi-gorges AD, BC, & trois aux Capitales AH, BI: après quoy il n'y aura plus qu'à tirer les Lignes razantes EH, DI, qui termineront les Flancs DF, EG, qu'on tirera du centre O.

On peut se passer dans la pratique de la perpendiculaire OC tirée réellement, & divisée effectivement en sept parties égales, car si on applique la longueur de cette ligne, qu'on aura en décrivant du centre O, une arc de Cercle qui raze le côté interieur AB, à un nombre de part & d'autre de la Ligne des parties égales du Compas de proportion, qui soit divisible par sept, comme de 140 à 140, dont la septiéme partie est 20, & qu'on prenne sur la même Ligne des parties égales la distance de 40 à 40, on aura la longueur de la Demi-gorge, & si l'on prend la distance de 60 à 60, on aura la grandeur de la Capitale.

Calcul de cette quatriéme Methode.

POur supputer les Lignes & les Angles d'un Polygone ainsi fortifié, comme d'un Exagone, dont cette figure en represente une moitié, on commencera par la perpendiculaire OC, qu'on pourra connoître par le calcul, en faisant dans le Triangle

DES DIFFERENTES MANIERES DE FORT. 115
gle rectangle ACO, cette Analogie,

Planche 26.
45. Fig.

Comme le Sinus Total	100000
A la Tangente du Demi-angle du Polygone OAC	173205
Ainsi la moitié AC *du costé interieur*	60
A la perpendiculaire OC	104

qui se trouvera d'environ 104 toises.

Si du double 208, & du triple 312 de cette perpendiculaire, on prend les septiémes parties, on aura 29 toises, & environ 4 pieds pour la Demi-gorge AD, & 44 toises, & environ 3 pieds pour la Capitale AH.

Si du côté interieur AB, qui est de 120 toises, on ôte la Demi-gorge AD, ou BE, qui a été trouvée de 29 toises & 4 pieds, il restera 90 toises & 2 pieds pour la Courtine prolongée AE : & dans le Triangle obliquangle HAE, on pourra trouver l'Angle diminué AEH, & le Demi-angle flanqué AHE, par le moyen des deux côtez connus AE, AH, & de l'Angle compris HAE, qui est le reste à 180 degrez du Demi-angle du Polygone, en cette sorte.

Comme la somme des costez AE, AH	134.5.
A leur difference	45.5.
Ainsi la Tangente du quart de l'Angle du Polygone	57735
A une autre Tangente	19625

à laquelle il répond dans les Tables, 11 degrez & environ 6 minutes, lesquels étant ôtez du quart de l'Angle du Polygone, c'est à dire de 30 degrez, le reste 18. 54′. sera l'Angle diminué AEH, & étant

H 2 ajoû-

Planche 20.
45. Fig.

ajoûtez, la somme donnera 41. 6'. pour le Demi-angle flanqué AHE, c'est pourquoy l'Angle flanqué sera de 82. 12'. auquel ajoûtant l'Angle du centre AOB, qui dans cette supposition est de 60 degrez, on aura 142. 12'. pour l'Angle flanquant HKI.

Le Rayon AO se trouvera de 120 toises, & l'Angle du Flanc ADO, ou EDF, de 106. 18', comme il a été enseigné dans la premiere Methode, auquel si l'on ajoûte l'Angle diminué DEF, qui a été trouvé de 18. 54'. on aura 125. 12'. pour l'Angle de l'Epaule DFH.

Si de la Courtine prolongée AE, qui a été trouvée de 90 toises & 2 pieds, on ôte la Demi-gorge AD, que nous avons trouvée de 29 toises & 4 pieds, le reste donnera 60 toises & 4 pieds pour la Courtine DE, par le moyen de laquelle on pourra trouver le Flanc DF dans le Triangle DEF, par cette Analogie,

Comme le Sinus de l'Angle DFE	81714
A son costé opposé DE	60. 4.
Ainsi le Sinus de l'Angle DEF	32392
A son costé opposé DF	24.

qui se trouvera d'environ 24 toises. Le reste se pourra connoître comme auparavant.

L'Angle flanqué commence à être obtus dans l'Enneagone, où il se trouve de 92. 6. & il devient toûjours plus grand dans les Polygones suivans, mais cet excés n'est pas bien considerable, n'étant que d'environ un degré dans chaque Polygone, puisque l'Angle flanqué n'est que de 96. 26". dans le Dodecagone, au lieu que par la Methode du Comte de Pagan, ou de Monsieur de Vauban, qui sont les mêmes à l'égard de cette Angle, il est de 103.

DES DIFFERENTES-MANIERES DE FORTIF. 117
103. 8′. dans l'Enneagone, & de 113. 8′. dans le Do- Plan-
decagone, parce que l'Angle diminué est partout de che 20.
18. 26′. 45. Fig.

Fortification d'Errard.

ERrard fortifie en dedans, & il fait le Flanc perpendiculaire à la Face du Bastion, ou à la Ligne de défense, qui est toûjours razante dans tous les Polygones : quant au Flanc, il ne le fait perpendiculaire à la Face que depuis le Quarré jusqu'à l'Octogone, car aux autres Polygones, il le fait perpendiculaire à la Courtine. L'Angle flanqué est de 60 degrez dans le Quarré, de 80 dans le Pentagone, & de 90 dans les autres Polygones.

Mais pour venir à la pratique, soit AB le côté d'un Plan-
Exagone, dont le centre est O. Faites aux extremi- che 20.
tez A, B, de ce côté exterieur AB, avec les Rayons 46. Fig.
AO, BO, les angles OAC, OBD, chacun de 45
degrez, & divisez l'un de ces angles, comme OAC,
en deux également par la droite AD, qui terminera
la ligne de défense BD, que vous porterez en AC,
pour joindre la Courtine CD, & les Flancs DE,
CF, chacun perpendiculaire à sa Ligne razante opposée AC, BD, de sorte que chacun des deux Angles de l'Epaule E, F, sera droit. Si l'on fait la même chose par tout, l'Exagone se trouvera fortifié, auquel on ajoûtera en dehors un Fossé, dont la Contrescarpe soit parallele à la Ligne razante, & passe par l'Angle de l'Epaule, & en dedans un Rempart, dont la largeur soit égale à la longueur du Flanc.

H 3 Remar-

Remarques sur la Fortification d'Errard.

Planche 20.
46. Fig.

CEtte maniere de fortifier est defectueuse, en ce que premierement le Flanc étant perpendiculaire à la Face du Bastion, est bien mieux à couvert des Batteries de l'Ennemi, & contribuë bien mieux à la seureté des Portes & de la Courtine, qui est la partie la mieux défenduë par le voisinage des Flancs : mais aussi il découvre bien moins ces Batteries, & il ne peut pas empêcher l'Ennemi d'avancer ses Travaux jusqu'à la Contrescarpe, qu'à peine il peut défendre, ce qui est un grand avantage pour l'Assaillant.

De plus si l'on veut faire des Orillons à la façon de l'Auteur, le Flanc couvert demeure si caché, qu'à peine il peut découvrir toute la largeur du Fossé : outre qu'il ne peut contenir que fort peu de Canons, & que les Angles des Merlons du côté de la Campagne, sont si aigus, que ces Merlons peuvent être facilement ruinez par le Canon de l'Ennemi, ce qui les rend inutiles dans l'occasion.

J'ajoûte qu'on ne tire pas un grand avantage de couvrir les Flancs aux Batteries de l'Ennemi, parce que lorsqu'il sera logé sur la Contrescarpe, il les découvrira toûjours : outre que si le Flanc est découvert, il découvre aussi, avec cet avantage que les Parapets de la Place étant de terre bien rassise, seront plus difficilement ruinez que les Batteries de l'Ennemi, qui n'est couvert qu'avec de la terre nouvellement remuée, ou avec des Gabions.

Enfin à mesure que le Polygone devient plus grand, c'est à dire qu'il a plus de côtez, les Faces augmentent, & les Courtines diminuent, ce qui est un défaut considerable, parce qu'on augmente
les

les parties les plus foibles, sçavoir les Faces, qui ne sont defenduës que d'un seul côté, & qu'on diminuë les plus fortes, qui sont les Courtines, étant flanquées & defenduës de part & d'autre par chaque Flanc.

Planche 20. 46. Fig.

Cette maniere de fortifier a cette seule commodité, que toute la largeur du Fossé est vûë & flanquée de tout le Flanc, ce qui n'arrive pas aux Places qui ont un grand second Flanc, à moins qu'on ne veüille faire le Fossé extrémement large vis-à-vis la Courtine, & aussi aux Places qui ont un grand Flanc razant, à moins qu'on ne veüille avoir aussi un Fossé bien large, ce qui augmente la dépense.

Calcul des Angles & des Lignes, suivant le dessein d'Errard.

Comme cette figure represente un Demi-exagone, l'Angle AOB du centre se trouvera de 60 degrez, & l'Angle ABL du Polygone de 120. L'Angle flanqué KAE ayant été fait droit, ou de 90 degrez, aussi-bien que l'Angle de l'Epaule AED, l'Angle diminué ACG se trouvera de 15 degrez, l'Angle du Flanc EDC de 75, & l'Angle flanquant EIF de 150. Et puisque l'on a divisé le Demi-angle flanqué CAG, qui est de 45 degrez, en deux également par la ligne AD, chacun des deux Angles DAE, DAG sera de 22. 30′. & l'Angle ADE son complement sera par consequent de 67. 30′. L'Angle ADG sera de 37. 30′. l'Angle ADC de 142. 30′. l'Angle AGC de 120 degrez, & l'Angle DAB de 37. 30′.

Ainsi tous les Angles sont connus, mais il n'y a point de Ligne connuë, ce qui est pourtant necessaire, afin que cette Ligne étant connuë, elle nous serve

serve de fondement pour connoître les autres par le moyen des Angles connus : c'est pourquoy il en faudra supposer une d'une grandeur convenable aux Maximes d'une bonne Fortification, comme la Ligne de défense AC, ou BD, que nous supposerons de 120 toises, pour supputer dans ces mêmes parties les autres Lignes en cette sorte.

On trouvera premierement le côté exterieur AB, en faisant dans le Triangle obliquangle ADB cette Analogie,

Comme le Sinus de l'Angle DAB	60876
A son costé opposé BD	120
Ainsi le Sinus de l'Angle ADB	79335
A son costé opposé AB	156.2

qui se trouvera de 156 toises, & d'environ 2 pieds.

Parce que la ligne AD contribuë à connoître la Face AE, & le Flanc DE, dans le Triangle rectangle AED, nous en chercherons la longueur dans le même Triangle obliquangle ADB, par cette Analogie,

Comme le Sinus de l'Angle DAB	60876
A son costé opposé BD	120
Ainsi le Sinus de l'Angle ABD	25882
A son costé opposé AD	51

qui se trouvera d'environ 51 toises, & qui servira pour trouver la Face AE, & le Flanc DE, dans le Triangle ADE rectangle en E, par ces deux Analogies,

Comme

DES DIFFERENTES MANIERES DE FORTIF. 121

Planche 20. 46. Fig.

Comme le Sinus Total	100000
A l'hypotenuse AD	51
Ainsi le Sinus de l'Angle ADE	92388
A la Face AE	47. 1.

qui se trouvera de 47 toises, & d'environ 1 pied.

Comme le Sinus Total	100000
A l'hypotenuse AD	51
Ainsi le Sinus de l'Angle DAE	38268
Au Flanc ED	19. 3.

qui se trouvera de 19 toises, & d'environ 3 pieds.

Par le moyen du Flanc ainsi connu, on pourra trouver la Courtine CD, en faisant dans le Triangle CDE rectangle en E, cette Analogie,

Comme le Sinus Total	100000
A la Secante de l'Angle CDE	386370
Ainsi le Flanc ED	19. 3.
A la Courtine CD	75. 2.

qui se trouvera de 75 toises, & d'environ 2 pieds.

La Capitale AG se trouvera dans le Triangle obliquangle AGD, dont tous les Angles & le côté AD, sont connus, par cette Analogie,

Comme le Sinus de l'Angle AGD	86602
A son costé opposé AD	51
Ainsi le Sinus de l'Angle ADG	60876
A son costé opposé AG	35. 5.

qui se trouvera de 35 toises, & d'environ 5 pieds.

H 5

Planche 20.
46. Fig.

On trouvera la Demi-gorge DG, en faisant dans le même Triangle obliquangle AGD, cette Analogie,

Comme le Sinus de l'Angle AGD	86602
A son costé opposé AD	51
Ainsi le Sinus de l'Angle DAG	38268
A son costé opposé GD	22. 3.

qui se trouvera de 22 toises, & d'environ 3 pieds, dont le double, ou 45 toises étant ajoûté à la Courtine FG, qui a été trouvée de 75 toises & 2 pieds, on aura 120 toises & 2 pieds pour le côté interieur GH.

Planche 21.
47. Fig.

La supputation ne se fera pas autrement, lorsque le Flanc sera perpendiculaire à la Courtine, ce qui se fera en prenant les lignes IE, IF, égales aux lignes IC, ID: & alors les Flancs DE, CF, deviendront plus grands que dans le Polygone precedent, & par consequent meilleurs.

Fortification du Comte de Pagan.

LA maniere dont le Comte de Pagan se sert pour fortifier un Polygone, est tout-à-fait contraire à la precedente: aussi elle est meilleure: car au lieu de faire l'Angle du Flanc aigu, comme Errard, il le fait obtus, afin que le Flanc découvre davantage, le faisant perpendiculaire à la Ligne de défense du Bastion opposé, afin que de ce Flanc on puisse mieux razer & défendre la Face du même Bastion opposé, qui est la partie la plus foible de toute la Fortification, & qu'on attaque presentement la premiere. Ce Comte fait comme Errard, sa Ligne de défense toûjours razante, mais il ne se

DES DIFFERENTES MANIERES DE FORT. 123
se soucie gueres de faire l'Angle du Bastion droit. Plan-
L'Auteur établit trois sortes de Fortification, la che 21.
grande, la moyenne, & la petite: & comme il for- 48. Fig.
tifie aussi en dedans, il fait le côté extérieur de 200
toises dans la grande Fortification, de 180 dans la
moyenne, & de 160 dans la petite, & il donne
60 toises à la Face dans la grande, 55 dans la
moyenne, & 50 dans la petite. Enfin la perpendiculaire qui détermine la Ligne razante, est par
tout de 30 toises, excepté au Quatré, où elle est
seulement de 27 toises pour la grande Fortification, & de 24 pour la moyenne & la petite. Mais
il est temps de venir à la pratique.

 Ayant supposé le côté extérieur AB de 200 toi- 48. Fig.
ses pour la grande Fortification, de 180 pour la
moyenne, & de 160 pour la petite, divisez-le en
deux également au point C, & luy tirez par le point
C du centre O, la perpendiculaire CD de 30 toises dans tous les Polygones, excepté au Quarré,
où vous la ferez seulement de 27 toises pour la
grande Fortification, & de 24 pour la moyenne &
la petite. Tirez par le point D, les Lignes de défense ADH, BDG, pour y prendre les Faces AE,
BF, chacune de 60 toises dans la grande Fortification, de 55 dans la moyenne, comme ici, & de 50
dans la petite. Enfin tirez les Flancs EG, FH, perpendiculaires aux Lignes razantes BG, AH, & joignez la Courtine GH.

 Pour les Cazemates & les Orillons, divisez les Plan-
Flancs EG, FH, chacun en deux également aux points che 22.
L, & les lignes EL, FL, seront les Flancs des Oril- 50. Fig.
lons, que l'Auteur fait quarrez. Prolongez la Ligne
de défense au dedans du Bastion vers N, & tirez
par le point L, à la même Ligne de défense la parallele LM pour l'enfoncement de la Cazemate, au
de-

dedans de laquelle l'Auteur met trois Batteries, où les nombres qui sont marquez en dedans font connoître la quantité des toises que contiennent les Parapets & les Terre-plains de ces Batteries, dont chacune sera capable tout au moins de trois pieces de Canon. La hauteur de la premiere surpasse le fond du Fossé de 2 toises, celle de la moyenne de 4, & celle de la troisiéme de 6, étant de même hauteur que le Rempart, laquelle est de 3 toises au dessus du niveau de la Campagne, la profondeur du Fossé étant aussi de 3 toises en dessous.

Planche 22. 50. Fig.

Cela est aisé à connoître par le Profil de ces Batteries, que nous avons décrit le long de la Muraille de la Demi-gorge sur le prolongement de la Ligne de défense : où la ligne AB represente le Terre-plain du Rempart & de la premiere & plus haute Batterie, dont CD est le Parapet : la ligne EF represente le Terre-plain de la seconde & moyenne Batterie, dont GH est le Parapet: la ligne IK represente le Terre-plain de la troisiéme & plus basse Batterie, dont le Parapet est LM: & enfin la ligne NO represente le fond du Fossé.

Planche 21. Fig.

Ce Comte ajoûte dans le Bastion un autre Bastion plus petit IKL, avec son Rempart & son Parapet, qui sert de Retranchement, dont la terre se tire du Fossé sec qui est tout proche. La Contrescarpe du grand Fossé est parallele à la Face du Bastion, où à la Ligne de défense, & au delà de ce Fossé il ajoûte une Contre-garde MNO, dont le Fossé est large de 12 toises, & le Rempart de 7, en y comprenant le Parapet, qui est large de 3 toises: pretendant par ces trois Fossez, & ces trois Parapets défendus par le Canon, qu'une Place fortifiée de sa façon doit resister trois fois plus que les Places ordinaires.

Planche 22. 50. Fig.

Ce sçavant Auteur fait encore sur l'Angle rentrant

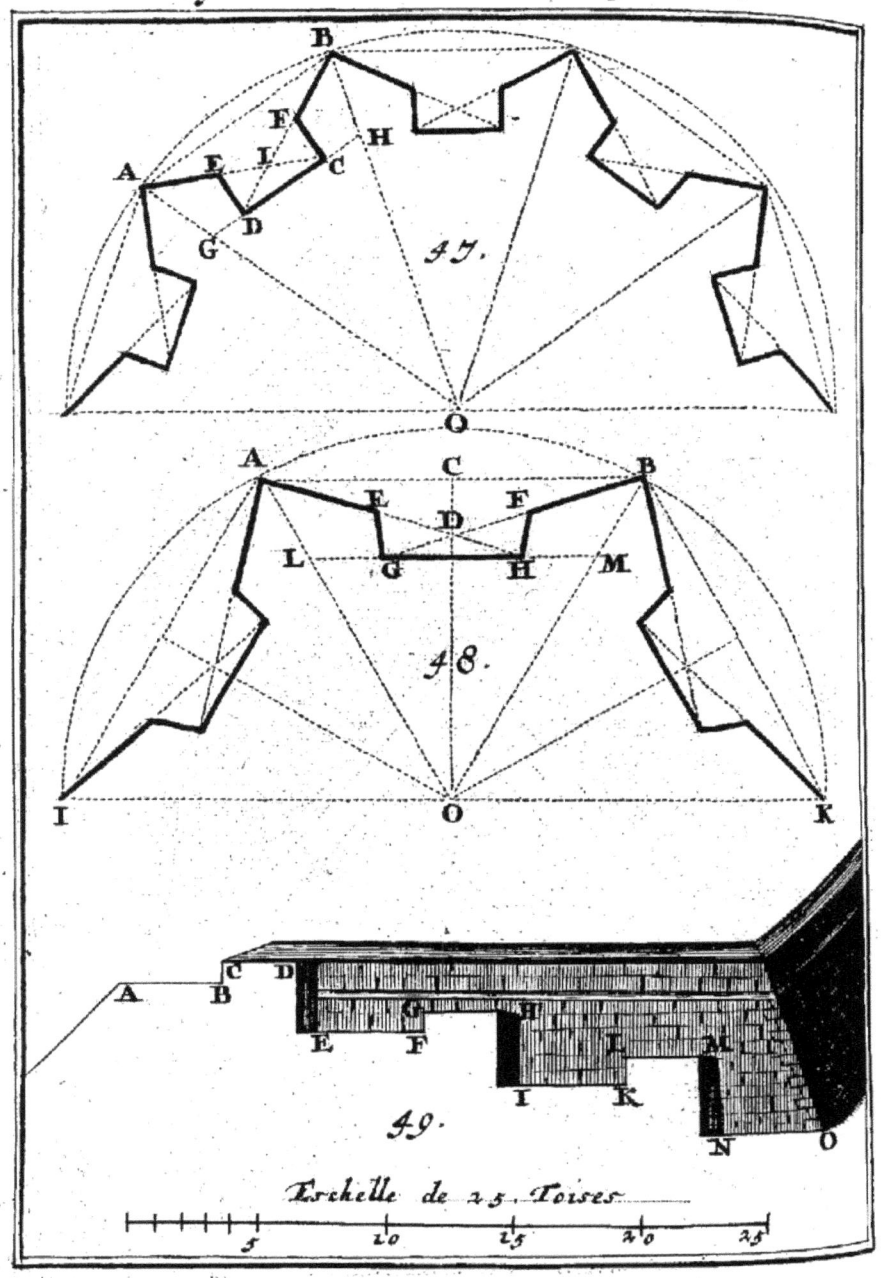
Fortification Planche 21. Page 123.
Echelle de 25 Toises

Fortification Planche 22. Page 124.

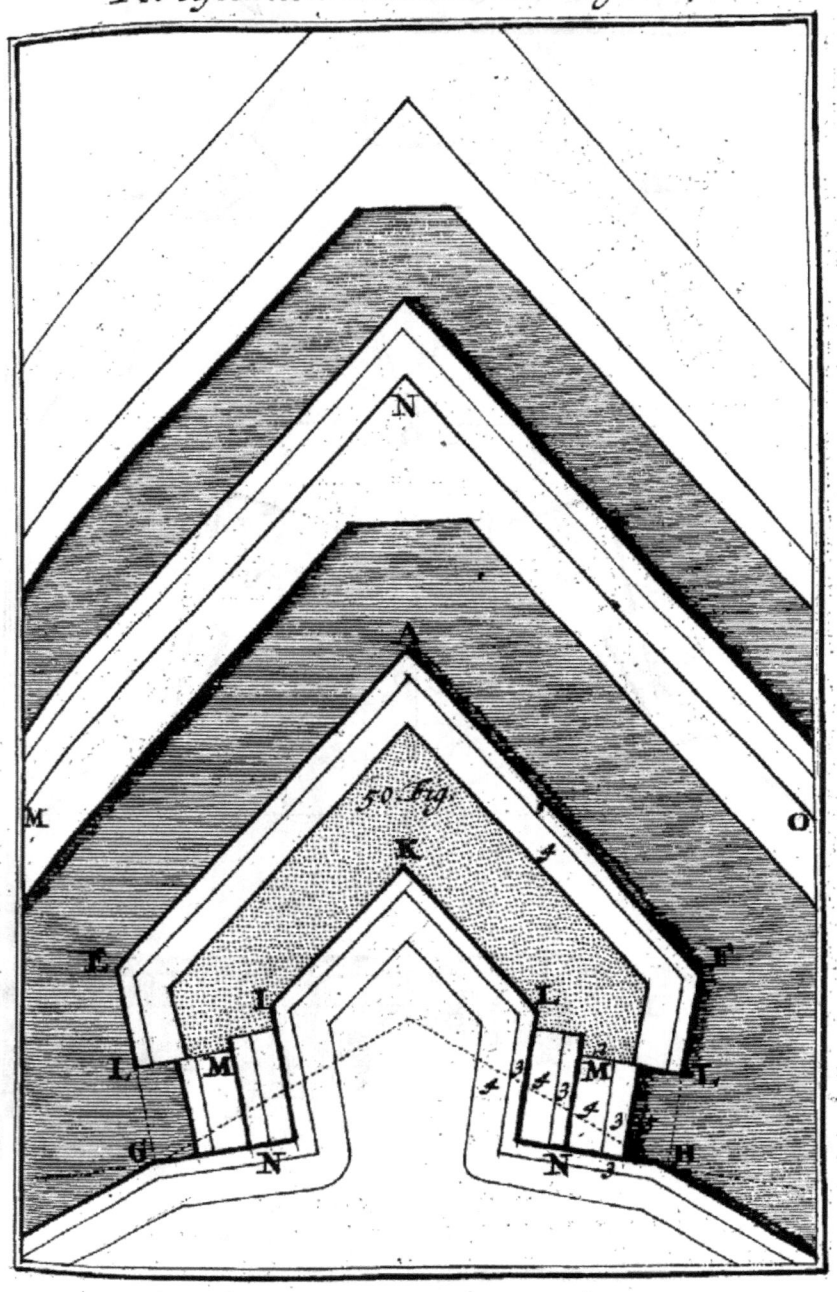

DES DIFFERENTES MANIERES DE FORTIF. 125
...ant de la Contrescarpe, un Double Ravelin dis- Plan-
...sé de telle maniere qu'il est défendu de la Face du che 22.
...astion, & de la Contre-garde, laquelle est aussi flan- 50. Fig.
...uée par le Ravelin, comme l'on peut voir dans le
...raité qu'il en a publié.

Remarques sur la Fortification du Comte de Pagan.

...ette Division du Comte de Pagan en grande, moyenne, & petite Fortification, me semble ...e petite consequence, pour le moins dans la For-fication reguliere : Ainsi dans la pratique je vou-...rois m'arrêter à la moyenne, qui donne 180 toi-...s au côté exterieur du Polygone, où il arrive que ...a ligne de défense se trouve d'environ 126 toises, ...omme vous verrez dans le calcul que nous en don-...erons, aprés avoir dit quelque chose en passant ...es avantages & des desavantages de cette maniere ...e fortifier, qui a servi de modele à toutes les au-...res qui ont été inventées depuis que celle-ci a été pu-...liée.

L'Auteur considerant que les principales parties ...ui défendent puissamment, & retardent long-...emps la prise des Places, sont les Flancs, les Rem-...arts, & les Fossez, fait ses Flancs fort grands, & ...es Gorges fort longues, pour y faire trois Barteries, à chacune desquelles il met quatre pieces de Canon, dont trois sont assez bien couvertes, pour ne pouvoir pas être facilement incommodées des Contre-batteries des Assiegeans, lesquels en seront eux-mêmes extrémement incommodez, quand ils paroîtront, & qu'ils voudront se loger sur les ruines des Bré-ches, où les Canons des Batteries battent de re-vers.

Les

Planche 22. 50 Fig.

Les deux Fossez avec les deux Remparts que l'Auteur construit pas ses Maximes, n'empêchent pas seulement les Assiegeans de passer le Fossé avec facilité, mais encore il leur ôte avec l'usage des Fourneaux, le moyen de se pouvoir loger sur les ruines des Brêches : & que d'ailleurs l'Assaillant s'étant une fois rendu le maître du premier Rempart, se trouvera engagé dans le second Fossé, se rencontrant presque au milieu des Assiegez, qui peuvent aisément le battre de tous côtez, & les brûler avec des bombes & des Grenades, ou bien avec des Gauderons, des Mines, & des Fourneaux, &c.

Enfin le Fossé est autant bien qu'il est possible défendu du Flanc, lequel étant perpendiculaire à la Ligne de défense flanque à plein la Face du Bastion opposé : & la grandeur des Demi-gorges racourcit la Ligne de défense, ce qui fait que les Places hautes & moyennes ne seront jamais hors la portée du Mousquet, pour le moins dans la moyenne Fortification, laquelle par consequent doit être preferée à la grande.

Ces avantages & plusieurs autres font que beaucoup de gens approuvent cette maniere de fortifier, mais il ne faut pas l'approuver en tout, à cause de quelques desavantages qu'elle me semble avoir, en ce que premierement les Faces sont trop longues, donnant plus de moyen à l'Ennemi d'y faire de grandes Brêches, qui fatiguent les Assiegez d'une étrange maniere, lorsqu'ils veulent les reparer, & empêcher que les Attaquans ne s'y logent, particulierement lorsque ceux de la Place sont en petit nombre.

Les Cazemates & les Flancs sont trop exposez aux Contre-batteries des Assaillans, qui peuvent aisément emboucher les Canons, & ensuite franchir le Fossé,

Fossé, & se cacher dans la Brêche, sans craindre la Mousqueterie des Flancs opposez, qui en sont trop éloignez dans la grande Fortification. Outre que les trois Canons cachez ne suffisent pas, pour empêcher que les Ennemis ne se logent sur les ruines de la Brêche, parce que dans le temps qu'on recharge ses Pieces, ils peuvent s'y enterrer, & y élever des Epaulemens pour se mettre à couvert. Planche 22. Fig. 50.

Les Flancs perpendiculaires à la Ligne razante, que ce Comte appuye sur cette raison, que ceux qui le font autrement, ne considerent pas que ce qui void est aussi vû de ce qu'il regarde, peuvent être rejettez par les mêmes principes qu'ils ont été établis: car ce qui void est veritablement vû de ce qu'il regarde, mais aussi ce qui void un grand espace est aussi vû dans ce grand espace, dans lequel les Assiegeans peuvent trouver des lieux avantageux pour y dresser des Batteries, & démonter celles qui seront vûës dans les Flancs trop exposez. D'ailleurs il n'est pas necessaire que les Pieces des Flancs découvrent un si grand espace dans la Campagne, leur office n'étant que pour la défense de la Face du Bastion, du Fossé, & de la Contrescarpe opposée, le reste pouvant être défendu de plusieurs autres endroits.

Enfin le Bastion retranché qui augmente la dépense de plus d'un tiers, bien qu'il ne soit qu'un Retranchement, & qu'il soit vuide, peut être aussi facilement pris que le premier par le moyen d'une seconde Mine, & par sa prise causer celle de la Place, sans que les Assiegez puissent l'empêcher, ni dans cette extremité élever aucun Retranchement dans ce Bastion vuide, pour capituler plus avantageusement.

Ces raisons me paroissent assez fortes, pour faire

voir

128 TRAITE' DE FORTIFICAT. III. PART.

Planche 22. 50. Fig.

voir que bien que cette façon de fortifier ne soit pas blâmable dans la plûpart de ses Maximes, je ne le suis pas non plus de ne l'avoir pas suivie; il est bien vray qu'en reservant ce qu'il y a de bon, & en reparant les choses qui peuvent être desavantageuses, on en feroit assurement une maniere de fortifier toute parfaite.

Par exemple, afin que les Cazemates soient plus longues & mieux couvertes, au lieu de tirer la Retirade du Flanc LM parallele à la Ligne de défense, on la peut tirer de l'Angle du Bastion opposé, comme nous avons fait ailleurs : & parce que l'Angle flanqué commence d'être obtus dans l'Eptagone & qu'il devient extrémement ouvert dans les Polygones de plus de côtez, ce qui est à mon avis un défaut considerable, on peut corriger cet Angle en le faisant droit par le moyen d'un Demi-cercle décrit sur les deux Flancs du Bastion, comme nous avons déja fait dans nôtre seconde Methode, ce qui rendra à la verité les Faces un peu plus longues, mais ce défaut n'est pas considerable à l'égard de l'Angle flanqué droit, de la Tenaille mieux resserrée, & du second Flanc qu'on a sur la Courtine, qui augmente beaucoup la défense de la Place. Enfin l'on peut tirer le Flanc du centre de la Place selon nôtre maniere, & alors il sera moins exposé, & il deviendra un peu plus grand, ce qui donne deux avantages considerables.

Calcul des Angles & des Lignes selon le dessein du Comte de Pagan.

Planche 21. 48. Fig.

LE côté exterieur AB appartenant à un Exagone, l'Angle AOB du centre sera de 60 degrez, & l'Angle ABK du Polygone de 120 degrez. Si l'on

DES DIFFERENTES MANIERES DE FORTIF. 129

l'on suppose que le côté exterieur AB soit de 180 toises, tel qu'il doit être dans la moyenne Fortification, que nous suivons ici, sa moitié AC, ou BC sera de 90 toises, la perpendiculaire CD de 30, & la Face AE de 55.

Planche 21. Fig. 48.

Par le moyen de ces Angles & de ces Lignes ainsi connuës, on pourra aisément connoître par suppution les autres Angles, & les autres Lignes, & premierement l'Angle diminué CAD, en faisant dans le Triangle ACD rectangle en C, cette Analogie,

Comme le costé AC   90
Au Sinus Total   100000
Ainsi le costé CD   30
A la Tangente de l'Angle CAD   33333

qui se trouvera de 18. 26'. lequel étant ôté du Demi-angle du Polygone, ou de 60. degrez, il restera 41. 34'. pour le Demi-angle flanqué OAH, c'est pourquoy l'Angle flanqué sera de 83. 8'. auquel ajoûtant l'Angle du centre AOB, ou 60 degrez, on aura 143. 8'. pour l'Angle flanquant ADB.

Pour connoître le Flanc EG, on cherchera auparavant l'hypotenuse DE du Triangle rectangle DGE, en cherchant premierement la Tenaille AD, dans le Triangle rectangle ACD, par cette Analogie,

Comme le Sinus Total   100000
A la Secante de l'Angle diminué CAD
              105408
Ainsi la moitié AC du costé exterieur AB   90
A la Tenaille AD   94. 5.

qui se trouvera de 94 toises, & d'environ 5 pieds, d'où

Planche 21.
48. Fig.

130 TRAITÉ DE FORTIFICAT. III. PART.

d'où ôtant la Face AE, qui est de 55 toises, il restera 39 toises & 5 pieds pour l'hypotenuse DE, & dans le Triangle rectangle DGE, dont l'Angle EDG est égal au double de l'Angle diminué, & par conséquent de 36. 52'. on pourra trouver le Flanc EG, par cette Analogie.

Comme le Sinus Total	100000
A l'hypotenuse DE	39. 5.
Ainsi le Sinus du double de l'Angle diminué	59995
Au Flanc EG	23. 4.

qui se trouvera de 23 toises, & d'environ 4 pieds.

Si au double GDE de l'Angle diminué, c'est à dire si à 36. 52'. on ajoûte l'Angle DGE, ou 90 degrez, on aura 126. 52'. pour l'Angle de l'Epaule AEG; & si à l'Angle diminué FGH, qui a été trouvé de 18. 26'. on ajoûte 90. degrez, ou l'Angle droit EGD, on aura 108. 26'. pour l'Angle du Flanc EGH.

Pour connoître la Ligne razante AH, ou BG, on cherchera auparavant la Ligne DG, ou DH, que nôtre Auteur appelle *Complement*, en faisant dans le Triangle rectangle DGE, cette Analogie,

Comme le Sinus Total	100000
A l'hypotenuse DE	39. 5.
Ainsi le Sinus de l'angle de l'Epaule E	80003
Au Complement DG	31. 3.

qui se trouvera de 31. toises, & d'environ 3 pieds, & qui étant ajoûté à la Tenaille AD, ou BD, qui a été trouvée de 94 toises & 5 pieds, on aura 126 toises

DES DIFFÉRENTES MANIERES DE FORTIF. 131
toises & 2 pieds pour la Ligne razante AH, ou Planche 21.
BG. 48. fig.

Par le moyen du Complement DG, ou DH, ainsi connu de 31 toises & 3 pieds, on pourra trouver la Courtine GH, en faisant dans le Triangle isoscéle GDH, cette Analogie,

Comme le Sinus de l'Angle diminué DGH
                              31620
Au Complement DG.   31.3
Ainsi le Sinus du double du même Angle diminué
                              59995
A la Courtine GH   59.3.

qui se trouvera de 59 toises, & d'environ 3 pieds, & qui nous servira pour connoître la Courtine prolongée LH, en faisant dans le Triangle obliquangle ALH, cette Analogie,

Comme le Sinus du Demi-angle du Polygone L
                              86602
A la ligne razante AH   126.2.
Ainsi le Sinus du Demi-angle flanqué LAH
                              66349
A la Courtine prolongée LH   96.4.

qui se trouvera de 96. toises, & d'environ 4 pieds, de laquelle ôtant la Courtine GH, qui a été trouvée de 59 toises & 3 pieds, on aura 37 toises & 1 pied pour la Demi-gorge LG, ou HM, laquelle étant ajoûtée à la même Courtine prolongée LH, ou GM, c'est-à-dire à 96 toises & 4 pieds, on aura 133 toises, & 5 pieds pour le côté interieur LM.

Enfin on pourra trouver la Capitale AL, en faisant

Planche 21.
48. Fig.

sant dans le même Triangle obliquangle ALH, cette Analogie,

Comme le Sinus du Demi-angle du Polygone L
    86602
A la Ligne razante AH   126.2.
Ainsi le Sinus de l'Angle diminué A H L
    31620
A la Capitale AL   46

qui se trouvera d'environ 46 toises.

Fortification de Monsieur de Bombelle.

MOnsieur de Bombelle fortifie en dehors, & comme le Comte de Pagan, il établit trois sortes de Fortification, qui sont le petit Royal, le moyen, & le grand Royal. Le côté interieur du petit Royal est de 60 verges, ou de 120 toises, celui du moyen est de 70 verges, ou de 140 toises, & celuy du grand Royal est de 80 verges, ou de 160 toises. Ils se fortifient tous de la même façon, telle qu'est la suivante.

Planche 23.
51. Fig.

Le côté de vôtre Polygone étant déterminé pour le grand, le moyen, ou le petit Royal, comme AB, qui appartient ici à un Exagone, donnez-en la cinquiéme partie aux Demi-gorges AC, BD, & la quatriéme partie aux Flancs CE, DF, qui doivent faire avec la Courtine CD, chacun un Angle de 100 degrez, aprés quoy vous aurez les pointes des Bastions G, H, par les Lignes razantes CH, DG, & tout sera fait.

52. Fig.

L'Auteur ajoûte au delà du Fossé, qu'il fait large de 12 Verges, ou de 24 toises, un Ravelin, dont la pointe T se trouve en décrivant des deux extremi-

Fortification Planche 23. Page 133.

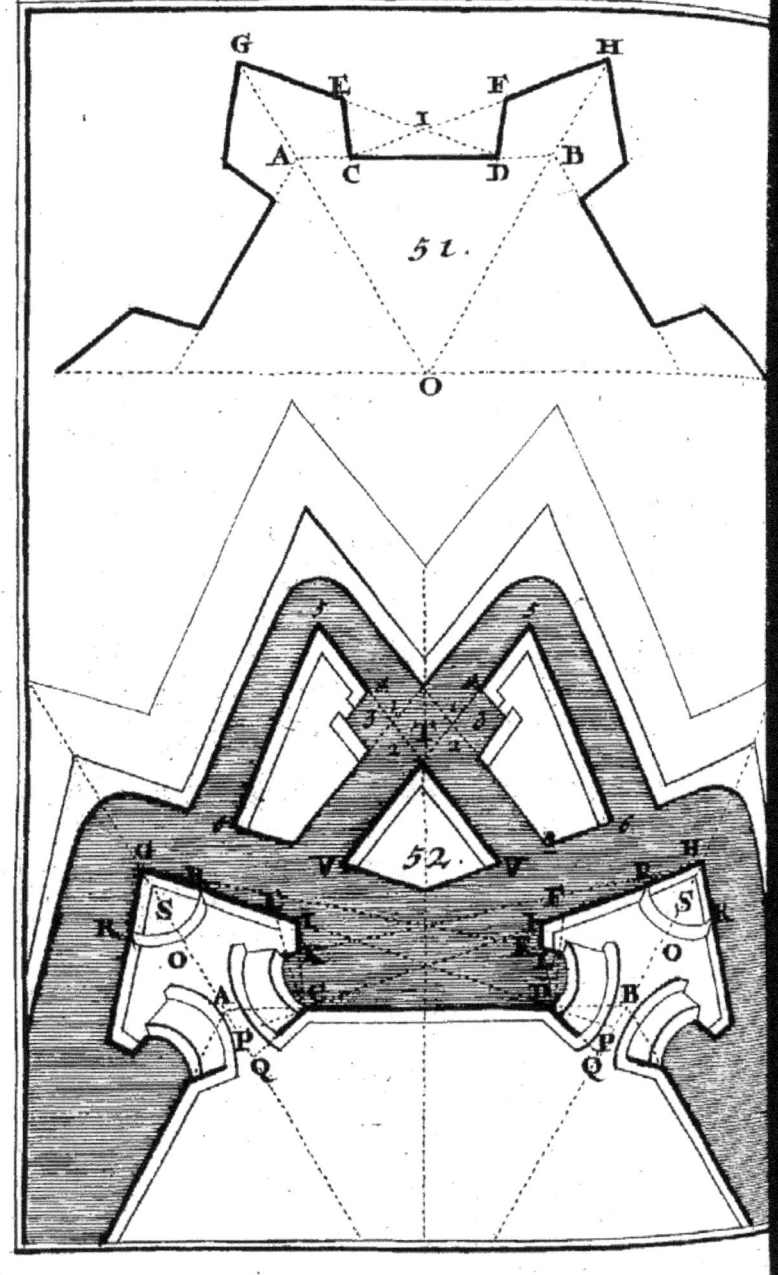

extremitez A, B, du côté interieur AB, deux arcs Plande cercle à l'ouverture de la Courtine prolongée che 23. AD, ou BC, & dont les Faces TV tendent aux ex- 52. Fig. tremitez I, des Orillons quarrez, dont l'Auteur couvre ses Flancs ronds, ou Cazemates, qu'il décrit en cette sorte.

Tirez des deux extremitez C, D, de la Courtine CD, à la même Courtine CD, les deux Flancs perpendiculaires CI, DI, qui seront terminez en I, par les deux razantes CH, DG, & termineront les Faces GI, HI, lesquelles de cette façon s'augmentent de toute la quantité EI, ou FI, ce que l'Auteur fait, pour avoir plus de place au dedans du Bastion, pour y construire deux Flancs couverts, comme vous allez voir.

Ayant fait les deux lignes GR, HR, égales chacune au tiers des Faces GI, HI, & les lignes IK, égales chacune aussi au tiers des Flancs CI, DI, tirez du point R, qui termine le tiers GR de la Face GI, par le point K, la droite RKL, qui se terminera en L, par la droite DL perpendiculaire à la Razante DG, qu'il faut prolonger jusqu'à ce qu'elle rencontre le Rayon du Polygone en quelque point, comme en P, pour prendre sur le même Rayon la partie PQ égale à la partie PB, & joindre la droite DQ, qui terminera les deux Flancs couverts, dont le centre commun X se trouve en décrivant des deux extremitez D, L, de la ligne DL deux arcs de Cercle, avec une ouverture du Compas égale aux trois quarts de la même ligne DL.

Le reste est aisé à comprendre en regardant la figure : c'est pourquoy nous dirons seulement, que sur la ligne DL prolongée, on a pris la ligne LM de 2 Verges, & que par le point M, on a tiré à la ligne KL, la parallele MN longue de 12 verges, &c. Vous

pren-

prendrez garde que les Parapets sont par tout larges de 2 verges, ou 4 toises.

Planche 2. 52. Fig.

La Cazemate que nôtre Auteur ajoûte vers la pointe du Bastion, & qui peut servir au besoin de Retranchement, se décrit en prenant sur la Capitale du Bastion la ligne GS, ou HS égale à la moitié de la ligne GR, ou HR, & en décrivant du point S, comme centre, par les points R, un arc de Cercle pour la Cazemate, qui a un Parapet large de 4 toises, & qui est un peu plus basse vers la pointe du Bastion que le reste du Bastion, & l'on y décend par une ouverture qu'on doit faire en quelque endroit du Bastion, comme en O.

Nous avons oublié de dire que nôtre Auteur couvre son Ravelin d'une Contre-garde, qu'il fait au delà du Fossé du Ravelin, auquel il donne pour largeur les deux tiers de la largeur du grand Fossé, c'est à dire 8 verges, ou 16 toises. Cette Contre-garde se décrira ainsi.

Prolongez la Face TV du Ravelin au delà du Fossé vers 5, en sorte que la ligne 1, 5, soit égale à la même Face TV, & faites au point 5, avec la ligne 1, 5, un angle de 60 degrez par la droite 5, 6. Faites les lignes 1 2, 3 4, égales chacune au tiers de 1 5, & achevez le Rhombe 1 2 1 4, & la Contre-garde se trouvera faite, à laquelle on ajoûtera en dehors un Fossé, & en dedans un Parapet comme au Ravelin, &c.

Remarques sur la Fortification de Monsieur de Bombelle.

LA maniere de faire les Flancs ronds, quand ils sont couverts, a été inventée par les Italiens, & nôtre Auteur s'en sert ici fort judicieusement pour les rendre plus capables, & plus propres à resister à l'effort

DES DIFFÉRENTES MANIERES DE FORTIF. 135

l'effort du Canon ennemi : mais ils me semblent un Planche 23. 52. Fig. peu trop ronds, parce que par leur convexité ils occupent trop de place vers le centre des Bastions, & laissent trop peu d'espace entre les deux Places hautes.

Comme ses Flancs sont fort grands, il a raison de negliger un second Flanc sur la Courtine, mais comme il les fait dans tous les Polygones d'une même grandeur, ils me semblent trop grands dans le Quarré & dans le Pentagone, & sur tout dans le Quarré, où la Face du Bastion devient trop longue, & l'Angle flanqué trop aigu, n'étant que d'environ 48 degrez, parce que l'Angle diminué est par tout de 20. 56. comme vous allez voir dans le

Calcul des Angles & des Lignes, suivant le dessein de Monsieur de Bombelle.

CEtte Figure étant un demi-Exagone, l'Angle du 51. Fig. centre AOB se trouvera de 60 degrez, & l'Angle du Polygone de 120. L'Angle du Flanc ECD ayant été fait de 100 degrez, servira pour trouver les autres angles, & premierement l'Angle diminué CDE, dans le Triangle CDE, dans lequel outre l'angle du Flanc ECD, on connoît le Flanc EC, & la Courtine CD : car si l'on donne 140 toises au côté interieur AB, comme fait l'Auteur dans sa moyenne Fortification, la Demi-gorge AC se trouvera de 28 toises, la Courtine CD de 84, & le Flanc EC de 35.

Pour donc trouver l'Angle diminué CDE, ôtez l'Angle connu ECD de 180 degrez, le reste donnera 80 degrez pour la somme des deux autres Angles E, D, du Triangle ECD, dont la moitié sera par consequent de 40 degrez : après quoi on pourra

I 4 trou-

136 TRAITÉ DE FORTIFICAT. III. PART.

Planche 23. 51. Fig.

trouver la moitié de leur difference par cette Analogie ;

 Comme la somme des costez CD, CE   119
  A leur difference   49
 Ainsi la Tangente de la moitié de la somme des
  angles   83910
  A la Tangente de la moitié de leur diffe-
  rence   34551

laquelle se trouvera de 19. 4'. qui étant ôtez de la moitié de la somme des Angles, ou de 40 degrez, le reste donnera 20. 56'. pour l'Angle diminué CDE, lequel étant ôté du Demi-angle du Polygone, ou de 60 degrez, il restera 39. 4'. pour le Demi-angle flanqué AGD, c'est pourquoy tout l'Angle flanqué sera de 78. 8'.

Si à la Courtine CD, qui est de 84 toises, on ajoûte 28 toises pour la Demi-gorge AC, ou BD, on aura 112 toises pour la Courtine prolongée AD, ou BC, & dans le Triangle obliquangle ADG, on pourra connoître la Ligne de défense DG, & la Capitale AG, par ces deux Analogies,

 Comme le Sinus de l'Angle AGD   63022
  A son costé opposé AD   112
 Ainsi le Sinus de l'Angle GAD   86602
  A son costé opposé DG   153.5.

qui se trouvera de 153 toises, & d'environ 5 pieds.

 Comme le Sinus de l'Angle AGD   63022
  A son costé opposé AD   112
 Ainsi le Sinus de l'Angle ADG   35728
  A son costé opposé AG   63.3.
               qui

DES DIFFERENTES MANIERES DE FORTIF. 137

qui se trouvera de 63 toises, & d'environ 3 Planche 25. 51. Fig.
pieds.

Pour connoître la Face GE, on cherchera auparavant la ligne DE, en faisant dans le Triangle obliquangle ECD, cette Analogie,

Comme le Sinus de l'Angle CDE	35728
A son costé opposé CE	35
Ainsi le Sinus de l'Angle ECD	98381
A son costé opposé DE	92.3

qui se trouvera de 92 toises, & d'environ 3 pieds, & qui étant ôté de la Ligne razante DG, qui a été trouvée de 153 toises & 5 pieds, il restera 61 toises & 2 pieds pour la Face GE. Le reste se connoîtra comme dans les Methodes precedentes.

Fortification de Monsieur Blondel.

MOnsieur Blondel fortifie en dedans comme le Comte de Pagan, mais il commence par l'Angle diminué, qu'il trouve en ôtant un Angle droit, ou 90 degrez de l'Angle du Polygone, & en ajoûtant toûjours 15 degrez au tiers du reste. Mais cet Angle, selon ce principe, se peut trouver plus facilement sans qu'il soit besoin de sçavoir l'Angle du Polygone, sçavoir en divisant 120 degrez par le nombre des côtez du Polygone, & en ôtant le Quotient toûjours de 45 degrez : ou bien encore plus facilement, en ôtant de 45 degrez le tiers de l'Angle du centre. Ainsi cet Angle diminué se trouvera de 15 degrez dans le Quarré, de 21 dans le Pentagone, de 25 à l'Exagone, & il s'augmentera petit à petit dans les autres Polygones jusqu'à la Ligne droite, où il se trouvera de 45 degrez.

Planche 24.
53. Fig.

Par le moyen de cet Angle ainſi trouvé, on connoîtra que l'Angle du Baſtion eſt au Quarré de 60 degrez, au Pentagone de 65, à l'Exagone de 70, & qu'il s'augmente peu à peu dans tous les autres Polygones juſqu'à la ligne droite, où il eſt de 90 degrez.

L'Angle flanquant eſt au Quarré de 150 degrez, de 138 au Pentagone, de 130 à l'Exagone, & il diminuë petit à petit dans tous les autres Polygones juſqu'à la Ligne droite, où il n'eſt que de 90 degrez.

Comme l'Auteur ſe perſuade que la Ligne de défenſe ne doit jamais être plus grande que de 140 toiſes, ni plus petite que de 120, aux Places qu'on appelle Royales, il a pour cette cauſe deux ſuppoſitions, qu'il appelle deux manieres, dont la premiere qui eſt la grande, fait ſon côté exterieur de 200 toiſes dans tous les Polygones, ce qui donne par tout 140 toiſes pour la Ligne de défenſe, ſelon ſa maniere generale de fortifier, qui eſt de donner ſept dixiémes parties du côté exterieur à la Ligne de défenſe, & la moitié de la Tenaille à la Face. La ſeconde, ou la petite, fait par tout le même côté exterieur de 170 toiſes, ce qui donne un peu moins de 120 toiſes pour la Ligne de défenſe: dans leſquels termes il enferme tout ce qui ſe peut fortifier, parce qu'une plus longue étenduë du côté exterieur rend la défenſe inutile, par le trop grand éloignement des Flancs, & qu'une plus petite diminuë la longueur des Flancs, augmente inutilement le nombre des Baſtions, & la dépenſe.

Planche 24.
53. Fig.

Soit AB le côté exterieur d'un Exagone. Faites à ſes deux extremitez A, B, les deux Angles diminuez ABC, BAC, chacun de 25 degrez, tels qu'ils doivent être dans l'Exagone, par les deux Lignes de
défen-

Fortification Planche 24. Page 139.

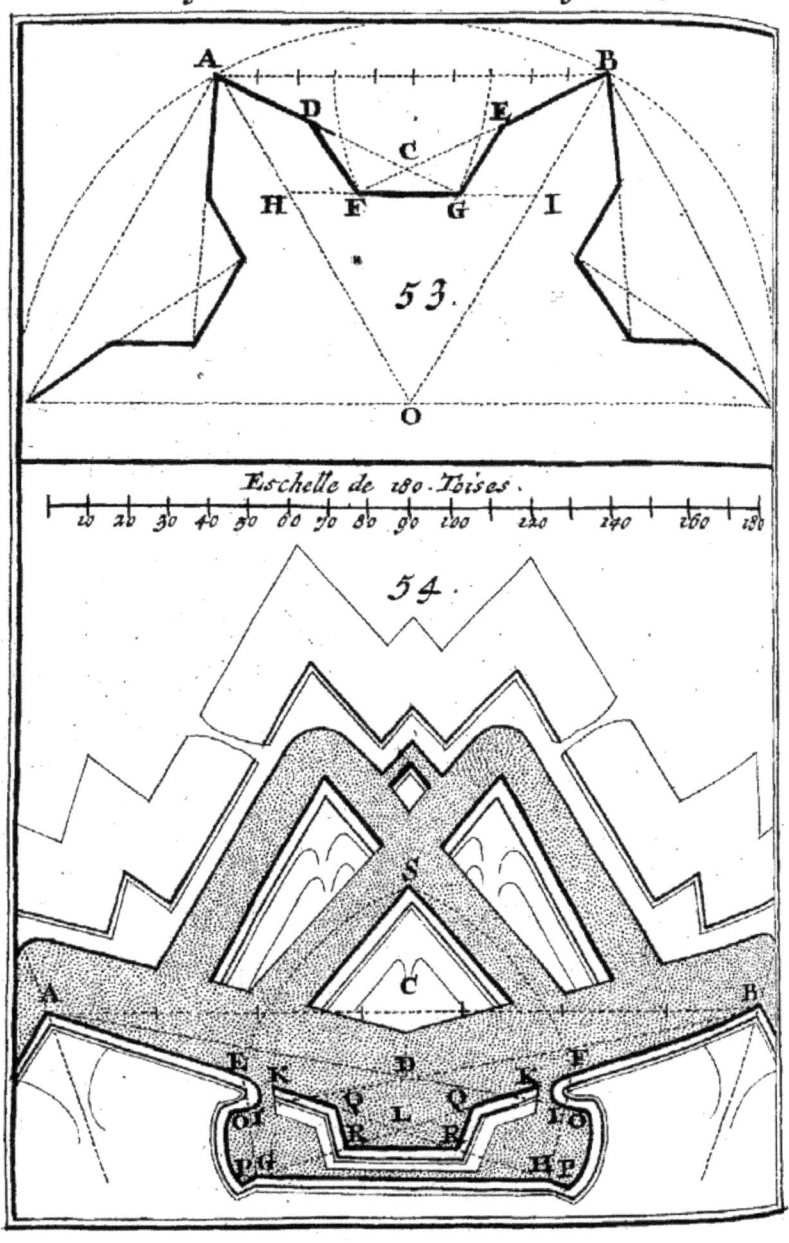

DES DIFFERENTES MANIERES DE FORTIF. 139
défense AG, BF, qui se termineront aux points F,
G, en les faisant chacune de sept dixiémes parties
du côté exterieur AB. Divisez les Tenailles AC,
BC, chacune en deux également aux points D, E,
pour avoir les Faces AD, BE, & tirez les Flancs DF,
EG, avec la Courtine FG.

Il est aisé de comprendre par cette figure, ce que l'Auteur ajoûte à sa Fortification pour la rendre dans une tres-bonne défense. Il prend en premier lieu sur les Flancs DF, EG, les lignes DH, EH, chacune de 10 toises, pour la grandeur de chaque Orillon quarré, & il employe le reste au Flanc couvert, qu'il retire en dedans de cinq ou six toises, & cette retraite luy sert pour alonger les Courtines aux Bastions des Polygones de plusieurs côtez, & pour en donner à ceux qui sont sur la Ligne droite, parce qu'ils n'en ont point, ou fort peu, & dans ce cas, il retire ses Flancs en dedans jusqu'à 20 toises de chaque côté, afin d'avoir une Courtine un peu plus longue que de 20 toises. La retirade du Flanc se mesure sur une ligne droite tirée par le point H à l'Angle du Bastion opposé.

Planche 25.
55. Fig.

Il fait comme le Comte de Pagan, trois Batteries au dedans de la Cazemate, donnant trois toises de largeur à chaque Parapet, & cinq à chaque Plate-forme. Le Plan de la Batterie basse est au dessus du fond du fossé de 9 à 12 pieds, celuy de la moyenne de 18 à 24, & celuy de la plus haute, qui est le même que le haut du Rempart, de 27 à 36.

Ces trois Batteries sont terminées vers la Demigorge sur la Ligne de défense prolongée, & vers l'Orillon sur la ligne tirée de l'Angle du Bastion opposé par l'extremité du même Orillon. Le Parapet de la Batterie basse est haut de 9 à 10 pieds, de 6
à 7

à 7 dans la moyenne, & de 3 $\frac{1}{2}$ à la plus haute, ce qui fait que les deux premieres doivent avoir des Embrasures.

Comme il reste beaucoup de vuide entre les deux Places hautes de chaque côté d'un Bastion, l'Auteur ajoûte dans cet espace des Cavaliers, dont la Figure est telle que vous la voyez ici, & dont chacun sera capable de chaque côté au moins de 12 pieces de Canon. Ces Cavaliers & les Batteries se construiront de la terre qui se tire du Fossé general, dont la largeur est égale à la longueur du Flanc DF, ou EG, de sorte que l'Angle de la Contrescarpe se fait environ au milieu du côté exterieur AB.

L'Auteur fait une Demi-lune ou Contre-garde à la pointe de chaque Bastion, qui est parallele à ses Faces, de Maçonnerie solide sans terrain, & contreminée par tout. Sa largeur est de 3 ou 4 toises en tout, c'est-à-dire en y comprenant le Parapet, qu'on ne fera large que de 8 ou 10 pieds. On la fait dans le grand Fossé, à la distance de 10 ou 12 toises de la Contrescarpe, & cette distance lui sert de Fossé. Cette Contre-garde sert principalement à ôter à la Contrescarpe la vûë des Batteries basses du Flanc opposé, & son peu d'épaisseur doit encore empêcher aux Ennemis d'y mettre leur Canon, aprés l'avoir forcée.

En ligne droite de cet Ouvrage l'Auteur ajoûte vis-à-vis l'Angle de la Contrescarpe un Ravelin, dont la pointe K se trouve par l'intersection de deux arcs de Cercle, décrits des Anges de l'Epaule D, E, à l'ouverture de la distance DE, & dont les Faces tendent aux deux points l'éloignez des Epaules D, E, de six toises, & s'arrêtent sur la ligne de la Contre-garde continuée.

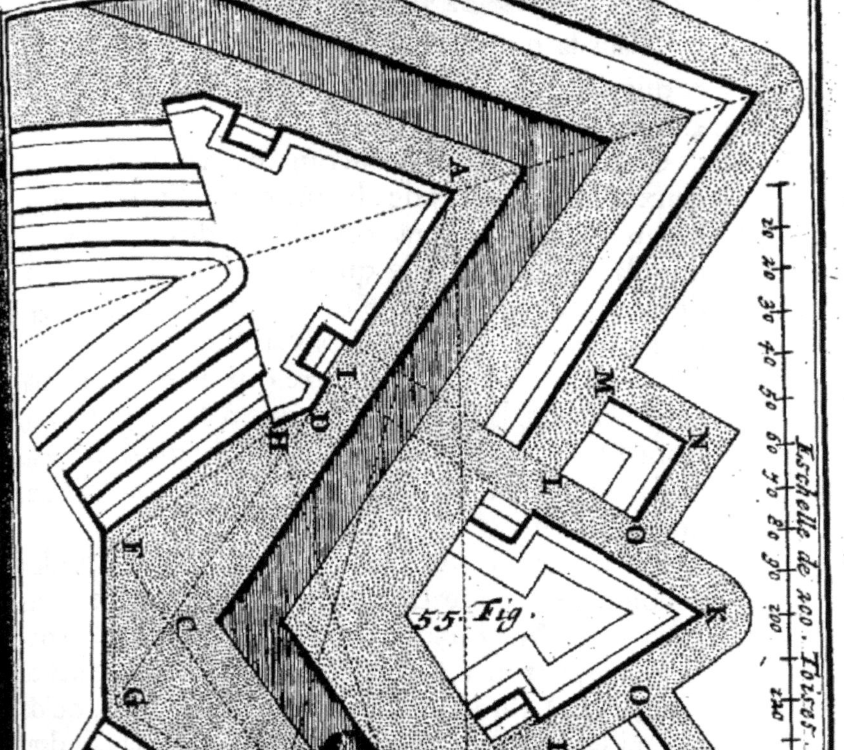

Fortification Planche 25. Page 140.

Fig. 55.

Eschelle de 200 Toises

Le Fossé de ce Ravelin sera large de dix toises, & afin qu'il soit bien défendu, l'Auteur prend dans la Face du Bastion, au delà du point I, l'espace qui le peut voir, lequel par consequent sera aussi de dix toises, où il fait une Batterie basse de 4 à 5 pieds, & une autre en dedans de la hauteur d'un Parapet de la Place. Le Plan de la Batterie basse sera au niveau de celuy de la moyenne du Flanc, c'est-à-dire de 18 à 24 pieds de hauteur au dessus du fond du Fossé. *Planche 25. Fig. 55.*

Ce Ravelin sert non-seulement à couvrir les Epaules & les Orillons de chaque Bastion, mais encore à defendre le Fossé de la Contre-garde, parce que l'Auteur prend dans sa Face tout ce qui peut découvrir ce Fossé, où il pratique deux Batteries, l'une haute, & l'autre basse de la même maniere qu'en celle des Faces des Bastions. Il ne donne de Terre-plain à ce Ravelin qu'autant qu'il luy en faut pour le recul des pieces des Batteries, & il laisse le reste du dedans tout vuide, pour faire plus aisément les Contremines dans le Rempart, & pour ôter aux Ennemis le moyen de s'y loger aprés l'avoir forcée.

Outre cela l'Auteur ajoûte dans son grand Fossé une Cunette, qu'il fait regner tout alentour, de la largeur de sept ou huit toises, pour se garentir de l'insulte qu'on peut craindre du côté des Flancs bas, qui paroissent d'un accés facile. On pourroit encore faire une Cunette plus étroite dans les Fossez des Dehors, s'ils ont huit ou dix toises de largeur, & principalement aux endroits où l'on a pratiqué des Batteries basses dans les Faces des Demi-lunes ou Ravelins.

Pour faire que les Batteries de la Face de chaque Bastion, qui défendent le Fossé du Ravelin, soient mieux couvertes, l'Auteur ajoûte dans l'Angle de la

Con-

Planche 25. 55. Fig.
Contrescarpe du Ravelin une *Lunette* LMNO, dont la figure est en lozange, donnant environ 20 toises à chacun de ses côtez, &c.

Remarques sur la Fortification de Monsieur Blondel.

Quoique cette maniere de fortifier soit extrémement bien inventée, neanmoins elle oblige à une trop grande dépense, tant pour la construction du Fossé, que l'Auteur est contraint de faire prodigieusement large & trés-profond, pour pouvoir fournir de la Terre pour le Rempart, & pour toutes les Batteries des Flancs & des Faces des Bastions, que pour la quantité des Munitions & des Canoniers & Officiers d'Artillerie, dont une Place fortifiée de la sorte doit être pourvûë, & des Dehors qui doivent y être pour couvrir les Flancs qui sont trop exposez.

Outre cela les quatre Batteries du Flanc sont si longues & si serrées, que l'Ennemi les peut combler de Bombes en peu de temps, & les ayant une fois rompuës avec son Canon, elles luy peuvent servir comme de Marches pour monter plus facilement à l'Assaut. De plus les Cavaliers qui sont entre les deux Places hautes du Bastion, remplissent tellement ce Bastion, qu'il est difficile de s'y pouvoir retrancher en cas de besoin. On peut faire plusieurs autres chicanes sur cette maniere de fortifier, que ma profession & la grande reputation de l'Auteur ne me permettent pas de rapporter ici.

Calcul

Calcul des Angles & des Lignes d'un Polygone fortifié, selon le dessein de Monsieur Blondel.

SI l'on donne 200 toises au côté exterieur AB, la Ligne de défense AG, ou BF, se trouvera de 40 toises : & parce que cette figure est un demi-xagone, où l'Angle du centre est de 60 degrez, l'Angle du Polygone de 120, l'Angle diminué AG, ou ABF, sera de 25 degrez, l'Angle flanuant de 130, & l'Angle flanqué de 70, & par onsequent le Demi-Angle flanqué FBO, ou OAG e 35. Ainsi tous les Angles sont connus, excepté 'Angle du Flanc DFG, & l'Angle de l'Epaule, que ous trouverons avec les autres Lignes, en cette orte. Planche 24. 53. Fig.

Premierement pour trouver la Face AD, ou BE, n cherchera auparavant la Tenaille AC, ou BC, ui en est le double, en faisant dans le Triangle isoscéle ACB, cette Analogie,

Comme le Sinus de l'Angle ACB	76604
A son côté opposé AB	200
Ainsi le Sinus de l'Angle ABC	42262
A son côté opposé AC	110

qui se trouvera d'environ 110 toises, dont la moitié donnera 55 toises pour la Face AD, laquelle étant ôtée de la Ligne razante AG, qui est de 140 toises, il restera 85 toises pour la ligne DG, de laquelle ôtant encore la Face AD, ou la ligne CD, c'est-à-dire 55 toises, le reste donnera 30 toises pour le Complement CG, ou CF; & dans le Triangle isoscéle FCG, on pourra trouver la Courtine FG, par cette Analogie,

Comme

Comme le Sinus de l'Angle FGC   42262
A son costé opposé CG   30
Ainsi le Sinus de l'Angle FCG   76604
A son costé opposé FG   54. 2.

qui se trouvera de 54 toises, & d'environ 2 pieds, & qui avec le côté DG, que nous avons trouvé de 85 toises, servira à trouver dans le Triangle obliquangle DFG, l'Angle du Flanc DFG, en cette sorte.

Otez de 180 degrez l'Angle diminué DGF, ou 25 degrez, & le reste donnera 155 degrez pour la somme des deux autres angles, dont la moitié est 77. 30'. Aprés cela faites cette Analogie,

Comme la somme des costez DG, FG   85.0
A leur difference   54. 2.
Ainsi la Tangente de la moitié de la somme des Angles   451070
A la Tangente de la moitié de leur difference   162739

qui se trouvera de 58 degrez, & d'environ 26 minutes, qui étant ajoûtez à la moitié de la somme des Angles, ou à 77 degrez, on aura 135. 26'. pour l'Angle du Flanc DFG, auquel ajoûtant l'Angle diminué FGD, ou 25 degrez, on aura l'Angle de l'Epaule ADF de 160. 26'.

Si l'on veut connoître le Flanc FD, on fera dans le même Triangle obliquangle DFG, cette Analogie,

Comme

DES DIFFERENTES MANIERES DE FORTIF. 145

Planche 24. 53. Fig.

Comme le Sinus de l'Angle DFG   69966
  A son costé opposé DG   85
Ainsi le Sinus de l'Angle FGD   42262
  A son costé opposé DF   51.2.

i se trouvera de 51 toises d'environ 2 pieds.
  Pour connoître la Demi-gorge FH, ou GI, nous ercherons auparavant, la Courtine prolongée GH, faisant dans le Triangle obliquangle AGH cette nalogie ;

Comme le Sinus de l'Angle AHG   86602
  A son costé opposé AG   140
Ainsi le Sinus de l'Angle GAH   57357
  A son costé opposé GH   92.4.

ui se trouvera de 92 toises, & d'environ 4 pieds, 'où ôtant la Courtine FG, qui a été trouvée de 54 ises & 2 pieds, le reste donnera 38 toises & 2 ieds pour la Demi-gorge FH, ou GI, ensuite de uoy le côté interieur HI se trouvera de 147 toiss, &c.

Fortification de Monsieur de Vauban.

Onsieur de Vauban fortifie en dedans, & il commence par les Lignes razantes, comme e Comte de Pagan, mais il ne fait pas ses Faces si ongues, ni ses Flancs si petits, ni si exposez aux atteries de l'Ennemi : & comme ils sont fort grands ils suppléent au défaut des seconds Flancs, qui ne ont pas d'une si grande consequence, & que l'on peut toûjours ajoûter sans changer les Flancs ni les Courtines, comme vous avez vû dans nôtre seconde

K   &

& troisiéme Methode, lorsque l'Angle du Bastion devient trop obtus.

Planche 26. 56. Fig.
Ayant divisé en deux également au point C, le côté exterieur AB, & luy ayant tiré, comme dans la Fortification du Comte de Pagan, par le même point C, la perpendiculaire CD égale à la huitiéme partie du côté exterieur AB pour le Quarré, à une septiéme pour le Pentagone, & à une sixiéme pour l'Exagone, comme ici, & pour tous les autres Polygones; tirez par le point D, & par les extremitez A, B, les Lignes de défense ADH, BDG, qui se termineront aux points H, G, en cette sorte.

Divisez le côté exterieur AB en sept parties égales, & en donnez deux aux Faces AE, BF, & faites les lignes EH, FG, égales chacune à la ligne EF, pour avoir la Courtine GH, & les Flancs EG, FH : & si l'on en fait autant par tout, on aura le premier trait des Courtines & des Bastions, auquel on ajoûtera en dedans un Rempart large d'environ 12 toises, avec son Parapet large de trois, & en dehors un Fossé large vers l'Angle flanqué de 16 à 18 toises, & de 20 vers l'Epaule. On n'oubliera pas un Chemin couvert large de 5 toises, & une Esplanade large de 20.

Planche 24. 54. Fig.
Pour les Cazemates & les Orillons, prenez les lignes EI, FI, égales chacune au tiers des Flancs EG, FH, & tirez par les points I, des Angles flanquez opposez A, B, le Revers de l'Orillon IO de cinq toises : prenez aussi sur les Lignes de défense prolongées l'Enfoncement de la Cazemate GP, HP, de cinq toises, aprés quoy le Flanc concave OP se décrira comme nous avons enseigné dans nôtre Methode. Pour l'Orillon, il se décrira en faisant sur les lignes EI, FI, un arc de Cercle, dont le Diametre soit un peu moindre que la ligne EI, ou FI, en sorte que sa convexité

n'exce-

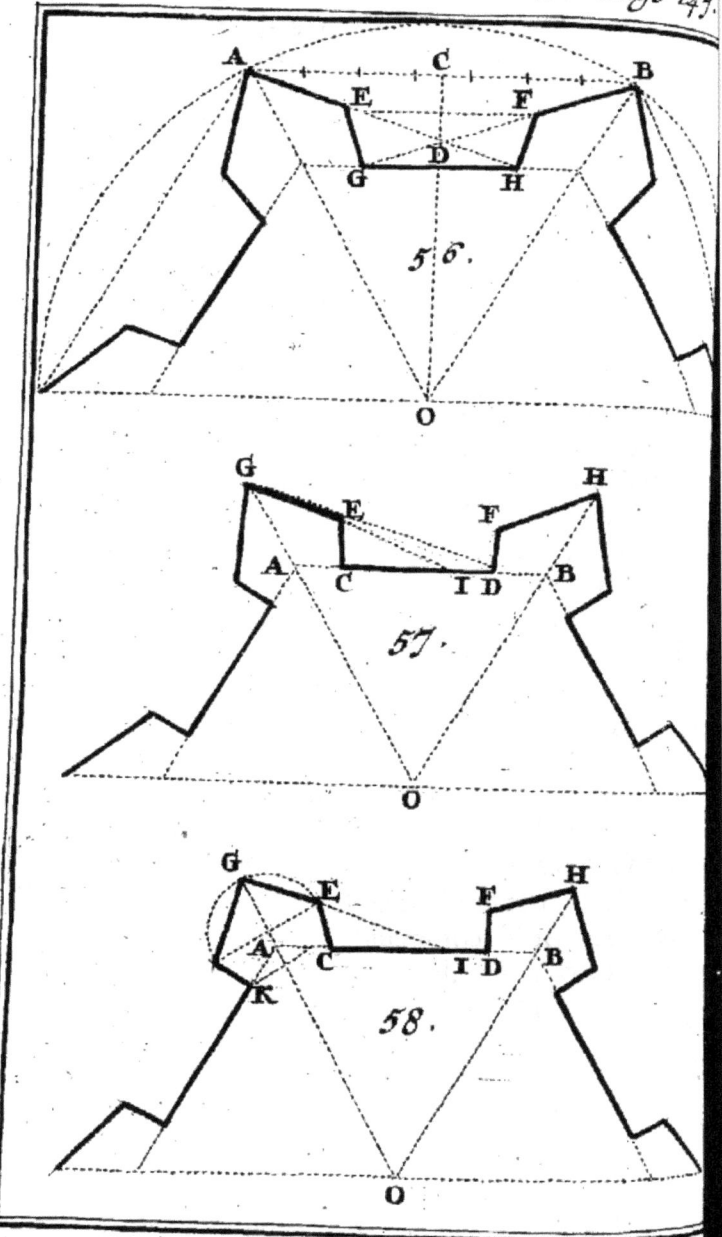

Fortification Planche 26. Page 147.

DES DIFFÉRENTES MANIERES DE FORTIF. 147
excede pas la Ligne de défense, comme nous
[av]ons aussi enseigné dans nôtre Methode.

L'Auteur ajoûte dans le Fossé un *Tenaillon*, ou Plan- *Tenaille renforcée*, c'est à dire une Tenaille à che 24. [F]lancs, qu'il décrit ainsi. Prenez sur les Lignes de 54. Fig. [dé]fense AH, BG, les lignes EK, FK, d'environ [tr]ois toises chacune, & tirez des points K des li-[gn]es paralleles aux Flancs EG, FH, pour y terminer [la] Tenaille, dont les Faces KQ sont chacune la moi-[ti]é des lignes KL, & dont les Flancs QR sont per-[pe]ndiculaires aux Lignes de défense. On ajoûte au [de]dans de cet Ouvrage un Rempart, qui n'a vers la [C]ourtine que cinq toises de largeur, & sept vers les [F]lancs & les Faces. Pour le Parapet, il ne doit pas [ê]tre moins large que de trois toises. Comme cet [O]uvrage n'est presque fait que pour défendre le pas- Plan-[sa]ge du Fossé, il me semble qu'une Tenaille simple che 44. [su]ffiroit, comme FGH. 94. Fig.

Pour encore mieux nettoyer le Fossé, & s'oppo- Plan-[se]r à son passage, l'Auteur ajoûte dans le Fossé vis- che 24. [à]-vis le milieu de la Tenaille une *Caponiere*, ou un 54. Fig. [d]ouble chemin, couvert d'un Parapet élevé au dessus [d]u Niveau du Fossé de trois pieds; il est large d'en-[v]iron douze pieds, perpendiculaire à la Courtine, [&] palissadé de part & d'autre. Cet Ouvrage est d'au-[ta]nt meilleur qu'il commande & qu'il n'est point [c]ommandé, & il sert de chemin aux Mousquetaires [p]our gagner les Dehors. Ainsi pour la défense du [F]ossé on a quatre Flancs, celui de la Place, celui de [l']Orillon, & ceux de la Tenaille & de la Caponiere.
Pour décrire la Demi-lune qui est à l'Angle rentrant [d]e la Contrescarpe, décrivez des extremitez G, H, de [l]a Courtine, par les Epaules E, F, avec l'ouverture de [7]0 toises, le côté exterieur AB étant supposé de 200, [de] deux arcs de Cercle, dont l'intersection donnera en S

K 2 la

148   TRAITÉ DE FORTIFICAT. III. PART.

Planche 24. 54. Fig.

la pointe du Ravelin, dont les Faces seront tirées aux angles des Epaules E, F. Cette Demi-lune aura en dedans un Rempart large de 10 toises avec un Parapet à l'ordinaire, & en dehors un Fossé parallele à ses Faces, & large de 12 toises : & pour empêcher le passage de ce Fossé, on y pratiquera des Places d'Armes perpendiculaires aux faces du Ravelin, & couvertes d'un Parapet haut de trois pieds au dessus du niveau du Fossé.

On fera au centre du même Ravelin un Corps de garde retranché, c'est à dire un *Reduit*, ou Redoute, dont les murailles ont des *Creneaux*, ou Meurtrieres, pour tirer & repousser à couvert l'Ennemi avec le Mousquet, & pour se retirer lorsqu'on est pressé, & qu'on ne peut plus soûtenir l'Assaut. On couvre ce même Ravelin d'une espece de Contregarde, ou *grande Lunette* large vers le grand Fossé de dix à douze toises, & vers le Fossé de la Demi-lune de 25 à 30 toises, ayant un Fossé semblable à celui de la Demi-lune, dans lequel & aussi dans le Terre plain de la Demi-lune, & encore sur son Rempart, quand elle en a un, on fait une Traverse ou Parapet haut de cinq ou de cinq pieds & demi, laissant à côté de ces Traverses un espace large de deux ou trois pieds pour la file du Soldat.

Pour mieux couvrir la Demi-lune, on a ajoûté à l'Angle rentrant de la Contrescarpe des deux grandes Lunettes un petit Ravelin, ou *petite Lunette*, qui tire sa défense des deux grandes Lunettes, ayant un Fossé large de trois toises, & profond comme celui de la Demi-lune, avec un Parapet sans aucun Rempart.

La double ligne que nous avons ajoûtée sur le Glacis de l'Esplanade, vis-à-vis l'Angle flanqué de la grande Contre-garde, represente une coupure large

DES DIFFERENTES MANIERES DE FORTIF. 149

large de 10 pieds, qu'on pratique dans le Parapet, & qu'on appelle *Sorties*, parce qu'elle sert de chemin pour faire les sorties, & recevoir le secours. On ferme ces sorties ou chemins avec des Barrieres de bois de chêne.

Calcul des Angles & des Lignes d'un Polygone fortifié par la Methode de Monsieur de Vauban.

LA ligne AB étant le côté d'un Exagone, l'Angle du centre AOB se trouvera de 60 degrez, & l'Angle du Polygone de 120. Si l'on donne 180 toises au côté exterieur AB, sa moitié AC, ou BC sera de 90 toises, & la perpendiculaire CD de 30. La Face AE, ou BF se trouvera de 51 toises, & d'environ 2 pieds, & c'est à cause de cela que dans la pratique on la suppose ordinairement de 50 toises, & nous la supposerons ici d'autant, pour faire le compte plus rond. *Planche 26. Fig. 56.*

L'Angle diminué CAD, ou CBD, se trouvera comme dans la Fortification du Comte de Pagan, de 18. 26'. & par consequent l'Angle flanqué de 83. 8'. & l'Angle flanquant de 143. 8'. La ligne AD se trouvera aussi comme dans le Comte de Pagan de 94 toises, & d'environ 5 pieds; de laquelle ôtant la Face AE, ou 50 toises, le reste donnera 44 toises & 5 pieds pour la Ligne DE, ou DF, & dans le Triangle EDF, on pourra connoître la ligne EF, par cette Analogie.

Comme le Sinus de l'Angle EFD   31620
A son côté opposé DE   44. 5.
Ainsi le Sinus de l'Angle EDF   59995
A son côté opposé EF   85.

K 3   Ainsi

Ainsi la ligne EF, ou EH son égale sera d'environ 85 toises, à laquelle ajoûtant 50 toises pour la Face AE, on aura 135 toises pour la Ligne de défense AH, & de laquelle ôtant la ligne DE, qui a été trouvée de 44 toises & 5 pieds, on aura 40 toises & 1 pied pour le complement DH, ou DG, & dans le Triangle isoscéle GDH, on pourra connoître la Courtine GH, par cette Analogie,

Comme le Sinus de l'Angle DGH	31620
A son costé opposé DH	40. 1.
Ainsi le Sinus de l'Angle GDH	59995
A son costé opposé GH	76. 5.

qui se trouvera de 76 toises, & d'environ 5 pieds, qu'on auroit aussi pû trouver sans la connoissance des Angles, en comparant ensemble les deux Triangles isoscéles semblables GDH, EDF, &c.

Parce que le Triangle EFG est isoscéle, si de 180 degrez on ôte l'Angle EFG, qui est égal à l'Angle diminué, qu'on a trouvé de 18. 26'. la moitié du reste donnera 80. 45'. pour l'Angle à la base EGF, auquel ajoûtant l'Angle diminué FGH, ou 18. 26'. on aura 99. 11'. pour l'Angle du Flanc EGH, auquel ajoûtant encore une fois l'Angle diminué GHE, ou 18. 26'. on aura 117. 37'. pour l'Angle de l'Epaule AEG.

Pour trouver le Flanc EG, on fera dans le Triangle EDG, cette Analogie,

Comme le Sinus de l'Angle EGD	98700
A son costé opposé DE	44. 5.
Ainsi le Sinus de l'Angle EDG	59995
A son costé opposé EG	27

qui se trouvera d'environ 27 toises. Le reste se pour-

DES DIFFERENTES MANIERES DE FORTIF. 151
pourra connoître comme il a été enseigné dans la Planche 26. 56. Fig.
Fortification de Monsieur Blondel.

Fortifier à l'Italienne par la Methode de Sardi.

Quoique les Methodes precedentes soient les meilleures, & sur tout la precedente, c'est à dire celle de Monsieur de Vauban, qui pour sa simplicité & sa facilité est preferable à toutes les autres qui la precedent, & qu'on peut appeller *à la Françoise*, parce que leurs Auteurs sont François; neanmoins il est bon de ne pas ignorer les autres, pour en sçavoir juger à propos, & s'en servir en temps & lieu, parce qu'on en peut toûjours tirer quelque chose de bon.

Les Italiens qui ne se soucient gueres de faire l'Angle du Bastion droit ou obtus, aimant mieux l'avoir aigu, pour avoir un second Flanc sur la Courtine, ont plusieurs differentes manieres de fortifier, par les differens Auteurs de leur Nation, qui ont traité de la Fortification, entre lesquels nous avons choisi Sardi, parce que sa maniere de fortifier me semble meilleure que celle des autres Auteurs Italiens.

Ayant supposé le côté interieur AB de 800 pas 57. Fig.
Geometriques, donnez-en 150 aux Demi-gorges AC, BD, & autant aux Flancs CE, DF, qui doivent être perpendiculaires à la Courtine CD, dont une huitiéme partie DI sera prise pour le second Flanc, de sorte qu'on aura en I le point de la Ligne razante IG, qui donnera sur le Rayon prolongé AO, la pointe du Bastion en G, & tout sera fait si l'on en fait autant par tout.

Pour les Cazemates & les Orillons, prenez sur Planche 27. 59. Fig.
les Flancs CE, DF, sur les Demi-gorges AC, AD,

K 4 &

Planche 27. 59. Fig.

& sur les Faces prolongées HE, HF, les lignes CG, DO, CI, DI, EK, FK, égales chacune au tiers d'un Flanc ou d'une Demi-gorge, & tirez aux Flancs CE, DF, par les points I, K, les paralleles indéfinies LM, KQ. Prolongez les Flancs CE, DF, vers N, en sorte que les lignes CN, DN, soient chacune de 15 pieds, & tirez par les points N, les lignes MN paralleles aux Demi-gorges AC, AD.

Faites les lignes OP chacune de 10 pieds, & les lignes IL chacune de 70, & menez la droite LP, & la ligne LM sera le commencement de la Place basse, qui sera capable de trois pieces de Canon. Si l'on veut un Orillon quarré, son front KQ sera terminé en Q par une ligne droite tirée du point O par le milieu de la Face du Bastion opposé : & si l'on veut un Orillon rond, on décrira sur la ligne KQ un arc de Cercle, dont le Rayon soit de 50 pieds.

L'Auteur ajoûte sur le milieu des Courtines des Cavaliers quarrez, dont les Faces sont paralleles au Parapet du Rempart, & éloignez du même Parapet de 30 pieds, où il place sept pieces d'Artillerie, dont trois battent la Campagne, & les autres quatre dans les Bastions voisins, deux de chaque côté, pour flanquer la Brêche que l'Ennemi pourroit avoir fait dans la Face de ces Bastions, & l'empêcher de monter à l'Assaut.

Remarques sur la Fortification de Sardi.

Comme les Italiens affectent d'avoir l'Angle du Bastion aigu, afin que les Faces d'un même côté de la Place se puissent défendre avantageusement l'une l'autre, & tenir lieu de Flanc, en cas que leurs Cazemates & leurs Flancs fussent rompus : & que le second Flanc sur la Courtine est trop petit pour

DES DIFFERENTES MANIERES DE FORTIF. 153

pour avoir l'Angle flanqué toûjours aigu; il semble Plan-
que celui dont nous avons tiré cette construction, che 27.
n'a pas bien expliqué la pensée de l'Auteur. 59. Fig.

Ainsi pour rendre cette maniere de fortifier plus
parfaite, on pourroit ne point donner de second
Flanc au Quarré, ni au Pentagone, parce que leurs
Angles ne sont pas assez ouverts: mais à l'Exagone
& aux autres Polygones, on en pourroit donner un
qui augmentât selon le nombre des Bastions, en le
faisant égal à la 8. partie de la Courtine pour l'E-
xagone, à la 7. pour l'Eptagone, à la 6. pour l'Octogone, à la 5. pour l'Enneagone, à la 4. pour le
Decagone, à la 3. pour l'Enneagone, & à la moitié
pour le Decagone, &c.

Calcul des Angles & des Lignes, selon le dessein de Sardi.

PArce que cette Figure est un Demi-Exagone, Plan-
l'Angle du centre AOB se trouvera de 60 de- che 26.
grez, & l'Angle de la Figure de 120: & comme le 57. Fig.
Flanc est perpendiculaire à la Courtine, l'Angle du
Flanc ECD, ou CDF sera de 90 degrez. De plus
le côté interieur AB ayant été supposé de 800 pas,
& qu'on en a donné 150 à chacune des Demi-gorges AC, BD, aussi-bien qu'à chacun des Flancs EC,
DF, la Courtine CD se trouvera de 500 pas, & le
second Flanc ID, qui en est la huitiéme partie, de
62 pas & demi, c'est pourquoy le Complement CI
sera de 437 pas & demi.

Par le moyen de ces Angles & de ces Lignes ainsi
connuës, on trouvera aisément les autres Angles &
les autres Lignes, & premierement l'Angle diminué CIE, dans le Triangle rectangle ECI, par cette
Analogie,

K 5 *Comme*

Planche 26.
57. Fig.

Comme le costé CI   437½
  Au costé CE   150
Ainsi le Sinus Total   100000
  A la Tangente de l'Angle diminué CIE
                                          34286

qui se trouvera de 18 degrez, & d'environ 55 minutes, auquel ajoûtant l'Angle du Flanc ECI, qui est de 90 degrez, on aura 108. 55'. pour l'Angle de l'Epaule CEG. Mais si l'on ôte le même Angle diminué 18. 55'. de la moitié de l'Angle du Polygone, ou de 60 degrez, le reste donnera 41. 5'. pour la moitié de l'Angle flanqué, lequel par consequent sera de 82. 10'.

Si à la ligne CI, qui est de 437 pas & demi, on ajoûte la Demi-gorge AC, ou 150 pieds, on aura 587 pieds & demi pour la quantité de la ligne AI, & dans le Triangle obliquangle AIG, on pourra connoître la Ligne razante GI, & la Capitale AG, par ces deux Analogies,

Comme le Sinus de l'Angle AGI   65716
  A son costé opposé AI   587½
Ainsi le Sinus de l'Angle GAI   86602
  A son costé opposé GI   774

qui se trouvera d'environ 774 pieds.

Comme le Sinus de l'Angle AGI   65716
  A son costé opposé AI   587½
Ainsi le Sinus de l'Angle AIG   32419
  A son costé opposé AG   289

DES DIFFERENTES MANIERES DE FORTIF. 155
qui se trouvera d'environ 289 pieds.
Si à la Courtine CD, qui est de 500 pieds, on
joûte la Demi-gorge AC, ou 150 pieds, on aura
650 pieds pour la Courtine prolongée AD, qui
servira pour connoître la longueur de la Ligne
fichante DG, en cherchant premierement l'Angle
DG, par cette Analogie,

Comme la somme des deux costez AD, AG	939
A leur difference	361
Ainsi la Tangente du quart de l'Angle du Polygone	57735
A une autre Tangente	22196

A laquelle il répond dans les Tables, 12 degrez
& environ 31 minutes, lesquels étant ôtez du quart
de l'Angle du Polygone, ou de 30 degrez, le reste
donnera 17. 29'. pour la quantité de l'Angle ADG,
par le moyen duquel on pourra connoître la Ligne
fichante DG, en faisant dans le Triangle AGD,
cette Analogie,

Comme le Sinus de l'Angle ADG	30043
A son costé opposé AG	289
Ainsi le Sinus de l'Angle GAD	86602
A son costé opposé GD	833

qui se trouvera d'environ 833 pas Geometriques, &c.

Forti-

Fortifier à la Françoise par la Methode du Chevalier de Ville.

Planche 26.
58. Fig.

LE Chevalier de Ville fait comme Sardi, Flancs perpendiculaires à la Courtine, & égaux aux Demi-gorges, mais il les fait plus petits, sçavoir la sixiéme partie seulement du côté interieur, & dans le Quarré & le Pentagone, il détermine l'Angle flanqué par une Ligne razante, mais dans les autres Polygones il le fait droit par le moyen d'un Demi-cercle décrit sur la ligne droite qui joint les deux Epaules du Bastion, comme vous avez déja vû dans nôtre seconde Methode, & alors on a un second Flanc ID sur la Courtine CD, qui sera toûjours plus grand à mesure que le Polygone aura plus de côtez. La longueur de la Capitale AG se trouve dans ce cas égale à la Ligne de Gorge CK, ce qui fournit une Methode plus facile pour trouver les pointes G, H, du Bastion.

Planche 27.
60. Fig.

Pour les Cazemates & les Orillons, prenez sur les Flancs CE, DF, & sur les Faces prolongées HE, HF, les lignes CI, DI, EK, FK, égales chacune au tiers d'un Flanc ou d'une Demi-gorge, & tirez par les points K, aux Flancs CE, DF, les parallèles KL, qui seront terminées en L par une ligne droite tirée du point I, à l'Angle du Bastion opposé, & cette ligne KL sera le front de l'Orillon quand on le voudra quarré, mais quand on le voudra rond, décrivez des deux points K, L, à l'intervalle de KL, deux arcs de Cercle qui se coupent ici en M, & décrivez de ce point M, par les mêmes points K, L, l'arc de Cercle KOL, dont le point de milieu O sera le centre de l'Orillon.

Remar-

Fortification Planche 27. Page 257.

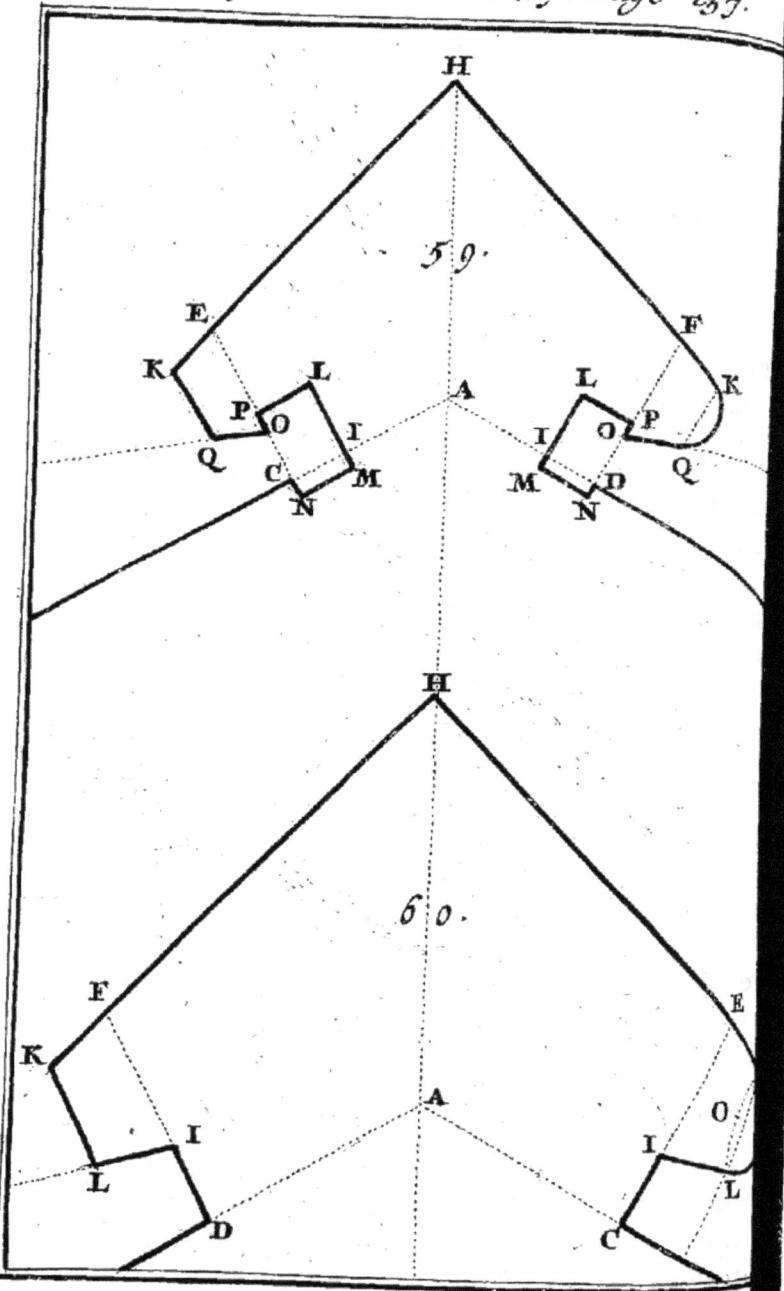

DES DIFFERENTES MANIERES DE FORTIF. 157

Remarques sur la Fortification du Chevalier de Ville.

Planche 27. 60. Fig.

COmme les Flancs & les Demi gorges ne sont que la sixiéme partie du côté interieur, cela rend les Courtines trop longues à proportion des Bastions qui sont trop petits, & incapables de Retranchemens. Cela fait aussi que l'Auteur est obligé d'agrandir les Faces pour faire ses Flancs couverts, qui me semblent aussi bien petits, ne fournissant pas assez de Terrain pour y faire une bonne Batterie. Le second Flanc sur la Courtine devient si grand aux grands Polygones, qu'il est difficile que le Fossé puisse être défendu de tout le Flanc, à moins que de le faire extrémement large vis-à-vis des Courtines, ce qui augmente prodigieusement la dépense.

Calcul des Angles & des Lignes, selon le dessein du Chevalier de Ville.

PArce que cette Figure est un Demi-Exagone, l'Angle du centre AOB se trouvera de 60 degrez, & l'Angle du Polygone de 120 : & parce que le Flanc est ici perpendiculaire sur la Courtine, l'Angle du Flanc ECD sera de 90 degrez, & par consequent le Demi-angle flanqué AGI de 45 degrez, l'Angle diminué AIG de 15 degrez, & l'Angle de l'Epaule CEG de 105 degrez.

Planche 26. 58. Fig.

Si l'on donne 120 toises au côté interieur AB, la Demi-gorge AC, & le Flanc CE, seront chacun de 20 toises, & par consequent la Courtine CD de 80 toises, & la Courtine prolongée AD de 100. Les Angles du Triangle isoscéle AKC sont aussi connus,

nus, car si de 180 degrez on ôte l'Angle KAC, qui est de 120 degrez, la moitié du reste donnera 30 degrez pour chacun des deux Angles à la base K, C, qui est toûjours égal à la moitié de l'Angle du centre AOB. Ainsi on pourra trouver dans ce Triangle AKC, la Ligne de Gorge CK, ou la Capitale AG, par cette Analogie, que nôtre Auteur semble avoir ignorée;

Comme le Sinus de la moitié de l'Angle du centre 50000
Au Flanc du Bastion 20
Ainsi le Sinus de l'Angle du centre 86602
A la Capitale AG 34.4

qui se trouvera de 34 toises, & d'environ 4 pieds.

On pourra trouver dans le Triangle obliquangle AIG, la Ligne razante GI, par cette Analogie,

Comme le Sinus de l'Angle diminué AIG 25882
A la Capitale AG 34.4
Ainsi le Sinus du Demi-angle du Polygone OAB 86602
A la Ligne razante GI 116.4

qui se trouvera de 116 toises, & d'environ 4 pieds.

On pourra trouver dans le même Triangle obliquangle AIG, la ligne AI, par cette Analogie,

Comme le *Sinus* de l'Angle diminué *AIG*   Planche 26.
                                      25882   58. Fig.
 A la Capitale *AG*   34. 4.
Ainsi le *Sinus* du Demi-angle flanqué *AGI*
                                       70711
 A la ligne *AI*   94. 4.

qui se trouvera de 94 toises, & d'environ 4 pieds, d'où ôtant la Demi-gorge AC, qui est de 20 toises, il restera 74 toises & 4 pieds pour le Complement CI, lequel étant ôté de la Courtine CD, ou de 80 toises, le reste donnera 5 toises & 2 pieds pour le second Flanc ID, que l'on peut aussi trouver en cherchant autrement le Complement CI dans le Triangle rectangle ECI, indépendamment de la Capitale AG, ce qui servira de preuve pour faire voir que cette Capitale est égale à la Ligne de Gorge, & la démonstration geometrique en est trés-facile.

Comme le *Sinus Total*   100000
 A la *Tangente* de l'Angle *CEI*   373205
Ainsi le *Flanc EC*   20
 Au Complement CI   74. 4.

qui se trouvera de 74 toises & 4 pieds, comme auparavant, &c.

Fortifier à la Hollandoise par la Methode de Marolois.

MArolois avant que de commencer sa Fortification, cherche la grandeur de l'Angle flanqué, en ajoûtant 15 degrez à la moitié de l'Angle du Poly-   Planche 28. 61. Fig.

Polygone, ce qui fait que cet Angle flanqué est de 60 degrez au Quarré, de 69 dans le Pentagone, de 75 en l'Exagone de 79. 17'. dans l'Eptagone: & comme il devient obtus après le Dodecagone, par cette continuelle addition de 15 degrez, il se contente de le faire droit ou de 90 degrez au Dodecagone, & dans tous les autres Polygones qui le suivent.

Il donne 36 Verges, ou 72 toises à la Courtine IK, & 24 Verges, ou 48 toises à la Face du Bastion AF, ou BL; de sorte que la raison de la Courtine à la Face est *sesquialtere*, c'est à dire comme 3 à 2. Enfin il fait l'Angle forme-flanc FMI de 40 degrez, quand il ne veut qu'un simple Flanc, afin que la Demi-gorge IM soit au Flanc IF, environ comme 6 à 5: mais quand il veut un Flanc couvert, il fait l'Angle forme-flanc FMI de 35 degrez seulement, & alors la Demi-gorge IM est au Flanc IF, environ comme 7 à 5.

Soit donc le côté exterieur AB, qui est indéfini vers B. Faites au point A, l'Angle BAC égal à la moitié de l'Angle du Polygone, & l'ayant divisé en deux également par la ligne AP, faites au point A avec cette ligne AP, l'Angle PAE de 7. 30'. par la Ligne razante AE, sur laquelle on prendra la Face AF de 48 toises, pour avoir l'Epaule au point F, duquel on tirera sur le côté exterieur AB, la perpendiculaire indéfinie GI, qui se trouvera finie au point I, en faisant au point F, avec la ligne FI, l'Angle IFM de 50 degrez, & en tirant par le point M, où la ligne FM rencontre le Rayon AC, au côté exterieur AB, la parallele indéfinie MN, qui sera le côté interieur du Polygone, lorsqu'elle sera terminée en N, ce qui se fera ainsi.

Ayant fait la Courtine IK de 72 toises, & la ligne

Fortification Planche 28. Page 161.

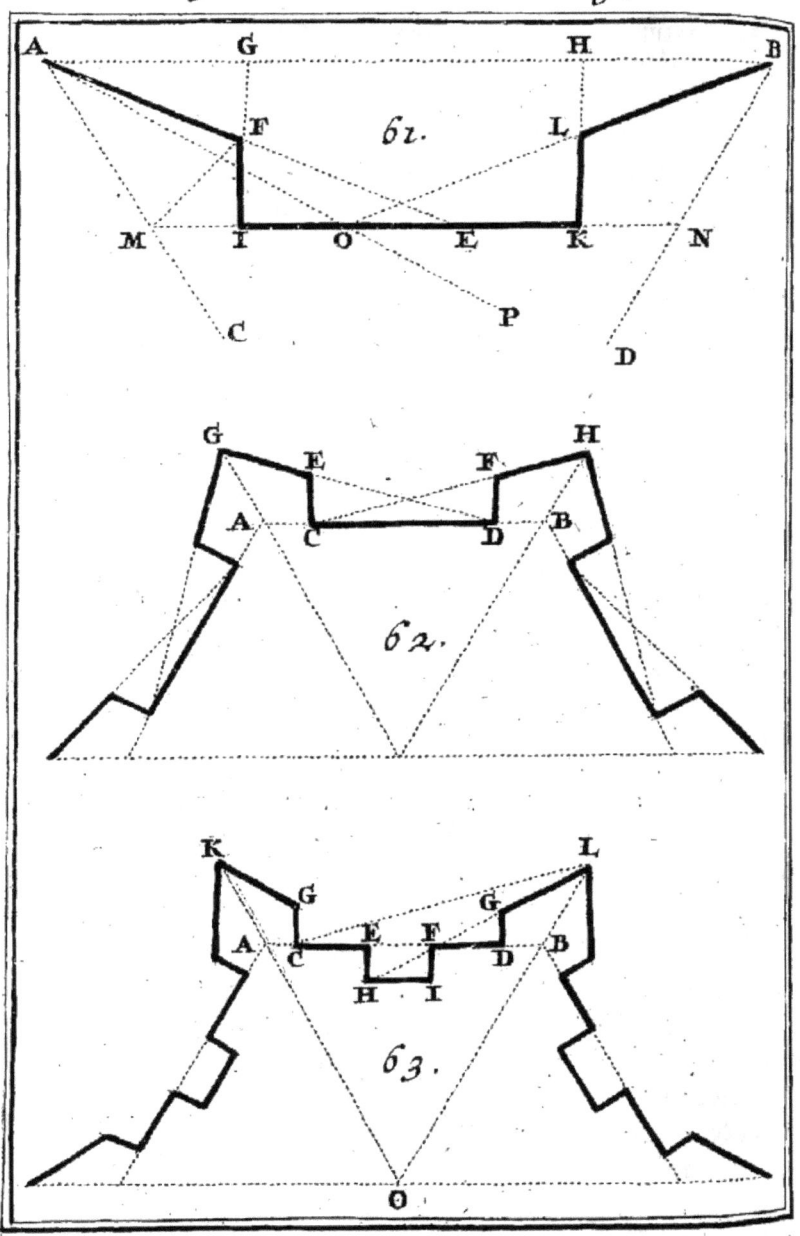

DES DIFFERENTES MANIERES DE FORTIF. 161
ligne GH d'autant, joignez la droite KH, pour y rendre le Flanc KL égal au Flanc IF, & ayant fait la demi-gorge KN égale à la Demi-gorge IM, & la ligne HB égale à la ligne AG, tirez la Face BL, & la Capitale BN, qui étant prolongée rencontrera la Capitale AM aussi prolongée en un point qui sera le centre de la Place, après quoy le reste sera facile à achever.

Planche 28. 61. Fig.

Remarques sur la Fortification Hollandoise.

CEtte maniere de fortifier nous donne un moyen facile pour travailler sur la terre, où l'on ne peut pas décrire un Polygone regulier par le moyen d'un Cercle, ce qui fait que l'on peut tracer ce Polygone sur le Terrain, avec le premier trait des Courtines & des Bastions, en faisant premierement sur la terre l'Angle du Polygone égal à celui qui est décrit sur le papier, & en achevant le reste, comme il vient d'être enseigné.

Il y a d'autres manieres de fortifier à la Hollandoise, que nous negligeons ici, parce qu'elles n'en valent pas la peine: car bien que plusieurs ayent crû que la Fortification des Hollandois étoit la meilleure, à cause de la longue durée des guerres de ce païs-là, qui les doit avoir rendus sçavans dans cet Art par une longue experience; & que pour resister à un grand Prince, ils ont tâché d'y rencherir par dessus les autres Nations; neanmoins la même experience a fait voir dans les Guerres de 1672, 1673, &c. que la plûpart de leurs meilleures Places ont été emportées en trois semaines de temps, & qu'elles auroient été emportées plûtôt sans le nombre de leurs Dehors, ce qui depuis ce temps-là a diminué beaucoup la reputation où elles étoient, &

L que

que nous méprisons entierement les manieres dont elles ont été fortifiées, principalement pour n'avoir point de Cazemates, ou pour les avoir tres-petites.

Comme dans toutes ces manieres de fortifier on a affecté d'avoir un second Flanc sur la Courtine, & qu'on y a fait la Contrescarpe parallele aux Faces des Bastions, il arrive ce défaut considerable, sçavoir que le Flanc qui est la principale partie de la défense, ne découvre point tout le Fossé, à cause que la Contrescarpe étant parallele à la Face du Bastion, lorsqu'il y a un second Flanc, le prolongement du bord exterieur du Fossé va bien souvent rencontrer la Courtine, au lieu qu'il devroit aboutir à l'Angle de l'Epaule, ce qui fait que les Ennemis peuvent être logez dans le Fossé sans craindre les coups du Flanc, parce que la Contrescarpe les couvre contre ce Flanc, & qu'ils sont seulement vûs du second Flanc, qui étant bien-tôt ruïné, l'entrée du Fossé est renduë facile aux Assaillans.

Calcul des Angles & des Lignes d'un Polygone fortifié par la Methode de Marolois.

LE côté exterieur AB appartenant ici à un Exagone, l'Angle du centre se trouvera de 60 degrez, & l'Angle du Polygone de 120, & par consequent le Demi-Angle du Polygone CAB de 60, & le Demi-angle flanqué CAE de 37. 30′. qui étant ôté du Demi-angle du Polygone CAB, ou de 60 degrez, il restera 22. 30′. pour l'Angle diminué EAB.

Parce que l'Angle du Flanc FIK est droit, ou de 90 degrez, si à ces 90 degrez on ajoûte l'Angle diminué FEI, ou 22. 30′. la somme 112. 30′. sera l'An-

DES DIFFERENTES MANIERES DE FORTIF. 163

l'Angle de l'Epaule AFI, duquel ôtant l'Angle IFM, qui est de 50 degrez, il restera 62. 30′. pour l'Angle AFM, c'est pourquoy l'Angle AMF se trouvera precisément de 80 degrez. Ainsi tous les Angles seront connus.

Planche 18, 61. Fig.

On ne connoît que deux lignes, la Face AF de 48 toises, & la Courtine IK de 72, par le moyen desquelles & des Angles connus, on pourra connoître les autres lignes, & premierement la Capitale AM, & la Ligne MF, en faisant dans le Triangle obliquangle AMF, ces deux Analogies,

Comme le Sinus de l'Angle AMF   98480
A la Face AF   48
Ainsi le Sinus de l'Angle AFM   88701
A la Capitale AM   43.1.

qui se trouvera de 43 toises, & d'environ 1 pied.

Comme le Sinus de l'Angle AMF   98480
A son costé opposé AF   48
Ainsi le Sinus de l'Angle FAM   60876
A son costé opposé FM   29.4.

qui se trouvera de 29 toises, & d'environ 4 pieds, & qui nous servira pour connoître le Flanc IF, & la Demi-gorge MI, en faisant dans le Triangle rectangle MIF, ces deux Analogies,

Comme le Sinus Total   100000
A la Ligne FM   29.4.
Ainsi le Sinus de l'Angle Forme-flanc IMF   64279
Au Flanc IF   19.

qui se trouvera d'environ 19 toises.

164 TRAITÉ DE FORTIFICAT. III. PART.

Planche 28.
61. Fig.

Comme le Sinus Total	100000
A la Ligne MF	29.4
Ainsi le Sinus de l'Angle IFM	76604
A la Demi-gorge MI	22.4

qui se trouvera de 22 toises, & d'environ 4 pieds, dont le double, ou 45 toises & 2 pieds étant ajoûtez à la Courtine IK, qui est de 72 toises, on aura 117 toises & 2 pieds pour le côté interieur MN.

Pour trouver le côté exterieur AB, on cherchera auparavant la ligne AG, dans le Triangle AGF rectangle en G, par cette Analogie,

Comme le Sinus Total	100000
Au Sinus de l'Angle AFG	92388
Ainsi la Face AF	48
A la Ligne AG	44.2

qui se trouvera de 44 toises, & d'environ 2 pieds, dont le double, ou 88 toises & 4 pieds étant ajoûtez à la ligne GH, qui est de 72 toises, on aura 160 toises & 4 pieds pour le côté exterieur AB.

Pour connoître le second Flanc EK, on cherchera auparavant le Complement EI, en faisant dans le Triangle rectangle EIF, cette Analogie,

Comme le Sinus Total	100000
A la Tangente de l'Angle EFI	24142
Ainsi le Flanc IF	19
Au Complement IE	45.5

qui se trouvera de 45 toises, & d'environ 5 pieds,

pieds, & qui étant ôté de la Courtine IK, ou de 72 toises, le reste donnera 26 toises & 1 pied pour le second Flanc EK, ou IO, &c.

De la Fortification Espagnole.

Les Espagnols qui estiment que les Angles flan- Plan-
quez obtus sont bons, negligent un second che 28.
Flanc sur la Courtine, faisant leurs Fortifications 62. Fig.
toûjours à défense razante, c'est à dire n'ayant jamais aucune Ligne de défense fichante, sans se mettre en peine si l'Angle du Bastion est aigu, droit,
ou obtus. Leur maniere de fortifier, à l'exception
de l'Angle flanqué droit & du second Flanc, est la
même que celle du Chevalier de Ville, laquelle à
cause de cela a été appellée *Trait composé*, parce
qu'elle est composée de l'Italienne & de l'Espagnole. On donnera donc aux Demi-gorges AC, BD,
& aux Flancs perpendiculaires CE, DF, la sixiéme
partie du côté interieur AB, après quoy on trouve la
pointe du Bastion par une Ligne de défense razante.

Je ne m'arrête pas davantage sur cette maniere de
fortifier, parce qu'elle est aisée à comprendre par ce
qui a été dit jusques à present, & par cette figure
qui represente un Demi-Exagone, où l'Angle du
Bastion commence à devenir obtus, continuant à
l'être davantage dans les autres Polygones plus
grands. Comme les Espagnols n'ont point de Fortifications à la portée de l'Arquebuse, ou du Fusil,
& que la moindre est celle du Mousquet, qui est de
120 toises, on doit donner sur cette mesure les
longueurs aux Courtines, aux Demi-gorges, &
aux Flancs, en supposant le côté interieur AB de
120, pour supputer dans cette supposition les autres

très Lignes & tous les autres Angles, ce qui sera facile à l'imitation des supputations precedentes.

De l'Ordre renforcé.

Planche 28. 63. Fig.

POur diminuer le nombre des Bastions qu'il faudroit faire dans un grand contour, afin que la grande Ligne de défense fût à la portée du Mousquet, on a inventé une maniere de fortifier un grand côté, que l'on suppose ordinairement de 160 toises, par une Courtine retirée en dedans, afin que la petite Ligne de défense fût à la portée du Mousquet, comme HL: & cette façon de fortifier a été appellée *Ordre Renforcé*, dont plusieurs Auteurs Italiens & Espagnols ont traité amplement: mais sans m'arrêter à tout ce qu'ils ont dit, je me contenteray de l'expliquer ici en peu de mots, telle que je l'ay trouvée sur la fin de la Fortification du P. Bourdin.

Divisez le côté interieur AB en huit parties égales, & en donnez une à chacune des Demi-gorges AC, BD, & à chacun des deux Flancs CG, DG, qui doivent être perpendiculaires au même côté interieur AB. Donnez deux de ces mêmes parties à chacune des deux Courtines CE, DF, & une à chacun des deux Flancs retirez EH, FI, qui doivent aussi être perpendiculaires au même côté interieur AB. Enfin tirez la Courtine retirée HI, & tirez du point H par le point F, la droite HL, qui passant par le point G, extremité du Flanc DG, rencontrera le Rayon OB prolongé au point L, qui sera la pointe du Bastion.

En supposant le côté interieur AB de 160 toises, chaque Flanc, & chaque Demi-gorge se trouvera de 20 toises, & chaque Courtine de 40: & pour sçavoir

sçavoir la longueur de la petite Ligne de défense HL, on cherchera auparavant la quantité de l'Angle diminué IHF, ou DFG, dont la Tangente est égale au Sinus 50000 d'un arc de 30 degrez. Si donc on cherche ce Sinus dans les Tables des Tangentes, on trouvera qu'il lui répond 26 degrez & environ 34 minutes pour la quantité de l'Angle diminué BFL, lequel étant ôté de l'Angle ABO, qui dans l'Exagone est de 60 degrez, le reste donnera 33. 26′. pour le Demi-angle flanqué BLF, & dans le Triangle obliquangle FBL, on pourra connoître la ligne FL par cette Analogie,

Planche 28.
63. Fig.

Comme le Sinus de l'Angle BLF	55097
A son costé opposé BF	60
Ainsi le Sinus de l'Angle FBL	86602
A son costé opposé FL	94. 2.

qui se trouvera de 94 toises, & d'environ 2 pieds.

La ligne HF se trouvera en faisant dans le Triangle rectangle HIF, cette Analogie;

Comme le Sinus Total	100000
A la Secante de l'Angle diminué IHF	111864
Ainsi la Courtine HI	40
A la Ligne HF	44. 4.

qui se trouvera de 44 toises, & d'environ 4 pieds, à laquelle ajoûtant 94 toises & 2 pieds, pour la ligne FL, on aura 139 toises pour la Ligne razante HL.

QUATRIÉME PARTIE,

DE LA FORTIFICATION

IRREGULIERE.

APRÉS avoir enseigné la Fortification des Places regulieres, l'ordre & la suite nous oblige d'enseigner celle des irregulieres qui sont plus ordinaires ; parce que l'occasion de bâtir de nouvelles Places dans un Terrain libre est assez rare, & que celle de fortifier les anciennes qui sont presque toutes irregulieres, se presente plus souvent.

Pour fortifier un lieu irregulier, & faire qu'il soit pourvû d'une bonne défense ; il faudra prendre la Fortification reguliere pour aide, qui servira de fondement & de regle pour l'irreguliere, & avoir toûjours devant les yeux les Maximes generales, que nous avons expliquées au commencement de ce Traité, & sur tout celle qui nous apprend que la grande Ligne de défense ne doit pas exceder la plus grande portée du Mousquet, qui est tout au plus de 150 toises.

Il faut reduire les Places irregulieres aux regulieres autant que l'on peut, en gardant à peu prés la même capacité du Terrain, comme il a été aussi enseigné au commencement de ce Traité : & si cela ne se peut pas faire, pour être environnées de Précipices, de Rivieres, de Collines, ou de Montagnes, telles que sont les Villes bâties en Terre-ferme proche des Mers, dans les Isles, ou sur le pen-

chant

hant d'une Montagne, avec de grandes ou petites
[m]urailles environnées de Fossez ou sans Dehors, &
[f]ortifiées par des Tours rondes ou quarrées, on se
servira des Regles suivantes, qui rendront le dessein
d'une Fortification bien accompli.

*Fortifier en dehors une Place irreguliere, dont tous
les Angles & tous les côtez sont reguliers.*

NOus appellons *Angles Reguliers* les Angles
saillans qui ne sont pas aigus, c'est à dire qui
sont droits ou obtus, les Angles aigus étant mis
au nombre des *Angles Irreguliers*, parce qu'ils ne
sont pas propres à être fortifiez par les regles de la
Fortification reguliere : & *Côtez Reguliers* ceux
qui ne sont pas plus grands que de 150 toises, qui
est la plus grande portée du Mousquet, comme
nous avons déja dit ailleurs, ce qui fait que la grande Ligne de défense n'est pas hors de cette portée :
& aussi ceux qui ne sont pas moindres que de 100
toises, ce qui fait que la grande Ligne de défense
n'est pas trop courte ; mettant au nombre des *Côtez
Irreguliers* ceux qui surpassent 150 toises, parce
que les Bastions qui sont faits en leurs extremitez
sont trop éloignez entre eux pour se pouvoir défendre mutuellement : & aussi ceux qui sont au dessous de 100 toises, parce qu'ils donnent une Ligne
de défense trop courte ; car puisque le Mousquet
porte vigoureusement à 120 toises, & au delà, il
est inutile d'approcher les Bastions, en sorte que la
défense en soit beaucoup moindre : & mêmes il est
prejudiciable de les tant approcher, parce que
deux Bastions si proches ne sçauroient flanquer
l'un l'autre, par la difficulté qu'on a de tirer de haut
en bas à une distance peu considerable.

On peut se servir de toutes les Methodes precedentes, pour fortifier un semblable Plan irregulier; mais nous ne ferons ici que l'application de nôtre seconde Methode, où les Flancs ne sont pas si grands que dans la premiere, qui pourroit rendre difformes quelques *Bastions irreguliers*, c'est à dire ceux dont les Flancs ne sont pas égaux entre eux, ni pareillement les Faces égales entre elles, à comparaison de quelques autres Bastions qui pourroient être trop petits, ce qui nous feroit manquer contre la Maxime qui porte que la force doit être par tout également distribuée, c'est à dire qu'une Place doit être par tout également fortifiée, parce qu'étant par tout également forte, l'Ennemi n'a pas plus de raison de l'attaquer d'un côté que d'autre: neanmoins on ne doit pas se mettre beaucoup en peine de l'inégalité des Bastions, qui ne rend pas la Place moins forte, quand cette inégalité n'est pas considerable; car la beauté qui naît de leur égalité, ne paroît que sur le papier, ne pouvant pas se remarquer sur la terre, où l'on ne découvre pas en même temps toutes les parties de la Place.

Premiere Maniere.

Planche 29. 64. Fig.

Soit l'Exagone irregulier ABCDEF, dont tous les Angles sont reguliers, aussi-bien que ses côtez, qui sont d'autant de toises que vous les voyez marquées en chifres dans la Figure. Premierement parce que ce Plan irregulier approche fort d'être regulier, n'étant gueres plus long que large, on le pourra fortifier tres-facilement en cherchant par approximation le centre, comme O, qui est celui du Cercle, dont la circonference passe par les trois points A, C, E, les plus éloignez. Tirez de ce centre

Fortification Planche 29. Page 171.

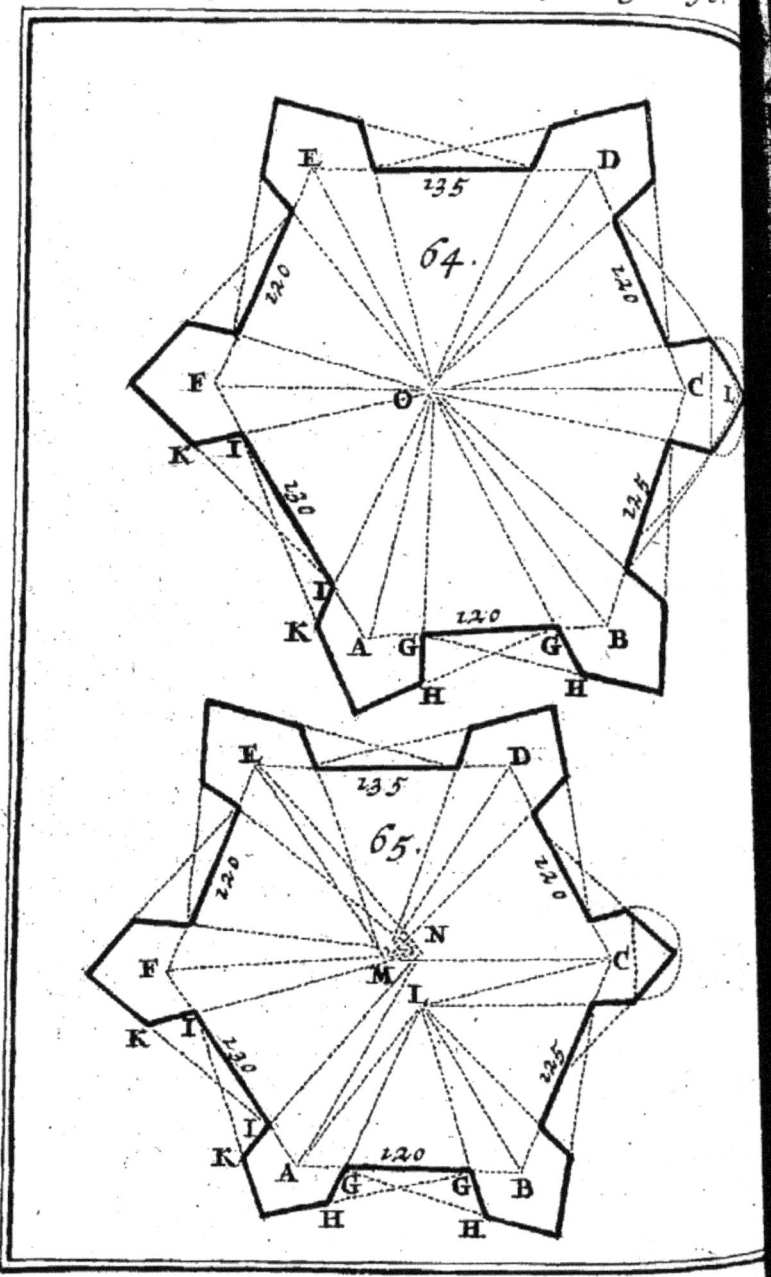

DE LA FORTIFICATION IRREGULIERE.

entre O, à tous les Angles du Polygone autant de Plan- ches droites, que vous considererez comme les che 29. rayons d'un Polygone regulier, & mesurez tous 64. Fig. les Angles du centre, pour connoître à quels Polygones reguliers ils appartiennent, ou ceux desquels ils approchent le plus, afin de fortifier les côtez qui leurs sont opposez, convenablement à ces Polygones.

Ainsi ayant trouvé que l'Angle du centre AOB est d'environ 51 degrez, qui appartient à peu prés à un Eptagone, comme l'on connoît en divisant 360 par 51, on fortifiera le côté opposé AB, comme en l'Eptagone, sans rien changer, parce que ce côté est précisément de 120 toises, c'est à dire qu'on prendra les Demi-gorges AG, BG, chacune de 27 toises, & les Flancs GH, qui doivent partir du centre O, chacune de 24 toises.

Pareillement ayant connu que l'Angle du centre AOF étant de 77 degrez, appartient à peu prés à un Pentagone, on fortifiera le côté AF comme au Pentagone, de sorte qu'on devroit prendre la Demigorge AI, de 25 toises, & le Flanc IK de 20, si le côté AF étoit de 120, mais comme il est plus grand, étant de 130 toises, il faut prendre les Demi-gorges & les Flancs aussi plus grands à proportion, ce qui se fera par la Regle de Trois directe, en disant, si 120 donne 25 pour la Demi-gorge ; combien donnera 130 ? & l'on aura 27 toises pour chacune des deux Demi-gorges AI, FI : & de même l'on dira, si 120 donne 20 pour le Flanc, combien donnera 130 ? & vous trouverez environ 22 toises pour chacun des deux Flancs IK.

C'est par un semblable artifice, qu'on déterminera sur les autres côtez les Flancs & les Demi-gorges, après quoy on trouvera les Angles des Bastions

par

par des Lignes razantes, & tout le Polygone proposé se trouvera dans une bonne défense, & s'il arrive que quelque Angle flanqué devienne obtus, comme L, on le pourra faire droit si l'on veut, par le moyen d'un Demi-cercle décrit sur la ligne droite qui joint les deux Epaules, en divisant ce Demi-cercle en deux également, pour avoir deux Faces égales, ce qui ne peut pas toûjours être, parce qu'il peut arriver que la défense manque d'un côté, ce que l'on connoîtra, lorsque la Face du Bastion étant prolongée, au lieu de rencontrer la Courtine, coupera le Flanc & la Demi-gorge ; Dans ce cas au lieu de mettre la pointe du Bastion au milieu du Demi-cercle, on la placera au point où la Ligne razante tirée du côté où la défense manque, rencontrera le Demi-cercle.

Comme un Flanc est d'une petite utilité, lorsqu'il est moindre que de 20 toises, & que par nôtre Methode il peut devenir tel, sçavoir quand l'Angle du centre sera grand, & son côté opposé petit, il vaudra mieux dans ce cas le faire de 20 toises, à moins que l'Angle du Bastion ne devienne trop aigu : car bien que nous ayons établi une maniere de fortifier, il n'est pas necessaire de s'y attacher trop rigoureusement, comme à un grand mystere ; car pour bien fortifier une Place, & devenir habile Ingenieur, il suffit de sçavoir faire un bon usage de sa raison dans l'application des regles établies dans la Fortification, étant permis de s'éloigner quelquefois de ces régles selon les occasions qui se peuvent rencontrer en une infinité de manieres differentes, car il est impossible de fortifier une Place irreguliere, comme si elle étoit tout-à-fait reguliere.

Ainsi au lieu de s'attacher à l'Angle flanqué droit M, ce qui est d'une petite consequence, on le pourroit

DE LA FORTIFICATION IRREGULIERE. 173
roit faire aigu, en augmentant tant soit peu les Flancs, & principalement le plus petit, plus ou moins, selon que cet Angle deviendra plus ou moins aigu, & il sera toûjours passable, pourvû qu'il ne soit pas moindre que de 60 degrez. Pareillement au lieu de fortifier l'Exagone proposé, comme il vient d'être enseigné, on le peut fortifier encore en deux ou trois manieres differentes, comme vous allez voir.

Planche 29.
64. Fig.

Seconde Maniere.

CEtte seconde Maniere est plus parfaite & plus generale que la precedente, parce qu'elle se peut appliquer à un Polygone plus irregulier que le precedent, c'est-à-dire qui seroit beaucoup plus long que large. Neanmoins nous l'appliquerons ici au même Exagone proposé ABCDEF, pour vous faire voir son excellence par dessus la premiere, car vous connoîtrez que le côté AF sera mieux fortifié par cette seconde Maniere que par la precedente, où les Flancs sont plus obliques, & par consequent plus exposez aux Batteries de l'Ennemi. Voici la pratique de cette seconde Maniere.

65. Fig.

Ayant pris à volonté deux côtez qui se joignent, comme AB, BC, & les considerant comme les côtez de deux Polygones reguliers inscrits dans un même Cercle, trouvez le centre L de ce Cercle, qui est le même que celui qui passe par les trois points, A, B, C, pour connoître la quantité des deux Angles du centre ALB, BLC, & déterminer les Flancs & les Demigorges sur les côtez AB, BC, comme il a été enseigné dans la maniere precedente. Trouvez aussi le centre M commun aux deux côtez suivans CD, DE, & pareillement le centre N commun aux deux derniers côtez

côtez EF, AF, & achevez le reste, comme il vient d'être enseigné, & tout sera fait.

Planche 29. 65. Fig.

Lorsque le Polygone proposé aura un nombre impair de côtez, il arrivera sur la fin qu'on n'aura qu'un seul côté pour en trouver le centre, ce qui se fera en le considerant comme le côté d'un Polygone regulier, dont le centre se trouvera par l'intersection de deux lignes droites, qui diviseront en deux également les deux Angles des deux extremitez de ce côté, comme nous allons dire plus particulierement dans la

Troisiéme Maniere.

Planche 30. 66. Fig.

CEtte troisiéme Maniere ne me semble pas si parfaite que la precedente, mais elle me paroît plus facile, parce qu'il n'y a qu'à diviser en deux également tous les Angles du Polygone proposé par des lignes droites, dont celles qui partiront des deux extremitez d'un même côté, donneront en leur intersection le centre d'un Polygone regulier, dont le côté en sera un, pour la fortifier convenablement à l'Angle du centre.

Ayant donc divisé chacun des deux Angles du Polygone A, B, en deux également par les lignes AL, BL, le point L de leur intersection sera le centre d'un Polygone regulier, dont la Ligne AB est un côté, que l'on fortifiera convenablement à l'Angle du centre ALB, comme il a été enseigné dans la premiere Maniere. Pareillement on divisera l'Angle C en deux également par la droite CM, qui rencontrera la precedente BL en un point, comme M, qu'on prendra pour le centre d'un Polygone regulier, dont la Ligne BC est un côté, pour fortifier ce côté conformément à l'Angle du centre BMC. Ainsi des autres.

Qua-

Fortification Planche 30. Page 175.

Quatriéme Maniere.

POur rendre la Maniere precedente plus parfaite, & autant parfaite qu'il est possible, nous avons voulu ajoûter encore ici une quatriéme Maniere, qui nous fera aisément connoître le moyen d'appliquer nôtre quatriéme Methode à la Fortification irreguliere : mais sans nous y arrêter davantage, nous suivrons toûjours le dessein de nôtre seconde Methode, parce qu'elle donne des Flancs plus grands.

Planche 30.
66. Fig.

Ayant donc divisé un Angle du Polygone, comme A, en deux également par la droite AL, divisez le côté AB aussi en deux également par la droite LM perpendiculaire à ce côté, laquelle rencontre ici la ligne AL au point L, qui sera pris pour le centre d'un Polygone regulier, duquel la moitié de l'Angle du centre est ALM, suivant lequel on déterminera par la premiere Maniere la Demi-gorge AG, & le Flanc GH, qui doit être tiré du centre L.

67. Fig.

Ayant aussi divisé l'Angle du Polygone B en deux également par la droite BP, elle rencontrera la perpendiculaire ML au point P, qu'on prendra pour le centre d'un Polygone regulier, dont la moitié de l'Angle du centre est BPM, suivant lequel on déterminera la longueur de la Demi-gorge BG, & du Flanc GH, qui doit être tiré du centre P.

Pareillement ayant divisé en deux également le côté BC au point N, & luy ayant tiré par ce point N la perpendiculaire NO, le point O, où cette perpendiculaire rencontre la ligne BP sera pris pour le centre d'un Polygone regulier, dont la moitié de l'Angle du centre est BON, suivant lequel

quel on déterminera la Demi-gorge BQ, & le Flanc QR, qui doit partir du centre O. Ainsi des autres.

Fortifier en dedans une Place irreguliere, dont tous les Angles & tous les côtez sont reguliers.

Lorsque nous avons borné un côté regulier entre 100 & 150 toises, c'est quand on l'a consideré comme interieur, car quand il est exterieur, il doit être plus grand, parce que les pointes des Bastions sont plus éloignées entre elles que leurs centres. Ainsi afin que toutes les parties d'un Polygone fortifié en dedans soient dans une juste proportion, ses côtez seront estimez *Reguliers*, lorsqu'ils seront entre 160 & 200 toises, parce que dans ces limites la Ligne de défense ne sera ni trop grande, ni trop petite.

Les Methodes differentes qui ont été enseignées dans la Partie precedente, pour fortifier en dedans un Plan regulier, se peuvent aisément appliquer à un irregulier : mais sans perdre le temps à toutes ces Methodes qui ne sont plus en usage, nous nous contenterons de faire seulement ici l'application de la Methode de Monsieur de Vauban, parce qu'elle est la meilleure, & celle que l'on suit à present.

Un Plan irregulier se peut fortifier en dedans par autant de manieres differentes que nous avons enseigné à le fortifier en dehors, entre lesquelles on pourra choisir les meilleures : c'est pourquoy pour ne pas repeter ici la même chose, nous donnerons une autre maniere de fortifier, qui pourra servir à proportion de cinquiéme Maniere pour fortifier en dedans, comme nous ferons toûjours dans la suite.

Fortification Planche 31. Page 177.

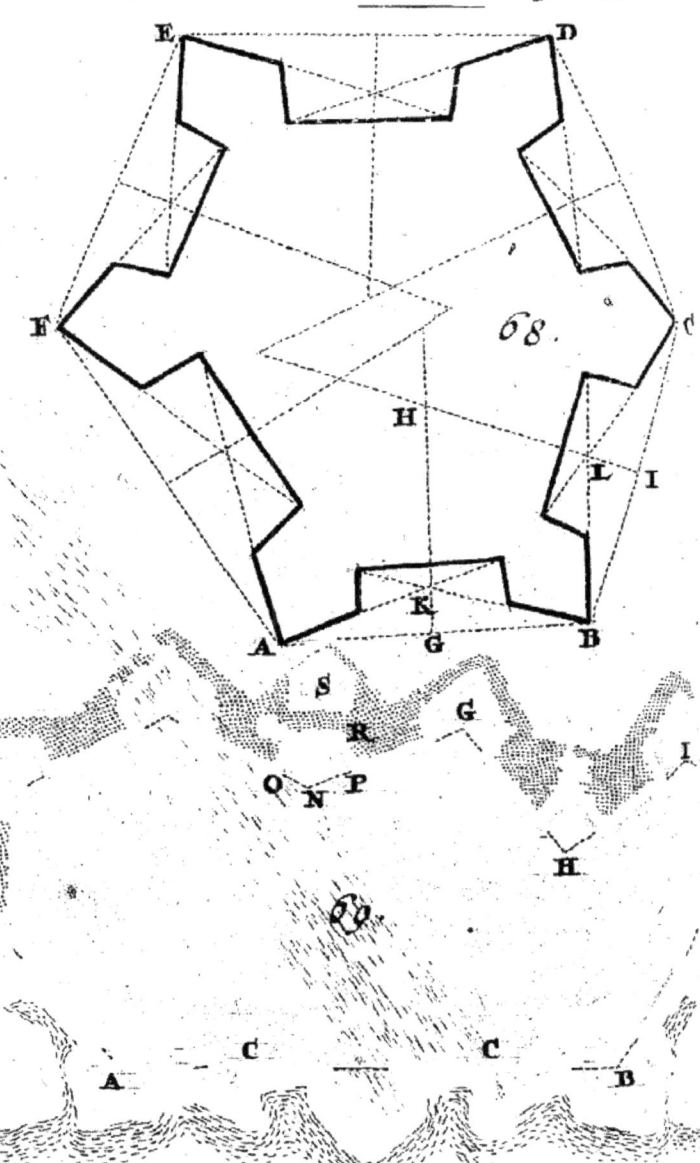

Fortification Planche 32. Page 177.

DE LA FORTIFICATION IRREGULIERE. 177

[s]uite. Sans donc nous soucier de la quantité des [A]ngles & des côtez du Polygone proposé ABCDEF, [p]ourvû qu'ils soient reguliers, on le pourra forti[fi]er par la Methode de Monsieur de Vauban, en [c]ette sorte. Planche 31. 68. Fig.

Ayant divisé en deux également le côté AB, par [s]a perpendiculaire GH, & pareillement le côté sui[v]ant BC, par sa perpendiculaire IH, prenez le point [H], où ces deux perpendiculaires s'entrecoupent, [p]our le centre d'un Polygone regulier, dont ABC [e]st un des Angles, & GHI l'Angle du centre, qu'il [f]aut mesurer, ou bien celuy du Polygone ABC, [p]our déterminer selon cet Angle la quantité des li[g]nes GK, IL, qui selon la regle de Monsieur de [V]auban, doivent être chacune la sixiéme partie des [c]ôtez AB, BC, ou le tiers de leurs moitiez BG, BI, [s]i cet Angle appartient à un Exagone, ou à un autre Polygone plus grand.

Fortifier un costé irregulier.

POur fortifier en dehors le côté AB, que je sup- Plan-
pose de 240 toises, qui sont le double de la che 32.
portée ordinaire du Mousquet : parce que les Ba- 70. Fig.
stions qui seront faits aux deux extremitez A, B, seront trop éloignez pour se pouvoir défendre l'un l'autre, on divisera ce côté AB en deux également au point C, pour faire en ce point de milieu C, un *Bastion plat*, qu'on appelle aussi *Moineau*, donnant à chacune de ses deux Demi-gorges CD, CE, 30 toises, & autant aux Flancs EF, DF, qui doivent être perpendiculaires sur les Courtines ; & si l'on veut que l'Angle de ce Bastion soit droit, on fera sa Capitale CG perpendiculaire & égale à la Gorge DE.

M   Le

Planche 32. 70. Fig.

Le côté HI n'étant que de 90 toises, on a fait les Demi-gorges HK, IL, chacune seulement de 15 toises, afin qu'il restât au moins 60 toises pour la Courtine, qui ne doit être gueres moindre: & si ce côté avoit été encore plus petit, on auroit fait les Demi-gorges HK, IL, encore plus petites, & on les auroit fait infiniment petites, c'est-à-dire qu'on auroit fait servir de Courtine ce côté HI s'il n'avoit été que de 60 toises, ou un peu moindre: mais s'il étoit extrêmement petit, il le faudroit necessairement changer, parce que les Bastions qui se feroient à ses extrêmitez, seroient trop proches.

Parce que le côté MN n'est pas assez grand pour recevoir un Bastion plat au milieu, n'étant que de 180 toises, & qu'il est trop long pour avoir seulement des Bastions à ses deux extremitez qui se puissent défendre; nous l'avons fortifié par une Courtine retirée en dedans, comme dans l'Ordre renforcé, en faisant les Courtines OP égales aux Demi-gorges MO, NO, ou un peu plus grandes selon la longueur du côté MN, & en tirant sur les mêmes Courtines les Flancs perpendiculaires PQ longs de 20 toises.

On auroit bien pû faire un Bastion plat au milieu de ce côté, & comme dans ce cas il seroit trop proche de chaque Bastion qui est à côté, il faudra retirer ces deux Bastions, si les deux autres côtez le permettent, c'est-à-dire s'ils sont assez longs pour y pouvoir mettre la Gorge entiere, en sorte que les Flancs qui sont en O, soient aux extrêmitez M, N, & perpendiculaires au côté MN, comme si l'on vouloit faire servir ce côté MN de Courtine : & alors un semblable Bastion est appellé *Bastion difforme*, parce qu'effectivement il est difforme, de quoy on

Fortification Planche 33. Page 179.

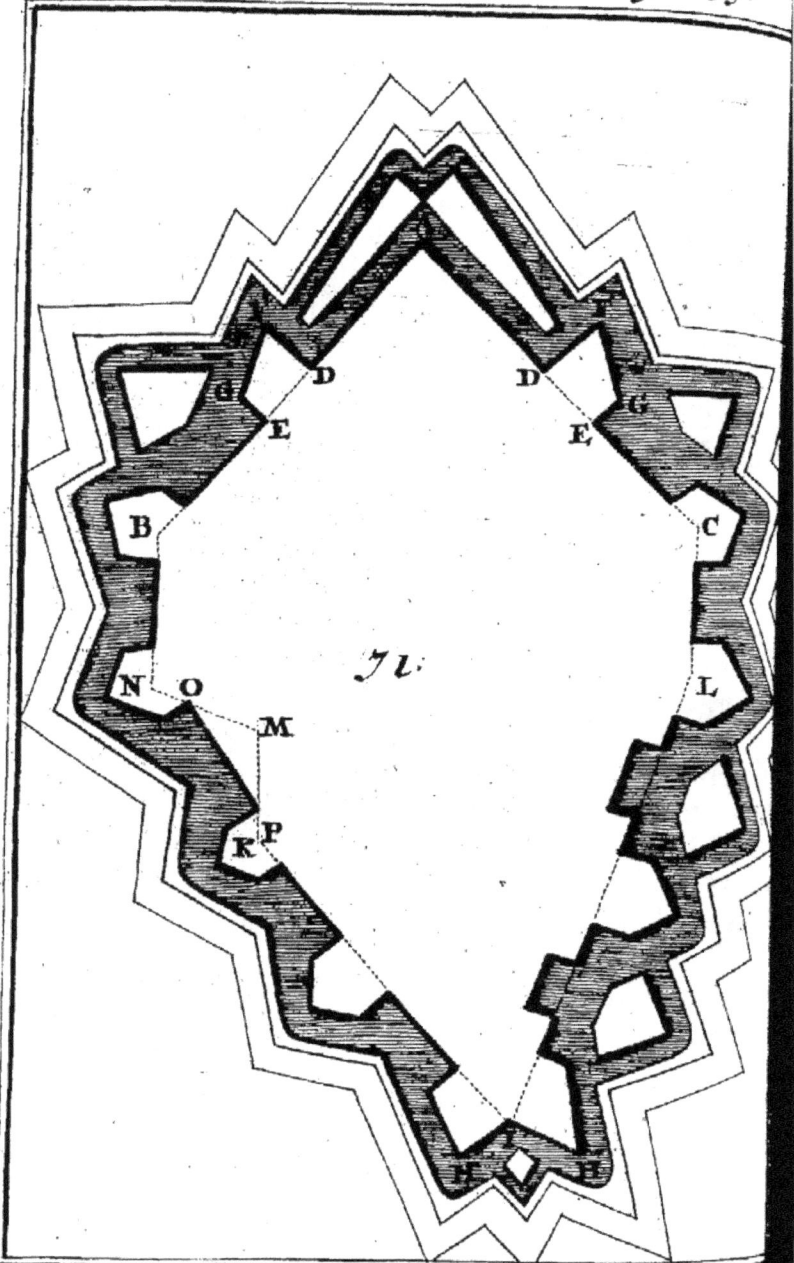

ne se doit gueres mettre en peine, les Bastions les plus *beaux* étant ceux qui défendent mieux, & qui sont les mieux flanquez.

Si le côté à fortifier est d'une grandeur énorme, on y construira plusieurs Bastions plats, ou bien pour éviter la dépense, on y pourra construire seulement des Demi-bastions, éloignez les uns des autres de 60 à 80 toises, qui fassent la forme d'un Ouvrage à Corne: ou bien encore on pourra se servir de Courtines retirées en dedans avec un Bastion plat au milieu, comme sur le côté IL, pourvû que cela n'oblige pas à couper des Maisons; autrement quand ce côté sera dans une situation avantageuse, comme s'il étoit sur le bord d'une Riviere, comme AB, il suffira de le fortifier par des *Redans*, qu'on appelle aussi *Ouvrages à scie*, parce qu'ils sont faits comme les dents d'une scie, comme CDE, donnant tout au plus 25 toises au Flanc CD, & 60 tout au moins à la largeur CE. *Planche 33. 71. Fig.* *Planche 31. 69. Fig.*

La qualité des Angles qui sont aux extremitez du grand côté, obligent quelquefois à fortifier autrement ce grand côté, tout cela dépend du jugement & de l'experience, sur tout quand on sçaura bien fortifier un Angle irregulier, comme nous allons enseigner, où nous negligerons comme ici plusieurs petites particularitez, qui dépendent plûtôt de l'experience & du bon sens que d'un long discours.

Fortifier un Angle irregulier.

PRemierement si l'Angle irregulier est saillant, & qu'il soit plus grand que de 60 degrez, comme A, lequel étant aigu, ne peut pas recevoir un beau Bastion, parce que l'Angle de ce Bastion se- *Planche 33. 71. Fig.*

Planche 33.
71. Fig.

roit necessairement trop aigu; on le laissera tel qu'il est, étant assez ouvert pour pouvoir resister à l'effort du Canon ennemi : & afin qu'il soit bien défendu, au lieu de faire sur le milieu des deux côtez trop longs AB, AC, des Bastions plats, dont les Faces qui regarderoient l'Angle seroient mal flanquées, on y fera un Demi-bastion, dont la Gorge DE soit de 50 à 60 toises, le petit flanc EG de 25, & le grand DE de 40 à 50, lequel doit être perpendiculaire sur AD, afin qu'on en puisse mieux défendre l'Angle A, que nous avons ici couvert d'une Contre-garde qui tire sa défense du côté DE.

Si l'Angle saillant est trop aigu, comme I, on le pourra fortifier par un *Bastion coupé*, qu'on appelle aussi *Bastion en Tenaille*, c'est à dire par deux Demi-bastions semblables aux deux precedens, en sorte que les deux plus grands Flancs, qui font un Angle rentrant au point I, soient perpendiculaires aux côtez IK, IL, qui forment l'Angle aigu KIL : & parce que cet Angle rentrant HIH est beaucoup exposé, & que les Tenailles ou grands côtez IH se peuvent difficilement défendre l'un l'autre, il sera bon de le couvrir d'une petite Lunette, dont chaque Demi-gorge soit de 10 toises, & chaque Face de 15, afin qu'elle puisse tirer sa défense de la Tenaille HI. Cela suppose qu'on ne peut rien retrancher des côtez IK, IL, quand ils sont bien longs comme ici.

Quoique cet Angle aigu I paroisse mal fortifié de la sorte, neanmoins on doit considerer que la supposition que nous avons faite, que l'on ne peut rien retrancher des côtez IK, IL, peut provenir d'une situation avantageuse du Terrain, qui rend cet Angle I d'un accès difficile, & exempt de la Mine; ce qui fait que dans ce cas il est bon de profiter

ter de l'avantage de cette situation, sans qu'il soit besoin de fortifier cet Angle avec une si grande précaution. Autrement il faudra retrancher quelque chose des côtez IK, IL, pour faire en dedans une Tenaille renforcée, qu'on pourra couvrir d'un bon Ravelin : mais par là on peche aussi contre cette Maxime, qui porte qu'un espace plus capable dans une Place est preferable à celui qui l'est moins, parce que cette capacité peut contenir plus de Citoyens, & donne plus de place pour se retrancher en cas de besoin.

Planche 33. 71. Fig.

Secondement pour fortifier un Angle rentrant, comme M, dont les lignes MK, MN, sont trop petites pour pouvoir recevoir une Plate-forme en M, on en retranchera, si cela se peut, les parties MO, MP, ce qui augmentera la capacité de la Place, en sorte que les restes NO, KP, ne soient pas plus grands que de 30 ou 40 toises, lesquels dans ce cas on pourra faire servir de Demi-gorges aux Bastions qui se feront aux deux Angles N, K, mais on prendra garde que la ligne OP, qui doit servir de Courtine, ne soit pas trop longue, en sorte que les deux Bastions qui se doivent faire aux extremitez N, K, se puissent défendre l'un l'autre, ce qui pourra arriver, lorsque l'Angle M sera bien ouvert, & les côtez MN, MK, environ de 100 toises.

On peut fortifier le même Angle rentrant KMN par une Courtine retirée en dedans, par cette maniere. Prolongez les lignes MK, MN, que je suppose toûjours trop petites, en O, & en P, en sorte que les lignes MO, MP, soient chacune d'environ 20 toises, & aprés avoir joint la Courtine OP, tirez du point O, le Flanc OQ long de 20 toises, & perpendiculaire à la ligne MO, & pareillement du

Planche 34. 72. Fig.

M 3 point

182 TRAITÉ DE FORTIFICAT. IV. PART,

Planche 34. 72. Fig.

point P, le Flanc PR long de 20 toises, & perpendiculaire à la ligne PN, & tirez les lignes NQ, KR, pour y prendre les Demi-gorges KS, NS, chacune d'environ 24 toises, & achever le reste, comme vous voyez dans la Figure.

Un semblable Angle rentrant comme A, se peut fortifier encore autrement & plus simplement par une Tenaille renforcée, en prenant sur les côtez prolongez les lignes AB, AC, AD, AE, chacune de 20 toises, & en tirant la Courtine BC, & les deux Flancs BE, CD, qui seront perpendiculaires à cette Courtine. Il y en a qui décrivent de l'Angle A une partie de Cercle au dedans de la Place, à l'ouverture de 20 toises, en faisant passer ce Cercle, ou Muraille ronde par les quatre points E, B, C, D. On pourroit aussi faire une Courtine ronde en dehors, comme EFD, ou bien au lieu d'une Courtine ronde, on peut se servir d'une Courtine droite, qui passant par les deux points D, E, sera assez bien défenduë du Flanc de chaque Bastion qui est à côté.

Planche 31. 69. Fig.

Quand les côtez de l'Angle rentrant sont d'une longueur raisonnable, comme GH, IH, on pourra fortifier cet Angle rentrant H par une *Plate-forme*, HLMK, en donnant 24 ou 25 toises à chacune des Demi-gorges HK, HL, & en tirant des deux points, K, L, les deux Flancs KM, LM, perpendiculaires aux côtez GH, HI, qui par leur intersection donneront en M, la pointe de la Plate-forme, qui ne sera jamais trop aiguë, lorsque l'Angle rentrant H ne sera pas plus grand que de 120 degrez.

C'est de la même façon que l'on a fortifié l'Angle rentrant N, excepté que parce qu'il est fort ouvert, ce qui rendroit l'Angle de la Plate-forme trop foible, & les Flancs trop longs, nous avons fait ces Flancs OQ, PR, chacun seulement de 30 toises, &

nous

Fortification Planche 34. Page 182.

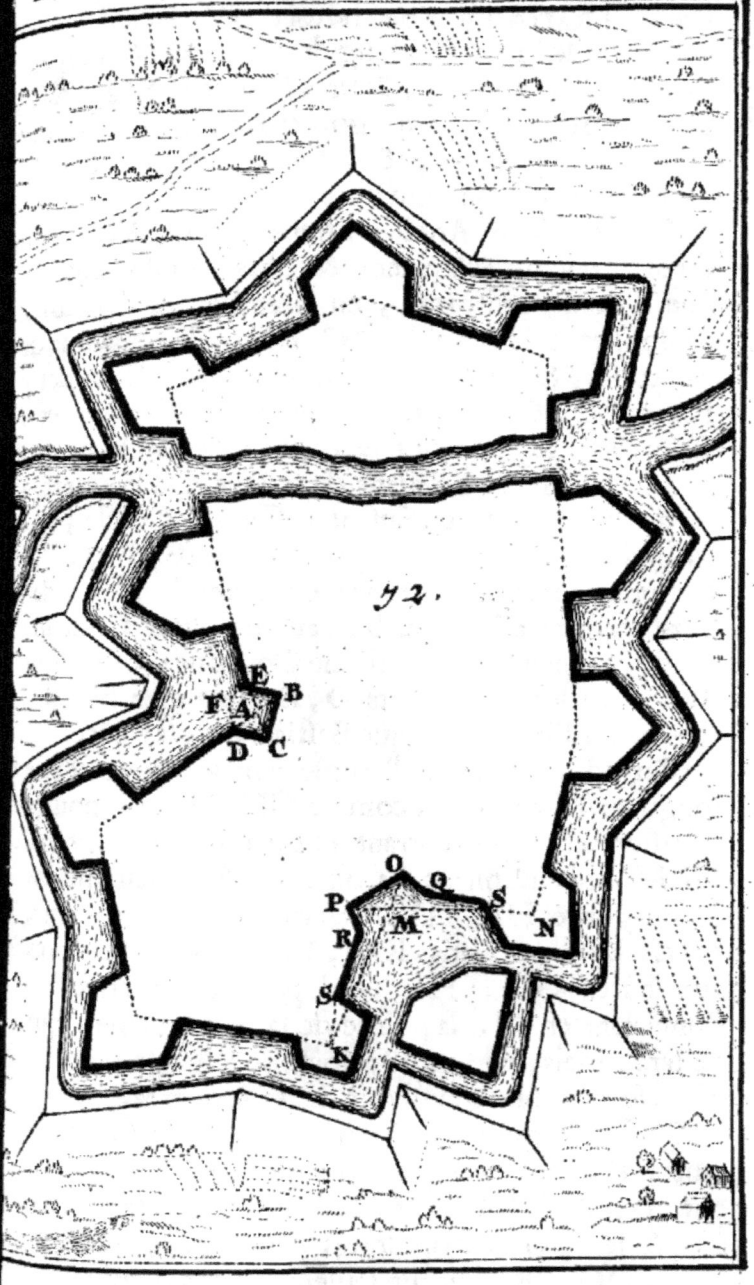

DE LA FORTIFICATION IRREGULIERE. 183

nous avons joint la Face QR, qui sera toûjours as- Plan-
ez défenduë dans l'espace qu'elle occupe dans che 31.
Angle rentrant : & pour la mieux défendre, il sera 69. Fig.
on de mettre au devant, un *Bastion détaché*, com-
e S, dont chaque Flanc, & chaque Demi-gorge
oit d'environ 20 toises.

Une Place, dont tous les Angles & tous les côtez
ont reguliers, s'appelle *bien conditionnée*, & celle
ui n'a pas tous les Angles ou tous les côtez regu-
ers, se nomme *mal conditionnée*, où l'on remar-
uera que lorsque les regles precedentes ne pour-
ont pas être observées sans quelque défaut conside-
able, il faudra necessairement changer les côtez de
a Figure, en l'augmentant ou en la diminuant se-
on la situation du lieu.

*ortifier une Place irreguliere en laissant la vieille
Enceinte, & en en faisant une nouvelle.*

N s'attache à la vieille Enceinte des Places,
quand elle est environnée d'un Fossé & d'un
on Rempart qui peut servir au lieu où feroient
es Courtines, de sorte qu'on n'aura qu'à faire de
ons Bastions par les regles precedentes, & par ce
moyen on épargnera une bonne partie de la dépense, où l'on prendra garde que les Bastions ne soient
pas trop éloignez, ni les Remparts trop hauts, car
dans ce cas il les faut reduire à une hauteur raisonnable, & se servir de la terre qu'on en tirera pour
de nouveaux Ouvrages, comme par exemple pour
la construction de quelque Bastion plat, ou de
quelque Ravelin au devant de la Courtine, pour
remedier au défaut de deux Bastions trop éloignez.

Mais si cette vieille Enceinte n'est pas telle, &
que

que la Place soit seulement environnée d'un petit Fossé, & de quelques vieilles Murailles avec des Tours à l'antique, pour éviter la dépense d'une nouvelle Enceinte, on fera le Fossé plus profond & plus large, & l'on fera servir la terre qu'on en tirera pour le Rempart, dont les vieilles Murailles serviront de chemise, en remplissant de la même terre les Tours, pour les faire servir de Cavaliers, lorsqu'on les aura entourées chacune d'un bon Bastion, ou bien on les fera servir de seconds Bastions à la maniere du Comte de Pagan, lorsqu'elles presenteront un Angle à l'Ennemi. Ces Tours bastionnées peuvent aussi servir de Magazins, & de Cavaliers.

Cela suppose que la Ville est assez grande pour recevoir un Rempart au dedans de ses murailles, mais comme il est difficile d'y transporter les Terres pour la construction de ce Rempart, qui en cette façon racourcit la Ville, & oblige necessairement d'abattre quelques maisons, il vaudra mieux ne point toucher à la vieille Enceinte, & s'étendre dans la Campagne pour y faire une bonne Fortification qui soit reguliere si cela se peut, ou pour le moins telle que les Angles & les côtez de cette nouvelle Enceinte ou Polygone soient reguliers, car alors cette petite irregularité qui se rencontrera dans la Place, ne la rendra pas moins forte. Les Bastions en seront grands & en petit nombre, étant plus avantageux d'en faire peu de grands que beaucoup de petits, parce qu'il faut moins de monde pour les garder, & qu'on y peut faire de meilleurs Retranchemens.

Quand on n'a pas le temps de fortifier une Place comme il faut, ou qu'on n'en veut pas faire la dépense, ou bien quand on veut fortifier une Place qu'on a conquise, & dont on veut se servir pour faire

faire d'autres Conquêtes, ou celle qui est environnée d'un Fossé large & profond, qu'il faudroit remplir de terre à l'endroit, où devroient être les Bastions attachez au Corps de la Place, ce qui demande beaucoup de temps, & de dépense; on la fortifie ordinairement par de bons Dehors, ou Pieces détachées qu'on bâtit sur le bord du Fossé vers la Campagne, comme par des Demi-lunes & des Ravelins, & encore par des Ouvrages à Corne, ou à Couronne, où l'on peut élever des Cavaliers, ou des Barbettes, ou bien par des Bastions & Demi-bastions détachez, qui sont ordinairement irreguliers par la situation du lieu, cela importe peu, pourvû que tout soit bien flanqué, & que la Ligne de défense soit d'une juste longueur. Maestrict qui passe pour une Place forte, est fortifiée de cette façon.

Lorsqu'on veut fortifier sur l'Enceinte des vieilles Murailles, ce qui se fait principalement quand la Ville est raisonnablement peuplée, & que la Muraille est d'une épaisseur capable de servir de chemise au Rempart qu'on y veut ajoûter en dedans, on s'écartera de ces vieilles Enceintes aux endroits où il y aura des Angles rentrans, afin d'éviter d'y faire des Plate-formes, parce que les Bastions plats sont d'une meilleure défense: & l'on tâchera de conserver les Tours qui se rencontreront dans le milieu des Courtines, parce qu'étant remplies de terre, elles serviront de Cavaliers pour foudroyer dans les Travaux des Ennemis.

Si la Ville a quelque Fauxbourg qui ne soit point fortifiée, il est dangereux que l'Ennemi ne s'en serve avantageusement lorsqu'il s'en sera rendu le Maître, pour faire plus facilement ses approches à couvert, & de-là battre la Ville. C'est pourquoy pour le priver de cet avantage, il faut abattre toutes les Maifons, & tout ce qui peut couvrir les Ennemis & les dérober à la vûë des Assiegez, jusques à la portée du Mousquet, & mêmes au-delà. On ôtera aussi à l'Ennemi tout ce qui le peut favoriser dans ses Tranchées, comme les Cavins en les comblant de terre, & les Rideaux en les razant & applanissant autant qu'il sera possible.

Si l'on veut conserver le Fauxbourg, & n'être point obligé à le démolir par la crainte d'un Siege, au cas que sa situation soit plus propre à conserver la Ville, qu'à l'incommoder, & que la Ville ne s'en puisse passer, pour être trop petite, & trop peuplée, on renfermera ce Fauxbourg dans les Fortifications, comme dans un Ouvrage à Couronne qui ait plusieurs Bastions également fortifiez par tout, en sorte que la Fortification soit aussi reguliere à une Tenaille qu'à l'autre : & si l'on ne peut pas joindre les deux parties en une, pour n'en faire qu'un Corps de Place, on fera des Retranchemens & des Redoutes tout autour de ce Fauxbourg, en sorte que chaque Piece se défende d'elle-même, & que l'une ne commande point à l'autre, de peur que la perte de la premiere ne cause la perte de l'autre ; & quand on y voudra bâtir une Citadelle, on la construira dans un lieu commode, qui commande tout à la fois & à la Ville & au Fauxbourg.

Par tout où les Fossez seront secs, on les fera *à fond-de-cuve*, c'est à dire autant profonds que l'on pourra, & afin que les Bastions soient capables de recevoir la terre qui se tire d'un semblable Fossé, & plus propres pour disputer le Terrain contre les Attaques, on les fera pleins, excepté quand ils seront détachez du Corps de la Place, auquel cas, il vaudra mieux les faire creux, afin que si l'Ennemi s'en saisit, il y puisse moins se couvrir. Dans tous les
Dehors

Dehors les Fossez sont également profonds, mais moins creux que le Fossé de la Ville, quand il est sec.

Tout ce que nous avons dit suppose que la Ville ne renferme que la juste étenduë du Terrain qu'il faut pour faire une bonne Place, mais lorsque l'Enceinte est d'une étenduë fort vaste, il suffira d'en fortifier une partie, sçavoir celle qui commande sans être commandée, toûjours sur les avenuës de la ville, & jamais dans le milieu, pour être toûjours en état de recevoir du secours, quand même les Ennemis se seroient saisis des maisons voisines: & pour empêcher que ces maisons ne les couvrent, il sera bon d'élever des Cavaliers sur les Bastions de cette nouvelle Fortification, au bout de laquelle vers la Campagne on pourra construire une petite Citadelle, si le lieu est assez haut, afin que les Assiegez s'y puissent refugier, & *Faire ferme*, c'est à dire tenir bon, s'ils venoient à perdre la premiere Fortification.

Fortifier une Place qui est commandée par quelque hauteur.

LA Place qui est disgraciée par le voisinage d'un lieu élevé, est dite *Commandée*, & le lieu élevé s'appelle *Commandement*, qui est *Simple* quand il est de 9 pieds, *Double* quand il est de 18 pieds, *Triple* quand il est de 27 pieds, & ainsi des autres en prenant la hauteur de 9 pieds pour un Commandement. Il y a d'autres especes de Commandemens, que nous expliquerons ici par occasion.

Lorsqu'une Eminence qui commande dans une Place, y regarde, & bat par derriere, comme quand on void la Gorge d'un Bastion jusqu'à l'Angle flanqué,

flanqué, le Commandement s'appelle *de Revers*: & quand une Eminence regarde en face, le Commandement se nomme *de Front* : & enfin quand cette Eminence ou hauteur découvre le long d'une Ligne droite, on l'appelle *Commandement d'Enfilade*, & *Commandement de Courtine*.

On se fortifie contre ces Commandemens par des *Epaulemens*, ou Parapets de terre pour se couvrir, ou bien on leur oppose des Gabions & des Cavaliers: & quand on les a à sa disposition, on les fortifie ordinairement avec des Tenailles, des *Fortins*, ou petits Forts, des Couronnes, & des Cornes, ces deux derniers Ouvrages ayant été inventez principalement pour cela.

Pour fortifier une Place commandée, il faut que les Bastions soient construits solidement, avec des Parapets un peu plus élevez qu'à l'ordinaire ; ces Bastions doivent être pleins & opposez aux Commandemens, pour y élever des Batteries & des Cavaliers, en sorte qu'ils puissent commander les lieux éminens, & découvrir les cachettes de l'Ennemi.

Cela suppose que le Commandement n'est pas trop éloigné de la Place, comme de la portée du Mousquet, ou un peu moins que de la portée du Canon ; car s'il étoit éloigné de la portée du Canon, ou de plus, on n'en devroit faire aucun compte, parce que l'Ennemi n'en sçauroit incommoder la Place. Quand le Commandement est fort proche de la Place, on l'enfermera si l'on peut dans les Fortifications de la Place, autrement on tâchera de l'occuper par un Ravelin ; & si le Ravelin n'est pas assez grand pour l'occuper entierement, on l'occupera par des Ouvrages plus grands, comme par une Corne, ou par une Couronne, comme nous avons déja dit.

Que si l'on ne peut pas faire aucune de ces choses, on bâtira sur l'Eminence un Fort, ou un Château, ou Citadelle, pour empêcher que l'Ennemi ne s'en saisisse; ce qui me semble tres-bon, quand même ce Fort seroit bien éloigné de la Place, comme d'un quart de lieuë : car si l'Ennemi le neglige, il en est battu de revers, & s'il l'attaque, il ne peut empêcher le secours de la Ville, & encore moins enfermer ce Fort dans sa circonvalation, parce qu'elle seroit trop grande, & par consequent tres-facile à passer pour porter des rafraichissemens aux Assiegez.

Fortification des Places qui sont situées sur des lieux élevez.

LEs Places qui sont sur des lieux élevez, se rencontrent ou sur des Montagnes, ou sur des Rochers. Celles qui sont sur les Montagnes ont cet avantage qu'on n'y peut entrer ordinairement que par une ou deux avenuës, & qu'ainsi elles ne sont obligées qu'à fortifier qu'un ou deux côtez : car quand elles ont plusieurs avenuës, elles ont besoin d'être mieux gardées & fortifiées, parce qu'on peut être surpris de plusieurs côtez. Celles qui sont situées sur les Rochers sont encore moins accessibles, parce que leur Enceinte est presque toûjours escarpée par Art, ou par la Nature.

Pour les fortifier sur des Rochers, aprés avoir taillé le Rempart dans le Roc, on y élevera un Parapet de terre, & l'on fera tailler les parties du Rocher qui s'avanceront trop, & remplir de terre les lieux qui seront vuides, afin que ceux qui seront à la défense, joüissent d'un aspect libre de tous côtez. Comme l'on ne peut pas faire le Fossé gueres plus profond que de quatre ou de cinq pieds, à cause de

la

la dureté de la pierre, qui cause une dépense excessive, on le doit faire bien large, & couvrir les Bastions de la Ville avec des Contre-gardes en forme de Demibastions, & aussi avec des Demi-lunes qu'on place dans le Fossé, en sorte qu'elles tirent leur défense de la Place, & qu'elles commandent à la Contrescarpe & aux lieux d'alentour.

Quant aux Villes qui sont situées sur les Montagnes, on couvrira aussi les Bastions qui peuvent être simples ou doubles, avec des Contre-gardes, & les Courtines avec de bons Ravelins, pour empêcher les Approches : & parce que ces Places ne sont pas toûjours exemptes du danger de la Mine, on remediera à cet inconvenient en comprenant le pied de la Montagne d'une legere circonvalation, que l'on creusera de telle sorte, que les Cavaliers, aussi-bien que les gens de pied y soient à couvert.

On fortifiera les endroits de la hauteur, où l'Ennemi se pourroit loger, par des *Bonnettes*, qui sont des avances de terre faites comme un Ravelin, ce qui fait qu'on les appelle aussi *Flèches*. Elles n'ont point de Fossé, mais seulement un Parapet haut de trois pieds, & bordé d'une Palissade : & pour en rendre l'accés plus difficile aux Assiegeans, on ajoûtera une autre Palissade éloignée de la premiere de dix ou douze pas, & haute seulement de trois à quatre pieds hors de terre.

Si la Ville est en partie sur le penchant, & en partie au pied de la Montagne : on fortifiera separement la partie haute de la Ville, en sorte qu'elle soit détachée de celle d'en bas, afin que si celle-ci est prise par l'Ennemi, la plus haute qui est la plus forte, serve de retraite pour y tenir bon. C'est dans celle-là où l'on tient les Magazins & les Munitions, & aussi les Cisternes qu'on y doit faire pour retenir

&

Fortifier une Place située proche d'une Riviere.

PRemierement si la Riviere fait son Canal au travers de la Place, elle y doit entrer & en sortir par une Courtine, qu'il vaut mieux ouvrir qu'un Bastion qui n'est pas si bien flanqué : & si la Riviere est étroite, il suffira de faire dans la Courtine une petite Arche, qu'on fermera par une double grille de fer : & pour éloigner l'Ennemi, on bâtira du côté où on le craint, un petit Fort sur des Pilotis à la portée du Canon. *Planche 34. 72. Fig.*

Si la Riviere est plus large, en sorte que pourtant sa largeur n'excede pas la longueur ordinaire d'une Courtine, qui est d'environ 70 toises, on fera un Bastion de chaque côté, afin que le passage soit mieux flanqué : & pour le mieux flanquer encore à son entrée & à sa sortie, on y plantera des Palissades, & pour empêcher les surprises, on fermera l'entrée par une chaîne de fer soûtenuë par de petits batteaux, ou par des pieces de bois, laquelle on étendra la nuit depuis l'un des bords de la Riviere jusqu'à l'autre.

Si la largeur de la Riviere surpasse la longueur de la Courtine, en sorte que pourtant elle n'excede pas la portée du Mousquet, on fera un Demi bastion de chaque côté, dont chaque Capitale soit le long de la Riviere, afin que ces deux Capitales opposées se défendent mutuellement avec le Mousquet, car si l'on y faisoit des Bastions entiers, leurs faces opposées qui seroient du côté de la Riviere, ne pourroient point être défenduës, & encore moins se défendre l'une l'autre.

Enfin

Planche 34.
71. Fig.

Enfin si la largeur de la Riviere surpasse de beaucoup la Ligne de défense, & que sa profondeur soit telle qu'on n'y puisse avancer aucuns Ouvrages qui se puissent flanquer l'un l'autre, à cause de leur éloignement ; il faudra fortifier cette Ville comme deux Places separées, & faire à droit & à gauche des Redans qui se flanquent les uns les autres : & pour éviter les surprises, on pourra construire sur les Rivages opposez deux Redoutes un peu hautes, pour y loger des Sentinelles, qui y monteront avec une longue échelle, que la Sentinelle retirera quand elle sera montée.

Planche 31.
69. Fig.

Secondement si la Riviere ne fait que baigner un des côtez de la Place, & que ce côté soit fort long, comme AB, parce que cet endroit est de difficile abord, sur tout quand la Riviere est beaucoup large, il suffira de le fortifier avec un simple Rempart & des Redans, pour nettoyer la Riviere : & il sera bon de faire sur le milieu un Ravelin, ou bien un Bastion plat, pour y loger du Canon, qui tiendra tout le côté AB en bonne défense, & d'élever à chacune de ses deux extremitez A, B, un Cavalier, pour battre & découvrir les avenuës de la Riviere.

On fait ordinairement au-delà de la Riviere quelques Ouvrages pour fortifier le Pont, quand il y en a un, comme un Ravelin, qui doit être défendu de la Place par le Mousquet : & si la Riviere est plus large que de la portée du Mousquet, au lieu d'un Ravelin, on y fera un Ouvrage à Corne, ou à Couronne, principalement si au-delà du Pont il y a des Maisons, tant pour conserver les Habitans, que pour garder le Pont.

Pour fortifier l'autre côté de la Place, qui regarde la terre, on verra selon la longueur du grand côté AB, quel Polygone y conviendra le mieux, au cas

DE LA FORTIFICATION IRREGULIERE. 193
cas que le Terrain permette une Figure reguliere, Planqu'on fortifiera par les Methodes precedentes, en che 31.
sorte qu'il y ait deux Bastions ou deux Demi-bastions 69. Fig.
aux extremitez du côté AB, & que ce Bastion ou
Demi-bastion occupe toute la terre, pour pouvoir
de-là plus commodément repousser l'Ennemi qui approcheroit le long de la Riviere.

Parce qu'il est trés-important que le bord de la Riviere soit bien gardé, & que dans cet endroit il ne se rencontre bien souvent que des Demi-bastions, il sera necessaire de le fortifier encore par quelques Dehors, comme par des Ouvrages à Corne, & par dessus on y ajoûte des Ravelins, & encore en cas de nécessité on fait succeder à ces Ravelins d'autres Dehors.

Fortifier une Place située sur le bord de la Mer.

LEs Villes bâties au bord de la Mer se fortifient aussi du côté de la Terre comme à l'ordinaire, & le côté de la Mer se fortifiera par un bon Parapet soûtenu par une forte Muraille, & afin que ce Parapet se puisse défendre, on luy donnera la figure d'une Tenaille, d'un Demi-bastion, ou d'un Bastion entier, & on élevera de distance en distance des Cavaliers ou Plate-formes, dont l'Artillerie servira pour éloigner l'Ennemi & le tenir à la largue : & pour empêcher encore mieux que les Barques ne puissent approcher, on pratiquera sous l'Eau des Ecueils. Enfin on ordonnera si l'on peut la Fortification de la Ville, en telle sorte que l'entrée du Port se trouve au milieu d'une Courtine, afin que l'entrée & la sortie en soit défenduë par le Flanc opposé de chaque Bastion.

Les Ports se fortifient de la même façon que l'entrée

trée des Rivieres, & encore mieux par des Citadelles qui flanquent leur entrée, & au défaut des Citadelles on fortifiera les Rivages de Cavaliers & d Plate-formes, dont l'artillerie servira pour empêcher l'Ennemi d'approcher, & les Pirates de venir brûler & piller les Vaisseaux qui seroient à l'Ancre.

Fortifier une Ville située proche d'un Lac.

LOrsqu'une Ville se rencontre proche d'un Lac qui aboutit par quelqu'une de ses extremitez dans la Terre ennemie, pour éviter les surprises on poussera la Fortification de la Ville jusques aux eaux du Lac, & pour empêcher l'approche des Murailles, on fera entre le Lac & la Fortification de la Ville une Fausse-braye soûtenuë par une petite Muraille: & s'il sort de ce Lac quelque Riviere qui passe par la Ville, on en fermera l'entrée & la sortie, comme nous avons dit ailleurs.

Fortifier une Place située dans une Isle.

LEs Places qui sont dans une Isle, n'ont pas besoin d'une Fortification bien reguliere, parce que l'Ennemi ne peut pas faire des Batteries stables, à cause du mouvement continuel des Vaisseaux, aussi les Bastions pour être fort aigus n'en seront pas moins forts: mais au lieu de Bastions, on se peut contenter de simple Redans, qui se défendent les uns les autres, car quoique l'Eau serve de Fortification naturelle à une semblable Place, neanmoins elle a besoin d'être un peu fortifiée, parce qu'elle peut être surprise par une Flote ennemie.

Avan-

Avantages & Desavantages des differentes situations d'une Place.

Quoique ce discours se puisse appliquer aussi bien à une Place reguliere qu'à une irreguliere, neanmoins il regarde principalement les Irregulieres. On distingue les Places ou selon leur Figure, qui peut être un Quarré, un Pentagone, un Exagone, &c. entre lesquels quelques-uns peuvent être irreguliers, dont nous avons suffisamment parlé : ou bien à l'égard de leur situation, en ce que les unes sont situées dans un Païs sec & élevé : les autres dans une plaine, qui peut être sablonneuse, ou bien de bonne terre forte & grasse, ou bien encore marécageuse dans les Vallées. Enfin les autres sont situées sur le Rivage d'un Lac, ou proche de la Mer, ou de quelque Riviere, ou bien dans une Isle, ou dans quelqu'autre lieu environné d'eau. Toutes ces Places ont les avantages & les desavantages suivans.

Des Places situées sur des Lieux élevez.

LEs avantages d'une Place située sur une Montagne ou sur un Rocher, sont premierement qu'elle joüit d'un bon air. Elle ne peut être minée que difficilement. Si la Fortification occupe tout le sommet, elle est plus meurtriere qu'aucune autre, parce qu'elle découvre tout autour les Travaux de l'Ennemi, qui dans ses approches ne sçauroit élever aucun Ouvrage qui commande à la Place, étant contraint de faire ses Tranchées fort hautes, pour n'être pas vû de la Place, & encore plus le Parapet des Batteries, afin que son Canon soit à couvert par son Recul : & enfin quoy qu'il fasse, il est toûjours à la vûë de ceux de la Place qu'il ne sçauroit voir. Les Montagnes sont d'elles-mêmes si fortes, qu'il ne faut pas beaucoup de peine à aider la nature par l'art, de sorte que la Fortification s'en peut faire à peu de frais; n'ayant pas besoin d'un haut Rempart, ni d'un Parapet bien élevé : & comme l'on n'y peut entrer ordinairement que par une ou deux avenuës, on n'est obligé que de la fortifier & défendre que de ce côté. Si la Place est inaccessible, l'Ennemi ne la sçauroit forcer, & en y mettant une bonne provision de vivres, elle peut tenir fort long-tems, sans qu'il soit besoin d'une forte Garnison pour la garder. Enfin dans les sorties ceux de dedans ont l'avantage d'être toûjours plus hauts, & de tenir le dessus.

Les desavantages d'une Place située sur un lieu élevé, sont premierement que la Place est ordinairement petite, sur tout quand elle est située sur le sommet d'une Montagne, ou d'un Rocher, de sorte qu'on n'y peut bâtir que quelques Châteaux, qui ne peuvent pas être d'une grande resistance : & si l'on y peut construire quelque Fort considerable, il est difficile de le faire regulier, à cause de la Figure capricieuse, que la nature semble avoir donné à ces sortes de lieux, & qu'il est comme impossible de changer pour luy en donner une plus reguliere, quelque soin qu'on y apporte. Ces lieux manquent ordinairement de terre pour les Fortifications, dont la hauteur démesurée facilite les approches, parce qu'il est mal-aisé de tirer le Mousquet de haut en bas, lorsque le Parapet est d'une juste épaisseur : & encore moins le Canon, qui fait plus de mal étant tiré de bas en haut, que de haut en bas. Outre la difficulté du charroi & du trafic, un semblable Lieu manque souvent d'Eau, à quoy neanmoins on remedie

medie par des Cifternes, qui retiennent & confervent les Eaux des Pluyes. Comme le Foffé dans un Lieu fec doit être étroit & profond, on eft obligé de le faire tout au contraire, c'eft à dire plus large & moins creux, pour le moins là où il y a du Roc, par la dureté de la pierre, & par la dépenfe qu'il faut faire pour la tirer. Ces Places font fujettes à être furprifes par Efcalade, parce que la Garnifon étant petite, & fe fiant à la force de la Place, neglige fouvent de faire bonne garde. Enfin la terre étant ordinairement fablonneufe, n'eft pas propre aux Fortifications, ne pouvant pas être de longue durée, tant à caufe des Pluyes qui la détruiront bien-tôt, qu'à caufe du Canon ennemi qui la pourra facilement démolir.

Les Lieux qui font fur la décente, & par confequent commandez, quoy qu'ils foient élevez, font défectueux & difficiles à fortifier, & il y faut remedier en enfermant, s'il fe peut, le Commandement dans les Fortifications, ou bien en faifant, comme nous avons déja dit ailleurs, quelque Château ou Citadelle au Lieu qui commande : & fi l'on ne peut faire ni l'une ni l'autre de ces deux chofes, il faut fe couvrir de plufieurs Pieces les unes devant les autres, comme d'Ouvrages à Corne, à Couronne, &c.

Les Places fituées dans des Vallées environnées de Montagnes de toutes parts, font fi défectueufes, qu'il vaut mieux les laiffer, que de tâcher à les fortifier, parce que quoiqu'on faffe, l'Ennemi étant logé fur les Eminences, foudroyera tout dans la Campagne & dans la Place avec fon Canon.

Des Places situées dans une Plaine.

LEs avantages d'une Place située dans une Plaine sont premierement l'étenduë de la Campagne, qu'on a pour se fortifier à plaisir, & prendre une Figure reguliere convenable à la capacité de la Place, quand le Terrain est par tout égal & uniforme. Comme la Terre y est ordinairement bonne & limonneuse, on s'en peut servir avantageusement pour les Fortifications, tant pour les Remparts & les Parapets, que pour les Cavaliers & pour les Dehors, que l'on pourra faire grands & bien flanquez, par l'abondance de la Terre, & pour la commodité du Terrain, afin de se retrancher plus facilement si l'on est attaqué. Le Terrain d'alentour est fertile & fournit ordinairement ce qui est necessaire à la Place, tant pour les hommes que pour les bêtes. Enfin une semblable Place est tres-propre pour le commerce, principalement quand elle est bâtie le long d'une Riviere, qui facilite le transport des choses necessaires.

Les desavantages d'une Place bâtie dans une Plaine, sont premierement que l'Ennemi joüit des mêmes avantages que ceux de la Place, parce que trouvant la Terre bonne, il fait avec facilité ses Lignes de Circonvallation & ses Approches. La bonté & la fertilité du Terroir luy donne de quoy faire subsister son Armée, & principalement la Cavalerie, & il joüit encore mieux des fruits du Païs que ceux de la Place, qui sont enfermez. Enfin la Terre étant grasse est plus propre à y faire des Mines, & la Place est exposée de tous côtez.

Des Places situées dans un Lieu Marécageux.

LEs Places qui sont dans un Terroir marécageux, & environnées d'Eau de plusieurs côtez sont tres-fortes, & ont cet avantage qu'on ne les peut attaquer que par peu d'endroits, qui peuvent être bien fortifiez en avançant plusieurs Ouvrages les uns devant les autres, en sorte que les plus grands Ouvrages soient opposez du côté de l'Ennemi, pour l'empêcher d'approcher. De plus la Place n'a besoin que d'une legere Fortification, & d'une petite Garnison, parce que les Assiegeans ne peuvent faire facilement des Batteries, ni des Lignes d'approche, étant contraints de transporter de la terre ailleurs. Enfin de semblables Places sont ordinairement exemptes de la Mine.

Mais elles ont ces desavantages, que l'air y est mauvais, & que la dépense est excessive quand on les veut bien fortifier, parce qu'on ne trouve pas de terre pour les Fortifications; car on rencontre bien-tôt l'Eau quand on creuse les Fossez, ce qui oblige à amener la terre de loin, & le fondement est si mol, que bien souvent les Bastions s'enfoncent & se ruïnent d'eux-mêmes, à moins qu'ils ne soient bâtis sur de bons Pilotis, comme à Amsterdam. Enfin l'Ennemi peut tres-facilement fermer les passages, & les Marais peuvent souvent être vuidez par la rupture de quelques Canaux, Digues, ou Ecluses situées proche de la Ville, ce qui fait que l'Ennemi s'en peut rendre le Maître avec facilité au préjudice de la Place, mais quand on craint cela, on doit couvrir ces Marais par des Forts, pour repousser l'Ennemi, & l'empêcher de rien entreprendre de ce côté-là.

Il y a de certaines Places dans la Zelande, & dans une partie de la Hollande, où le Terrain est si bas qu'on peut facilement inonder toute la Campagne quand on veut, en rompant les Digues, comme l'on fit à Landrecy, où une grande partie de l'Armée Espagnole qui l'assiegeoit, fût submergée.

Des Places situées sur le Rivage des Mers & des Rivieres.

LEs Villes assises sur le bord de l'Eau ont cet avantage, qu'on n'y a pas besoin d'une forte Garnison, & que le côté qui regarde l'Eau se peut fortifier quelquefois à peu de frais. On y peut aussi à peu de frais & avec facilité conduire les rafraichissemens necessaires, principalement aux Places Maritimes, parce que les Armées Navales ne peuvent pas toûjours demeurer devant la Place, à cause des tempêtes. Il faut de grandes forces à l'Ennemi, pour se pouvoir rendre Maître d'une telle Place, parce qu'il la doit necessairement assieger par Mer & par Terre. Enfin le voisinage des Fleuves & des Mers rend une Ville Marchande & commode pour les Arts, & mêmes pour l'Agriculture, & pour la conduite du bois, des vivres, & de toutes les autres choses necessaires pour la subsistance des Habitans & de la Garnison.

Si ces Places sont comme celles de la Zelande & de la Hollande, l'Ennemi s'étant rendu Maître des Digues, en les ouvrant il pourra submerger tout le Païs, au grand préjudice de la Place: & pareillement s'étant saisi des Digues & des Ecluses, qui maîtrisent le cours de la Riviere, il pourra par des levées arrêter le cours de l'Eau, & inonder toute la Ville, ou pour le moins une partie. La Riviere &
la

la Mer communique à l'Ennemi par le moyen des Batteaux le même avantage qu'à ceux de la Ville, qui ont à craindre non-seulement l'Ennemi voisin, mais encore les plus éloignez, qui peuvent surprendre la Place par une Flotte imprevûë. L'Ennemi peut sans beaucoup de peine fermer la Riviere par le moyen de quelques Batteaux & de quelques Pontons, & ainsi empêcher le secours de Vivres & d'Hommes que la Garnison peut esperer de ce côté-là. Enfin il n'arrive pas toûjours qu'une telle Place puisse être fortifiée commodément & à peu de frais, tant à cause des Ponts, dont elle ne peut pas se passer, qu'à cause des Ouvrages détachez qu'on est souvent obligé de construire au-delà de la Riviere, pour garantir la Ville de ce côté-là, & de plusieurs autres Ouvrages, comme de Digues, de Canaux, d'Ecluses, de Moulins, de fortes Palissades, & autres choses necessaires pour s'opposer à la violence de l'Eau.

Des Forteresses élevées dans les Isles.

LEs Forteresses qui sont élevées dans des Isles éloignées du Continent de la portée du Canon ou de plus, ont cet avantage qu'elles ne sont point sujettes à l'effort de l'Artillerie, qui dans une telle distance ne peut pas l'endommager : mais le Canon des Vaisseaux ennemis la peut extrémement incommoder. Les Habitans d'une Isle peuvent empêcher la décente de l'Ennemi avec assez de facilité: mais aussi ils peuvent avec la même facilité être surpris par une Flotte ennemie. Enfin la Place s'y peut aisément fortifier & à peu de frais : mais cela suppose que la terre se trouve propre pour les Fortifications, autrement la dépense sera considerable; outre que pour resister à la Marée, ou à l'impetuosité d'un Fleuve, on est souvent contraint de leur opposer des Digues, des Levées, & des Pointes de terre.

Du choix d'une Place qu'on veut fortifier.

PAr les avantages & les desavantages qui naissent de la differente situation d'une Place, desquels nous venons de parler, il est aisé de faire le choix de l'endroit le plus commode, pour y bâtir une Forteresse.

On doit s'attacher principalement à une bonne temperature de l'air, & à la bonté des eaux, parce que le mauvais air engendre la Peste, & que les eaux corrompuës causent la Fiévre & le Scorbut, ce qui produit bien-tôt la ruïne entiere d'une Garnison assiegée.

Il faut prendre une situation autant avantageuse qu'il sera possible, en sorte que la Place commande sans être commandée, qu'elle soit difficile à être assiegée, & qu'en cas de Siege elle puisse être secouruë malgré les Ennemis : & enfin que le Terrain soit bon & propre à la construction des Ouvrages.

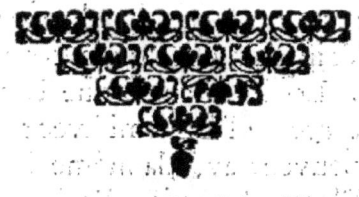

CINQUIEME PARTIE.

DE LA FORTIFICATION OFFENSIVE.

ON appelle *Fortification offensive*, ou *Attaque des Places*, l'Art d'assieger & de prendre les Places fortes, ce qui se fait ou par famine, ou par force. Quand on veut prendre une Place par famine, il suffit de la *Bloquer*, ou *Investir*, c'est à dire d'en fermer tous les passages, pour empêcher ses Convois, & retenir les Habitans dans la Ville, étant certain, que plus il en demeurera dans la Place, moins les Provisions en dureront. Quand on la veut prendre par force, on ne peut pas dire precisément de quelle maniere on la doit assieger, parce que toutes les Places ne sont pas situées d'une même façon, & que cela dépend principalement de la pensée du General, ou du principal Ingenieur, ausquels on n'ose pas ordinairement contredire : mais on peut dire en general, qu'il en faut approcher à couvert par des Tranchées, qui se conduisent jusqu'au pied de la Muraille de la Ville, où l'on donne divers Assauts, comme nous dirons plus particulierement dans la suite.

Nous parlerons ici succinctement du moyen de former un Siege devant une Place, soit pour la prendre à vive force, ou pour la réduire par famine, aprés avoir dit que le dessein du General étant de s'en rendre le Maître, il doit auparavant que de
rien

rien entreprendre, être bien informé des avantages & des desavantages de la Place, par un Plan fidele de la Forteresse & de tout le Voisinage, jusques à un quart de lieuë, ou une demie lieuë, ou bien par le rapport d'un homme d'esprit, adroit, & sçavant dans les Fortifications, afin que selon la qualité de la Place il entreprenne judicieusement le Siege qu'il a dessein de faire, lors qu'il en aura reçû l'ordre du Souverain, qui a resolu en son Conseil de Guerre la prise de la Place.

Voulant faire un Siege devant une Place, il faut considerer si l'on a à craindre une Armée ennemie qui pourroit la secourir, ou si étant absolument Maître de la Campagne, on ne doit rien craindre. Au premier cas, sçavoir lorsque l'on craint un Secours de gens, ou de vivres, il faut faire une espece de Rempart ou Levée de terre, composée d'angles rentrans & saillans, qu'on appelle *Circonvallation*, par des lignes qui se défendent les unes les autres, qu'on nomme *Lignes de Circonvallation*, & qui entourent la Place, & en sont éloignées de la portée du Canon.

Au second cas, sçavoir lorsqu'on ne craint rien, il suffit de disposer les Quartiers de l'Armée par ordre, & sans perdre le temps à faire des Forts, on l'employe aux *Tranchées d'approche*, qui sont des chemins creux couverts d'un Parapet du côté de la Place, qui conduisent à couvert par des lignes obliques les Attaques des Assiegeans jusqu'à la contrescarpe.

Nous parlerons plus particulierément des Tranchées d'approche & de la Circonvallation, aprés que nous aurons dit quelque chose des Forts de Campagne, pour parler ensuite des Batteries, des Galeries, & des Mines.

Des

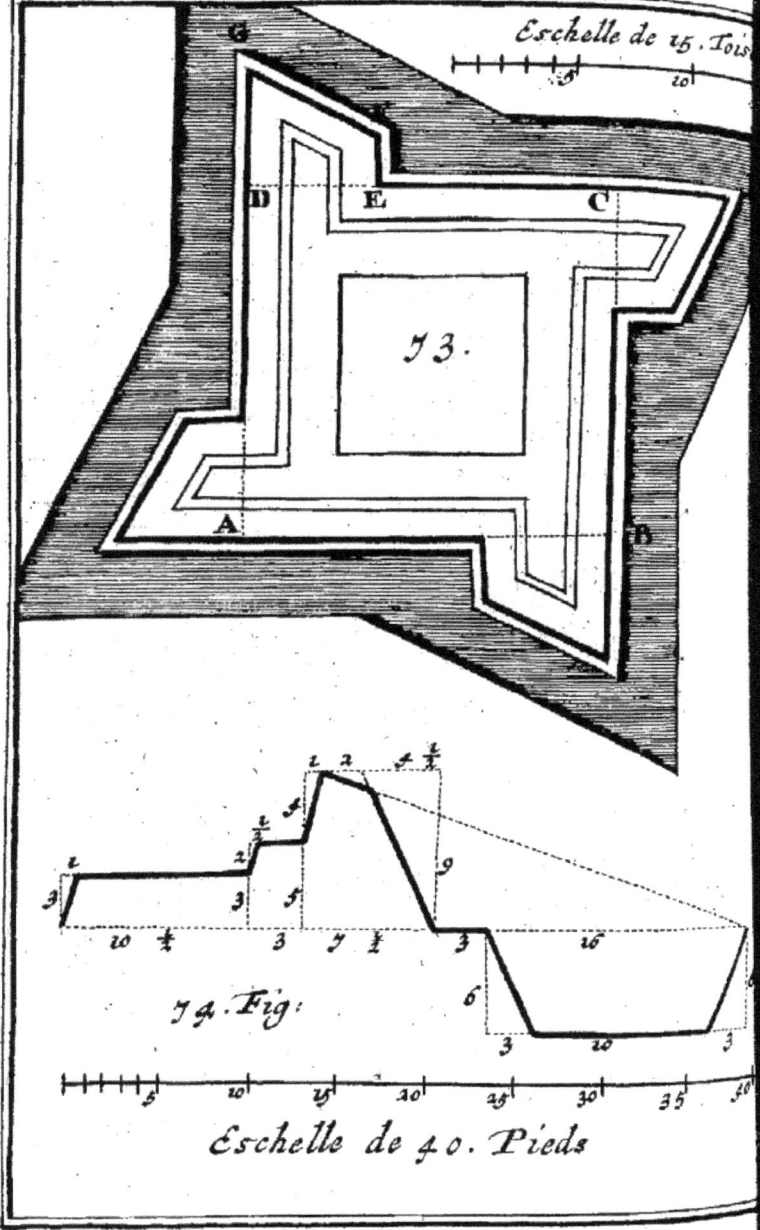

Des Forts de Campagne.

LEs Forts de Campagne, qu'on appelle aussi *Fortins*, servent non-seulement pour les Sieges, mais encore pour les Places fortifiées, parce qu'il se rencontre quantité de Places qui sont commandées de quelque hauteur, ou qui ont leurs avenuës & chemins entre-coupez de Rivieres, de Ponts, ou d'Eminences, dont on veut s'assurer, & alors on ne le peut mieux faire qu'en élevant des Forts de Campagne proche ces lieux-là. Ainsi deux raisons nous obligent d'en donner ici la construction.

Construire un Fort à Demi-bastions.

LE Fort à Demi-bastions se fait en Triangle, ou en Quarré, & quelquefois en Pentagone, & ils se décrivent tous trois d'une même façon, telle que vous l'allez voir pour le Quarré, qui servira de Modele pour les deux autres.

Pour décrire par exemple le Demi-bastion EFG, prolongez le côté AD vers G, en sorte que le prolongement DG soit égal au tiers du même côté AD. Faites aussi la Demi-gorge DE égale au tiers du côté DC, ou à la Capitale DG. Enfin tirez du point E, sur CD, le Flanc perpendiculaire EF égal à la moitié de la Demi-gorge DE, pour avoir la Face GE. C'est de la même façon que l'on fera les trois autres Demi-bastions, & le Quarré se trouvera fortifié, auquel on ajoûtera en dehors un Relais & un Fossé, & en dedans un Rempart & un Parapet, avec sa Banquette, suivant leurs largeurs, que nous avons marquées en nombres qui representent des Pieds, dans le Profil, qu'il ne sera pas difficile de décrire.

Planche 35. 73. Fig.

74. Fig.

Les

Planche 35.
74. Fig.

Les côtez d'un semblable Fortin sont ordinairement de 15 à 20 toises, quand ils sont employez pour la circonvallation : car on les fait bien plus grands, quand on les veut faire servir à d'autres choses, comme pour occuper quelque hauteur, pour arrêter une Armée, pour garder un Pont, pour couper & empêcher un passage, &c. suivant la necessité des lieux où on les veut bâtir. Entre tous les Fortins, le Quarré est le plus commode & le plus ordinaire, qu'on fortifie quelquefois à doubles Demi-bastions, ou à Bastions coupez, comme

Planche 36.
75. Fig.

ABCD, en donnant la cinquième partie du côté aux Demi-gorges DE, CE, & autant aux Flancs perpendiculaires EF, ou seulement la sixiéme partie, & en tirant des Lignes razantes, qui donneront sur les côtez prolongez les pointes G, &c.

76. Fig.

Si le Quarré est plus long que large, comme ABCD, dont la longueur AB est double de la largeur BC, on pourra faire sur le milieu des deux grands côtez AB, DC, des Bastions plats, donnant à la Demi-gorge EF, & au Flanc perpendiculaire FG, la dixiéme partie du même côté, & en faisant la capitale EH égale à la Gorge FF. On en pourra faire autant sur le milieu des deux autres côtez plus petits AD, BC, ou bien seulement une *Avance* KLK, en donnant à sa Demi-gorge IK, & à sa Capitale IL, environ la cinquiéme partie du même côté, &c.

Décrire une Redoute.

77. Fig.

COmme les Redoutes, qu'on appelle aussi *Reduits*, se font à la hâte en temps de Guerre, dans une Circonvallation, pour servir de Corps-de-Garde, & assurer la Circonvallation contre la Contrevallation,

Fortification Planche 36. Page 206.

Fortification Planche 37. Page 207.

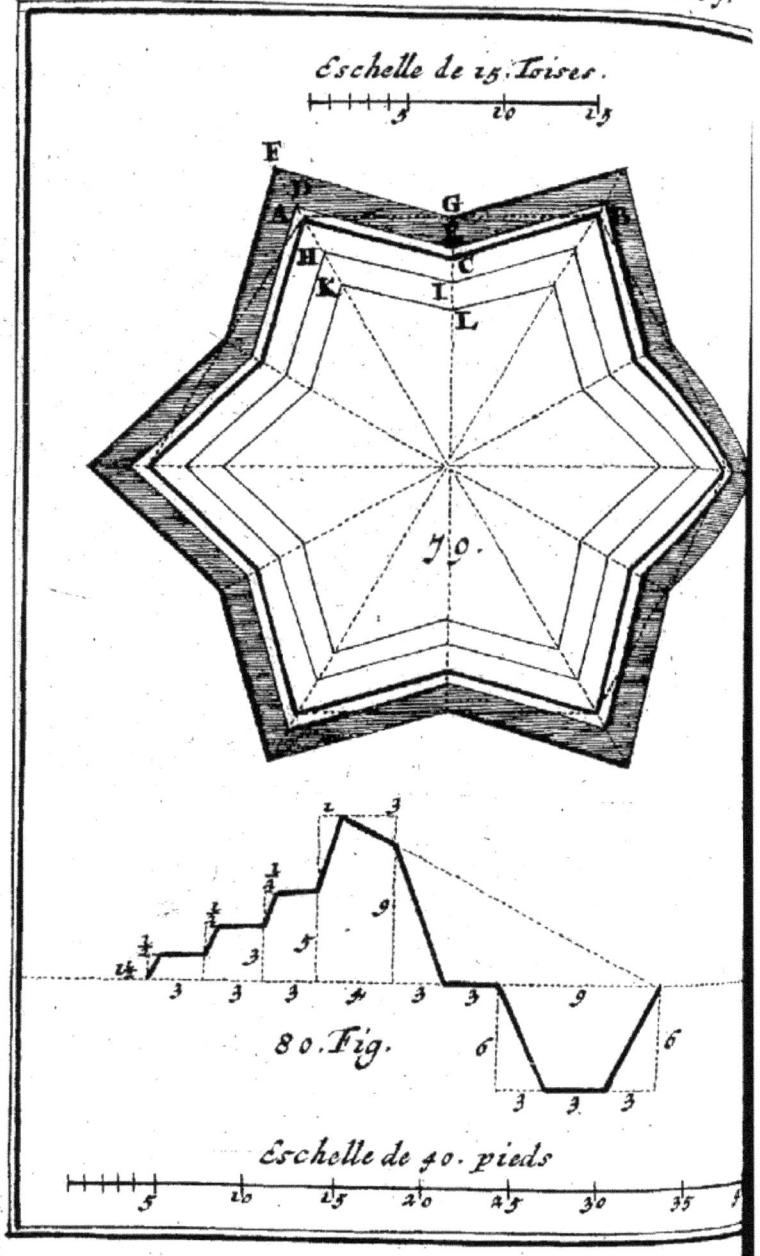

DE LA FORTIFICATION OFFENSIVE. 207

tion, & les Lignes d'approche; on les fait simplement quarrées sans aucunes défenses, comme ABCD, dont les côtez peuvent être de 10, de 15, ou de 20 toises, selon la capacité du Terrain, & le nombre d'hommes qu'on y veut mettre. On luy donne en dehors un Relais & un Fossé, & en dedans un simple Parapet avec sa Banquette, selon leurs largeurs que vous voyez marquées en nombres qui representent des Pieds dans le Profil, qui par ces nombres ainsi marquez, se peut tres-facilement décrire. Planche 36. 77. Fig.

78. Fig.

Décrire un Fort à Etoile.

ON appelle *Fort à Etoile*, ou simplement *Etoile*, une espece de Redoute composée d'Angles rentrans, & d'Angles saillans, dont on se sert non-seulement dans la Circonvallation pour s'assûrer de son Enceinte, & à fortifier les Quartiers d'un Siege, mais aussi pour environner quelque Poste qu'on veut conserver, comme pour enfermer de petits Châteaux, des Eglises, & d'autres lieux particuliers qui se rencontrent proche des Villes.

Ce Fortin se fait à quatre, à cinq, ou à six Pointes, & quelquefois à sept & à huit Pointes, ou Angles saillans, dont chacun est de 60 degrez dans le Quarré, de 80 dans le Pentagone, & de 90 dans les autres Polygones : & par consequent sa moitié KAC de 30 degrez dans le Quarré, de 40 dans le Pentagone, & de 45 dans les autres Polygones. Planche 37. 79. Fig.

La ligne DE, qui est parallele à la Tenaille AC, termine le Relais, la ligne FG le Fossé, la ligne HI le Parapet, en y comprenant son Talud, & la ligne KL la place des trois Banquettes, dont les largeurs se connoîtront par l'Echelle particuliere du Plan, &

encore

encore mieux sur le Profil par le nombre des pieds que nous avons ajoûté à chaque ligne.

Quoique nous ayons donné des Profils differens pour ces Forts de Campagne, il ne faut pourtant pas s'arrêter à leurs mesures comme à des proportions necessaires & invariables : car suivant la qualité du Terrain, & selon que le Fort qu'on entreprend est plus considerable, on peut agrandir le Profils, cela dépendant de la prudence de l'Ingenieur.

Diverses manieres pour fortifier un Triangle équilateral.

PArce que le Triangle équilateral est trop imparfait, n'ayant pas assez d'étenduë pour pouvoir être bien fortifié, nous ne l'avons pas mis dans la Fortification reguliere, quoi qu'il se puisse fortifier regulierement, & aussi en plusieurs autres manieres differentes, comme vous allez voir.

Premiere Methode.

PRemierement si l'on veut fortifier un Triangle équilateral, comme ABC, avec des Bastions, on pourra donner à chacune des Demi-gorges AD, BD, la cinquiéme partie du côté AB, & la moitié de la Demi-gorge à chaque Flanc DE, qui doit être perpendiculaire sur la Courtine, aprés quoy la Pointe G du Bastion se trouvera par des Lignes de défense razante.

Comme l'on ne peut pas éviter d'avoir les Faces trop longues, & les Angles flanquez trop aigus, on pourra mettre un Ravelin devant la Courtine, si le Plan est de consequence, comme par exemple s'il enferme

Fortification Planche 38. Page 209.

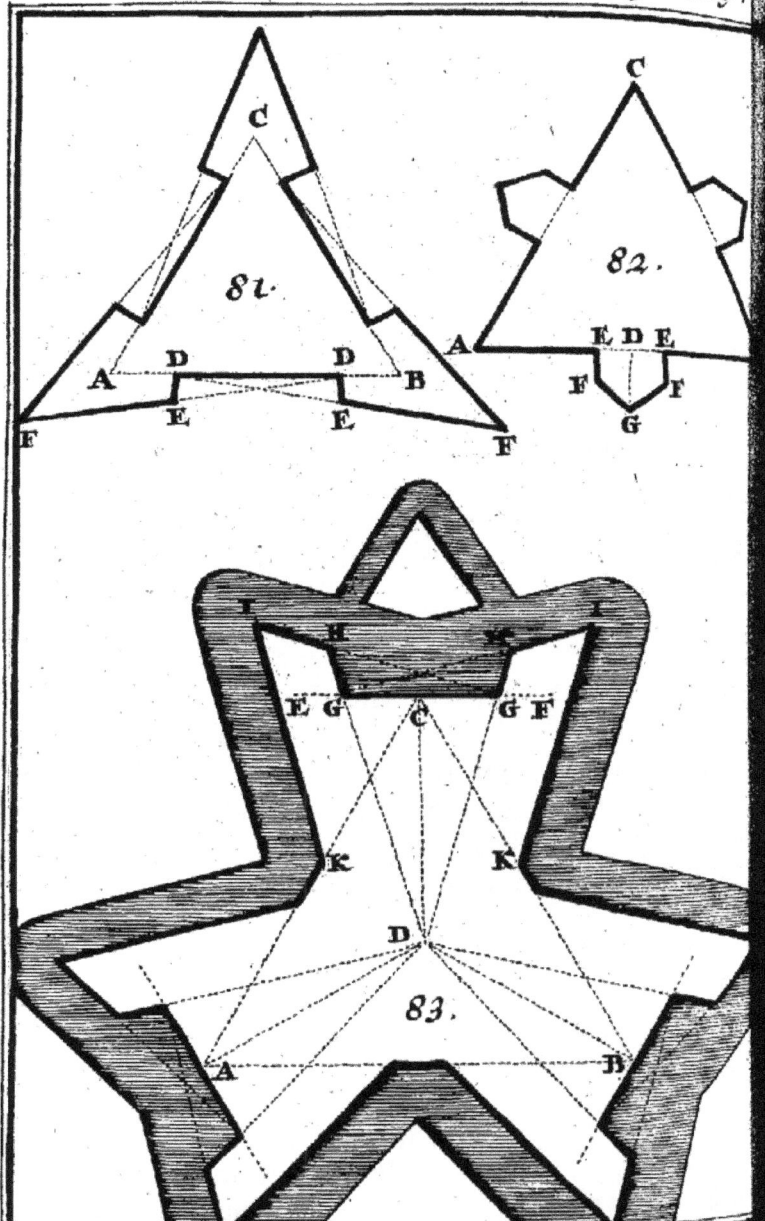

enferme une Isle, car s'il ne sert que pour un Fort de Campagne, qui ne doive point souffrir de Siege, ce Ravelin me semble assez inutile.

Seconde Methode.

ON peut aussi fortifier un Triangle équilateral, comme ABC, en construisant sur le milieu de chaque côté un Bastion plat, dont chaque Demi-gorge DE, & chaque Flanc perpendiculaire EF, soit la cinquiéme partie de la moitié AB, ou BC, & la Capitale DG égale à la Gorge EE. Il est évident qu'un Triangle fortifié de la sorte n'est bon que pour un Fort de Campagne, parce que les Faces de ses Bastions plats ne sont presque point défenduës. Planche 38. 82. Fig.

Troisiéme Methode.

QUand un Triangle équilateral est destiné pour un Fort de Campagne, comme ABC, on le fortifie ordinairement par des Demi-bastions, ce qui se peut faire en prenant chaque Demi-gorge, comme CD, égale à la cinquiéme partie de son côté BC, & le Flanc perpendiculaire DE égal à la moitié de cette Demi-gorge, & enfin en prolongeant le côté AC en F, en sorte que CF soit égale à CD, pour tirer la Face EF, &c. Planche 39. 84. Fig.

Quatriéme Methode.

ON peut encore fortifier le même Triangle équilateral ABC par des Bastions coupez, qu'on appelle aussi *Bastions accolez*, en faisant la Demi-gorge CD égale à la quatriéme partie du côté AC, ou BC, & en donnant au Flanc perpendiculaire DE la 85. Fig.

la moitié de la Demi-gorge CD; après quoy on tirera une Ligne razante, pour y prendre la Face EF égale à ligne EC, & pour joindre la Tenaille CF, &c.

Planche 39. 85. Fig.

Cinquiéme Methode.

ENfin l'on peut assez bien fortifier un Triangle équilateral, comme ABC, par une Tenaille renforcée, qu'on peut faire sur chacun de ses Angles, lorsqu'on a assez de place dans la Campagne, ou assez de temps, & que le Prince en veut faire la dépense, en cette sorte.

Planche 38. 83. Fig.

Ayant tiré du centre D, les Rayons DA, DB, DC, tirez par tous les Angles à chaque Rayon, comme au Rayon DC, la perpendiculaire EF égale à ce Rayon, en sorte que chacune des deux lignes CE, CF, soit égale à la moitié du Rayon CD.

Faites les Demi-gorges EG, FG, égales chacune à la cinquiéme partie du côté EF, & tirez du centre D, les Flancs GH égaux aux Demi-gorges. Enfin tirez les Lignes razantes GHI, pour y prendre les Faces HI égales chacune au tiers du même côté EF, & pour tirer par les points I, les Aîles IK paralleles aux Flancs GH, & vous aurez tout le Triangle dans une bonne défense.

Fortification d'un Quartier d'Armée.

COmme une Armée dans le Campement qu'elle fait au Siege d'une Place, ne peut pas camper toute entiere dans le même endroit, on la divise en plusieurs parties ou Corps de Troupes, qu'on appelle *Quartiers*, où pour le moins le Terrain que chaque Corps occupe, dont la figure est semblable

Fortification Planche 39. Page 211.

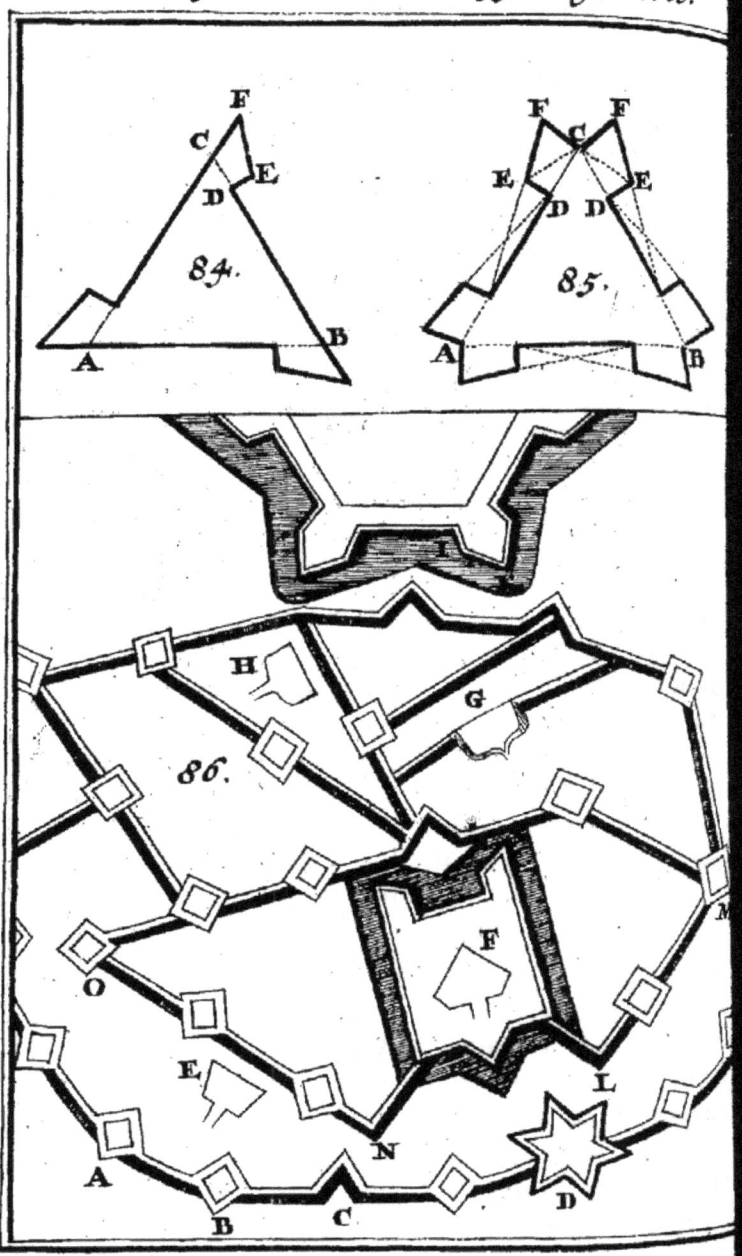

blable à celle d'un Quarré-long, qu'on fortifie plus ou moins, selon que l'Ennemi est à craindre, comme nous allons dire d'abord, sans parler plus particulierement de la distribution des Quartiers & des Logemens, qu'on appelle *Castrametation*, parce que cela n'appartient pas à la Fortification, de laquelle nous prétendons seulement parler ici.

Ayant disposé les principaux Quartiers aux lieux les plus commodes pour les Fourrages & pour les Eaux, & les moins exposez à l'Ennemi, sur tout où il y ait de l'Eau, s'il se peut, on fortifiera par des Redans, ou par des Avances, ceux qui seront trop exposez à l'Ennemi, les environnant d'un Fossé large au moins de huit ou dix pieds, & profond de cinq à six pieds, avec un Parapet haut de cinq à six pieds aussi, ou de plus quand on craint les Ennemis, comme de huit ou de neuf pieds, & épais de huit ou dix pieds. Ce Parapet doit avoir deux ou trois Banquettes, pour élever suffisamment le Soldat, quand il n'y a point de Rempart, car on y en ajoûte quelquefois un, dont la hauteur est de quatre ou cinq pieds, & l'épaisseur est de deux ou trois toises : En quoy on prendra garde, que le Fossé doit toûjours être vers l'Ennemi, & son petit Rempart sur le bord du côté des Assiegéans.

Chaque Angle de ce Quarré-long peut recevoir un Bastion, & entre-deux un Bastion plat, ou seulement des Avances, ou Angles saillans, en prenant garde que tous ces Ouvrages ne doivent pas être éloignez l'un de l'autre de plus de cinquante ou soixante toises, afin que la défense en soit plus certaine, à cause de leur petite hauteur : & pour une plus grande assurance, on pourra avancer vers les lieux, d'où l'on craint plus l'Ennemi, quelque Fort qui couvrira ces Ouvrages & le Quartier ; la figure de ce Fort sera semblable à quelqu'une de celles dont nous avons enseigné la construction, & tous les Quartiers doivent toûjours avoir entr'eux & l'Ennemi la Circonvallation, dont nous allons parler.

De la Circonvallation.

Planche 39. 86. Fig.

LEs Quartiers étant ordonnez, on considerera combien il faut de Forts pour environner la Place, & former la Circonvallation, si l'on en veut faire une; car comme elle demande de grandes dépenses, & beaucoup de temps pour l'élever, on la neglige, quand il n'y a pas une forte Garnison dans la Place, ou quand l'Ennemi n'a point d'Armée assez forte pour secourir la Place.

La Figure de la Circonvallation dépend de la qualité du Terrain, & on luy doit donner de circuit le moins qu'il sera possible, afin qu'elle soit plus facile à défendre, en profitant de tous les avantages que la nature & la disposition du lieu peuvent donner. Les Forts se feront plus ou moins legers, selon que l'on craint plus ou moins l'Ennemi.

Il ne faut pas, s'il se peut, que ces Forts soient plus éloignez l'un de l'autre de 240, ou de 250 toises, qui est le double de la portée ordinaire du Mousquet, afin que la Mousquetairie de l'un & de l'autre, puisse atteindre au milieu de cette distance: & si l'on est contraint de les éloigner davantage, on bâtira entre-deux des Tenailles, ou des Redoutes, comme A, B, qui seront toûjours quarrées, ou en Lozange, & un de leurs côtez doit faire face du côté de la Campagne, ou bien elles y doivent presenter un de leurs Angles, afin que les côtez qui forment ces Angles, puissent être défendus de la Ligne de Circonvallation.

Ces

DE LA FORTIFICATION OFFENSIVE.

Ces Forts étant aſſignez aux lieux les plus avanta- *Plan-*
geux, & les Redoutes ou les Tenailles où il en ſera *che 39.*
beſoin, on dreſſera la *Ligne de communication*, *86. Fig.*
ainſi appellée, parce qu'elle communique par tous
ces Forts, Redoutes & Tenailles, étant un Foſſé
continuel large de douze à quinze pieds, & profond
de cinq ou ſix, dont on jette la terre vers l'Ennemi
pour ſe couvrir, & par certains intervalles on diſpo-
ſe des Redans, ou bien de petites Avances en forme de Ravelins, comme C, pour mieux flanquer.

Ainſi la Circonvallation ſera formée, laquelle ſi
l'on a ſeulement à craindre un ſecours, doit être
dreſſée contre le même ſecours, ce qui eſt le plus
ordinaire, diſpoſant le Foſſé vers la Campagne, &
le Parapet vers la Place aſſiegée ſur le bord de la Ligne de Circonvallation. On tire par deſſus ce Parapet, qui pour cette fin doit avoir une ou deux
Banquettes: ou bien on luy peut faire des Embraſures de brique ouvertes par dehors d'un pied &
demi. On ſe ſert auſſi de Gabions, ou de Corbeilles pleines de terre.

Mais ſi dans la Place aſſiegée, il y a une forte
Garniſon, ou une Armée refugiée, on dreſſe au
contraire la Circonvallation vers la Ville, & alors
cette Circonvallation s'appelle *Contrevallation*, &
Contreligne, comme dans cette figure. Que ſi l'on
craint de toutes parts, on fait une ſeconde Circonvallation, dont l'interieure, ou Contrevallation ſert contre la Ville, pour ſe tenir à couvert
contre les Sorties, & l'exterieure contre la Campagne, pour reſiſter à l'Ennemi qui pourroit avancer pour faire lever le Siege.

On doit laiſſer entre la Circonvallation & la
Contrevallation, c'eſt à dire entre la Circonvallation exterieure & interieure un eſpace ſuffiſant pour

la Place d'Armes, afin qu'à l'arrivée d'un secours on ait assez de place pour ranger les Bastions destinez à soûtenir l'effort de l'Ennemi, qui pourroit venir tant du côté de la Campagne, que de la Place assiegée.

Quand la Garnison est forte, les Assiegeans commencent à remuer les terres par la Contrevallation, pour faire en après la Circonvallation. Les Lignes qui vont d'un Ouvrage à l'autre, s'appellent *Lignes de communication*, & on appelle *Lignes en dedans* le Fossé de la Contrevallation, qui est vers la Place assiegée, pour empêcher les Sorties : & *Lignes en dehors* le Fossé de la Circonvallation, qui est vers la Campagne, pour empêcher le secours. Enfin la Ligne de Circonvallation s'appelle *Défensive*, parce qu'elle sert simplement à se défendre & à se mettre à couvert : & la *Ligne de Contrevallation*, c'est à dire celle qui est entre les Camps & la Place, & qui met les Assiegeans en assurance contre la Ville, se nomme *Ligne offensive*, parce qu'elle donne le moyen d'attaquer la Place en *ouvrant la Tranchée*, c'est à dire en commençant le Travail de la Tranchée, qui a la *Queüe*, ou le commencement toûjours tourné vers les Assiegeans.

Pour la construction de ces Forts, elle est facile par ce qui a été enseigné auparavant, & leur figure est en Quarré, ou en Pentagone, ou tout au plus en Exagone, soit à Bastions formez, ou en Etoile seulement, comme D. Le Front doit avoir au moins dix toises, & il peut être plus grand à discretion, jusqu'à 20 toises, suivant le Terrain & le nombre d'hommes qu'on y veut mettre en Garde, en quoy on aura égard si le lieu est exposé à l'Ennemi, ou s'il y a apparence qu'il doive faire ses efforts par un tel endroit ; car cela étant, on y fera un Fort plus

plus grand , & plus capable d'Hommes.

Les Lignes de Circonvallation & de Contrevallation ressemblent à une simple Tranchée conduite d'un Fort à l'autre, & elles doivent aboutir au milieu des Forts, afin qu'elles en soient enfilées & défenduës. Celles de la Circonvallation interieure, qui sont les plus proches de la Place, doivent être hors la portée du Canon, à moins qu'on ne rencontre quelques Rideaux, & lieux couverts, parce que dans ces endroits on les peut approcher davantage : & celles de la Circonvallation exterieure ne doivent pas aussi être beaucoup éloignées, excepté quand on veut occuper quelque hauteur, dont les Ennemis pourroient incommoder les Quartiers, & forcer les Lignes.

Des Ponts pour la communication des Quartiers.

LOrsque quelque grande Riviere passe dans la Ville assiegée, on doit faire un Fort sur chaque bord, & principalement sur celuy d'où vient la Riviere en remontant, & qui est plus haut que la Place, pour couvrir le Pont de Batteaux qu'on y fait, afin que l'on puisse aller d'un Fort à l'autre, & que les Quartiers se puissent donner secours l'un l'autre : car sans Pont & sans communication, l'Armée seroit trop separée, quoy qu'elle ne fût divisée qu'en deux Corps, que l'Ennemi pourra plus facilement attaquer & défaire.

Nous avons dit qu'il faut faire ce Pont plûtôt sur le haut de la Riviere que du côté de la décente, parce que le Pont qui seroit fait de ce côté-là, pourroit être brûlé ou rompu par quelque Batteau plein de feu d'artifice, ou chargé de grosses pierres, qu'on

Planche 39. 86.Fig. pourroit lâcher de la Ville. On peut remedier à ce danger en plusieurs manieres, & sur tout en lâchant les Cables qui tiennent le Pont, lorsque de loin on verra décendre quelque Batteau, qui poussera le Pont à côté, & l'Artifice trouvant un passage n'aura aucun effet.

Ce Pont doit être comme vous voyez, bien gardé de jour & de nuit, & il doit avoir vingt ou vingt-cinq piéds de largeur, afin que deux Charrétes y puissent commodément passer, & qu'il y ait encore du passage de reste pour les gens de pied. Les Batteaux qui le soûtiennent doivent être à peu prés également hauts, & également longs, afin que le Pont soit uni & d'une largeur égale par tout: & ils peuvent être éloignez l'un de l'autre en ligne droite de douze ou de quinze pieds. Ils sont ordinairement de bois, & quelquefois de cuivre, & on les joint par des Poutres, qu'on couvre de fortes Planches, ou d'autres pieces de bois rangées les unes contre les autres.

Des Batteries.

Planche 39. 86.Fig. EN commençant la Circonvallation, l'on doit dresser quelque Batterie contre les Assiegez, pour appuyer les Pionniers qui travaillent aux Tranchées, derriere lesquelles on met d'autres Batteries plus proches de la Place assiegée, comme G, H, pour en rompre les défenses, & démonter les Pieces des Assiegez. Elles ne doivent pas être éloignées de la Place de plus de 160 toises, parce qu'autrement leur Artillerie n'auroit pas assez de force pour rompre les Défenses, & ruïner les Parapets. Elles ne doivent pas aussi être trop proches de la Place, de peur que leurs coups ne passent par dessus les Parapets,

DE LA FORTIFICATION OFFENSIVE. 217

pets, ou qu'on ne tire trop obliquement de bas en haut. *Planche 39. 86. Fig.*

Il y a plusieurs sortes de Batteries, dont nous avons parlé ailleurs, & dont par conséquent nous ne parlerons point ici : nous dirons seulement que les Batteries enterrées sont les plus usitées, pour faciliter les Approches, & ruïner les Parapets & les Défenses des Places ; & que les Batteries les plus hautes ne servent d'ordinaire que pour battre de revers les Fortifications de l'Ennemi, ce qui l'incommode beaucoup, & l'oblige souvent à se rendre, comme il est arrivé à la Citadelle de Besançon assiegée & prise par le Roy en l'année 1674.

Nous dirons encore, qu'on appelle *Batteries croisées* deux Batteries, dont les Tirs se rencontrant sur le Corps qu'ils abattent, y forment un Angle droit, ou un Angle approchant du droit, ce qui fait une percussion plus violente, & un débris plus considerable, parce que le boulet de l'une de ces Batteries abat ce que le boulet de l'autre a déjà ébranlé. Telles sont à peu prés les deux Batteries G, H, d'où l'on voudroit faire une Brêche à la Face opposée IK.

Enfin nous dirons que les Batteries enterrées se font en creusant dans la terre la place des Canons qu'on y veut mettre, & en jettant la terre de côté & d'autre vers la Place assiegée. Ces Batteries ne peuvent pas être vûës du Canon ennemi, comme les autres, mais aussi elles n'ont pas un si bon effet, parce qu'elles ne peuvent découvrir que les extremitez des Parapets élevez au dessus du Rempart.

Les Batteries ne doivent pas être beaucoup éloignées des Quartiers, ou des Forts qui les défendent, afin qu'elles soient en seureté contre les sorties des Ennemis, qui pourroient venir *enclouer le Canon,*

Canon, c'est à dire le rendre inutile, en bouchant sa Lumiere avec un gros clou, ou avec des caillous.

<small>Planche 39. 86.Fig.</small>

Quand on fait la Tranchée la premiere, on doit mettre la Batterie entre la Tranchée & une Redoute, comme E, afin que son entrée soit mieux défenduë. On peut aussi enfermer les Batteries dans un Ouvrage à Corne, comme F, ou dans quelqu'autre Ouvrage qui ait un bon Fossé, & qui puisse être défendu de l'Artillerie contre les sorties des Assiegez.

On ne peut pas dire au juste la largeur d'une Batterie, parce qu'elle dépend du nombre des Pieces qu'on y veut mettre. Quand ce nombre sera déterminé, il n'y a qu'à le multiplier par douze, pour avoir la largeur de la Batterie, parce que les Canons y sont éloignez l'un de l'autre de douze pieds, afin qu'on ait assez de lieu pour servir & charger le Canon.

<small>Planche 40. 87.Fig.</small>

Ainsi pour quatre Pieces de Canon, la largeur AB de la Batterie sera d'environ 48 pieds, sans y comprendre la longueur des lignes AC, BC, qui est d'environ 5 pieds, & la largeur CD du Parapet qui n'est que de 6 pieds, parce qu'il est à côté : car pour la largeur CE du Parapet qui couvre les Canons, elle doit être au moins de 15 pieds.

Mais la profondeur EH de la Batterie, est toûjours de 30 pieds environ, parce que le Canon monté sur son Affût a 15 ou 18 pieds de long, & qu'il luy en faut bien 10 ou 12 pour son Recul. La largeur EG du Plancher de la Batterie est d'environ 15 pieds, & par consequent le reste GH aussi de 15 pieds. L'entrée IK est de 12 pieds, & le reste KL qui est vuide, d'environ 35 pieds.

Nous avons déja dit ailleurs, que le Plancher ou lit EG de la Batterie est fait de bonnes Planches de chênes,

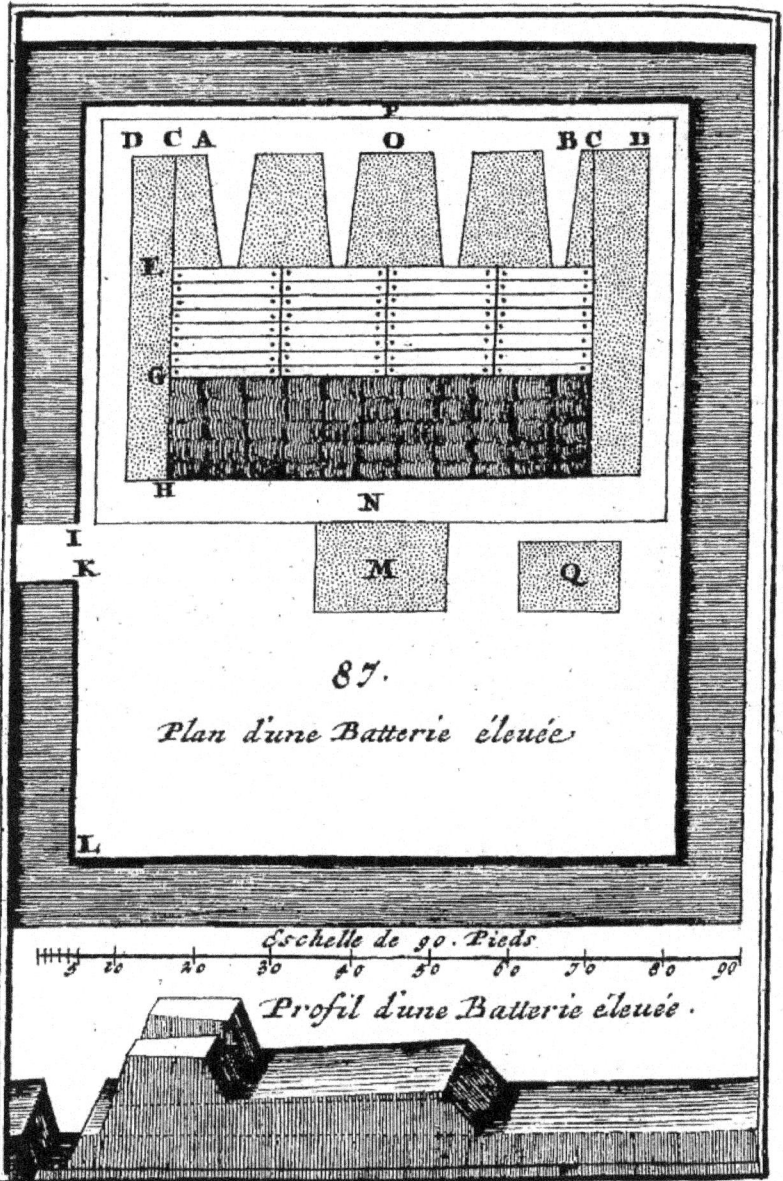

87.
Plan d'une Batterie éleuée.

Eschelle de 90. Pieds

Profil d'une Batterie éleuée.

DE LA FORTIFICATION OFFENSIVE. 219

chênes, cloüées ſur des Poutres, pour empêcher que les Roües des Affûts ne s'enfoncent dans les terres, & que ce Plancher va un peu en penchant vers le Parapet, comme d'un pied, afin que le Canon ne recule pas tant, & qu'on le puiſſe plus facilement remettre en ſa place, & en état de tirer. *Planche 40. 87. Fig.*

Et nous dirons ici, que le reſte GH de la Batterie vers le derriere, eſt couvert de fortes *Clayes*, qui ſont des Ouvrages faits avec des branches d'arbre, étroitement entrelaſſées les unes avec les autres, afin que l'on puiſſe plus facilement aller & venir par deſſus ſans être incommodé de la terre, comme il peut arriver quand elle eſt graſſe & humide.

On pratique dans le Foſſé un Chemin ou Pont IK, large de dix ou douze pieds, pour entrer dans la Batterie, & derriere la même Batterie un eſpace Q creuſé dans terre, pour y mettre les Munitions: il eſt couvert de cuir, ou de quelque couverture faite de poil de cheval, pour éviter le feu qui ſe pourroit mettre aux poudres, & c'eſt à cauſe de cela qu'on n'y en met pas beaucoup à la fois.

La place M repreſente la montée pour aller ſur la Plate-forme de la Batterie. Le reſte eſt aiſé à comprendre en regardant la Figure, dont les meſures, auſſi-bien que celles du Profil qui eſt en bas ſe connoîtront en portant la largeur du Talud interieur N, celle du Talud exterieur O, celle du Relais ou Liziere P, ſur l'Echelle qui eſt commune au Plan & au Profil.

On donne au Parapet qui couvre les Canons, autant d'Embraſures qu'on y veut loger de Pieces, comme ici quatre Embraſures pour quatre Canons. Le Paparet eſt haut de ſix pieds, & les Embraſures de trois, que l'on ferme avec de gros ais à l'épreuve

du

Planche 40. 37. Fig. du Mousquet pour cacher à l'Ennemi ce que l'on fait dans les Batteries : & pour le mieux tromper encore, on peut faire plus de Canonieres que de Canons.

Pour battre un Flanc, on luy oppose ordinairement le double de Canons qu'il contient : & parce que les Batteries destinées à cela, ont un Flanc opposé à la Place assiegée, on leur doit ajoûter un petit Parapet de ce côté-là, comme AC, ou BC, auquel nous n'avons donné que six pieds de largeur, & il en doit avoir autant de hauteur, afin que ceux qui sont au service de l'Artillerie, y soient à couvert.

On est quelquefois contraint par la disposition du lieu, ou par les Travaux de l'Ennemi, & aussi pour le battre de revers, de faire des Batteries hautes, qui dans ce cas prennent le nom de Cavaliers, ou de Plate-formes : & pour y travailler, on peut tendre des toiles, afin qu'on les puisse faire sans être vû : & mêmes il sera bon d'en mettre en plusieurs endroits, pour tromper les Assiegez.

Des Tranchées d'approche.

LA circonvallation étant toute achevée, & garnie de Forts, de Redoutes, de Fortins, &c. si le dessein est de prendre la Place par famine, il ne faut rien autre chose que disposer l'Artillerie aux lieux les plus commodes, & donner ordre à l'entretenement de l'Armée : mais si l'on veut prendre la Place par force, il faudra faire les Tranchées d'approche, qu'on appelle aussi *Lignes d'approche*, ou simpleemnt *Approches*, que l'on commencera à 140 ou 150 toises de la Contrescarpe, pour éviter les Mousquetades, & ceci se fait la nuit, aprés

DE LA FORTIFICATION OFFENSIVE.

que de jour on a reconnu le Lieu, en quoy un bon Plan-Geometre a beaucoup d'avantage, parce qu'ayant bien remarqué la situation par le moyen de la Boussole, il s'empêchera mieux de faire des Tranchées enfilées, ce qui est le plus grand défaut d'une Tranchée. De plus parce que les Soldats doivent être mis en garde dans la Tranchée même, elle ne doit pas être moins profonde que de six ou sept pieds, ni moins large que dix ou douze, & la terre qu'on en tirera doit être jettée sur le bord vers l'Ennemi, pour en former une espece de Parapet. Les deux principales Tranchées sont ici LM, NO, entre lesquelles on a construit un Ouvrage à Corne, afin que les Soldats s'y puissent assembler.

Planche 39. 86. Fig.

Il est bon d'avancer sur les Aîles de chaque Tranchée vers la Campagne, des *Logemens* ou Epaulemens, en forme de Traverses, pour mieux empêcher les sorties des Assiegez, & ainsi favoriser l'avancement des mêmes Tranchées en soûtenant les Travailleurs. Ces Logemens ou Epaulemens sont de petites Tranchées qui regardent de front la Place assiegée, & aboutissent d'un bout dans les grandes Tranchées.

Les Plate-formes pour les Batteries se font derriere les Tranchées, comme nous avons déja dit ailleurs; ainsi les premieres sont un peu loin de la Place, comme E, & ne servent que contre les Sorties: puis les Tranchées s'approchant, on fait des Batteries plus proches, comme G, H, pour ruïner les *Défenses*, c'est à dire les Parapets, & pour démonter l'Artillerie de la Place. Enfin les Batteries pour faire Brêche, sont les plus proches de la Contrescarpe, comme nous dirons plus particulierement dans la suite.

Les Tranchées qui vont en serpentant sont bonnes, mais

Planche 39. 86. Fig.

mais elles ne sont pas si-tôt achevées que celles qui sont continuées sur la même ligne. Leurs Lignes doivent être défenduës environ de cent en cent toises par des Redoutes, qui peuvent servir de retraite en cas qu'on fût repoussé par une Sortie trop vigoureuse. Le Parapet de ces Redoutes doit être plus haut & plus fort que celuy des Tranchées, avec un Fossé tout autour: & mêmes ce Parapet doit être plus haut que la Campagne de quatre ou cinq pieds.

On peut changer de route après la Redoute qui doit flanquer les deux Tranchées, en allant à la droite, si la Tranchée a été conduite vers la gauche, comme en O : ou bien en allant vers la gauche, si l'on a conduit la Tranchée vers la droite, comme en N. Si la necessité oblige de faire quelque Tranchée enfilée, il la faut couvrir aux yeux des Ennemis par des Gabions, ou par des Fascines: ou pour le moins élever de temps en temps un Parapet qui en couvre une partie.

Planche 41. 89. Fig.

Ces Fascines se rangent & s'entassent sur deux ou plusieurs *Chandeliers*, qui sont des Pieux, comme AB, CD, qu'on éleve à plomb sur une piece de bois semblable à EF, pour soûtenir des Planches, des Rameaux, des Fascines; & generalement tout ce qui peut couvrir, en sorte que les Ennemis ne puissent voir ce que l'on fait derriere.

Quand la Tranchée est au Glacis, & qu'elle se pousse de front vers la Place assiegée, on couvre les Travailleurs par en haut avec des *Blindes*, qui sont des pieces de bois que l'on met de travers sur la Tranchée, pour soûtenir les Fascines ou les Clayes chargées de terre, lesquelles en cette façon couvrent les Travailleurs, & les garantissent des feux d'artifice & des pierres que l'Ennemi peut jetter dessus.

Les

Fortification Planche 41. Page 223.

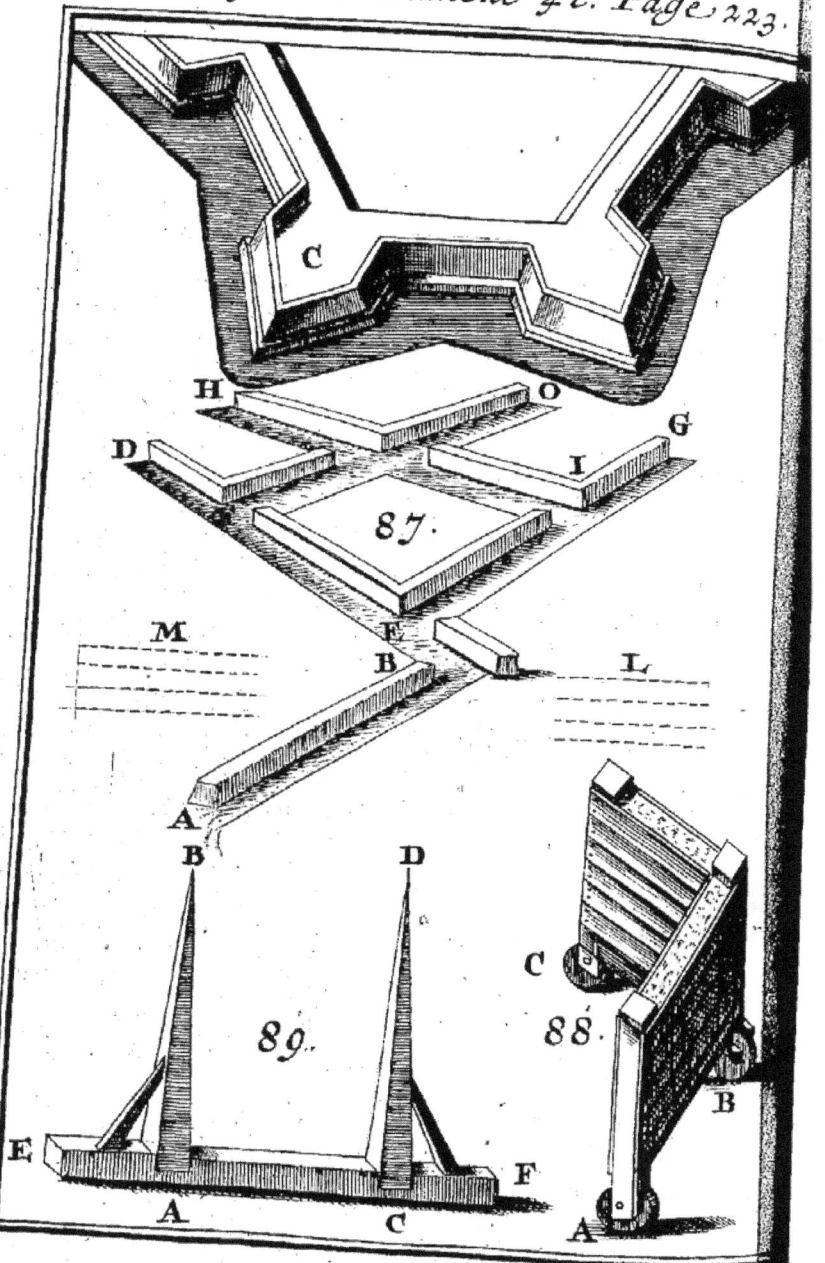

DE LA FORTIFICATION OFFENSIVE. 223

Les petites Tranchées que l'on conduit d'une Tranchée à l'autre, lorsqu'on en fait deux, pour secourir plus facilement celle qui seroit la premiere attaquée par les Assiegez, s'appellent *Boyaux*, auxquels on ajoûte aussi de distance en distance des Redoutes ou des Demi-redoutes. Ces Boyaux doivent être conduits en gagnant le Terrain du côté de la Place : & comme ils pourroient être enfilez proche les Contrescarpes, on les fait paralleles aux Courtines de la Place, afin de tirer continuellement sur ceux qui paroîtront au Rempart, & ainsi favoriser la Sape & le Logement des Contrescarpes. Planche 41. 87. Fig.

Des Attaques d'approche.

ON appelle *Attaque d'approche*, ou *Attaque d'un Siege*, la conduite des Tranchées qu'on fait pour approcher à couvert d'une Place dont on veut se rendre le Maître : or quoy qu'on ne veüille faire qu'une seule Attaque, neanmoins il est bon d'en faire plusieurs, pour tromper l'Ennemi, partager ses forces, & favoriser les veritables Attaques, qu'on appelle *Attaques droites*, quand elles sont faites dans les formes, c'est-à dire conduites par des Travaux bien reglez, telles que sont celles dont nous allons parler, les autres attaques qui sont feintes, étant appellées *Fausses Attaques*.

L'Attaque de la *Fig.* 86. n'ayant été faite que legerement pour vous faire comprendre en general cette conduite de Tranchées, & les Forts qui les défendent, n'est pas suffisante pour vous bien instruire à dresser une Attaque droite ; c'est pourquoy nous donnerons d'autres figures, où cette conduite sera expliquée plus particulierement & plus exactement, selon les differentes manieres qui m'ont semblé les meilleures, & les plus estimées.

Pre-

Premiere sorte d'Attaques.

Planche 41. 87. Fig.

NOus commencerons par la plus simple Attaque, qu'il ne faut que regarder pour la comprendre. Ayant donc commencé la Tranchée AB, à la portée du Mousquet, ou à la portée du Canon, & mêmes au-delà, quand on juge qu'il peut incommoder les Travailleurs, en sorte qu'elle ne soit pas enfilée, ou vûë directement du Bastion opposé C, autrement son Parapet ne pourroit pas servir pour couvrir le Soldat, & il seroit impossible d'y demeurer; vous pourrez faire à son extrémité B, une Redoute qui flanquera cette Tranchée AB, & son *Détour* ED. Cette Tranchée AB se doit commencer la nuit, en assignant la longueur de quatre ou cinq pieds à chaque Pionnier, dont chacun se couvrira de terre le plûtôt qu'il pourra, en jettant la terre devant soy, pour luy servir de Parapet, qu'il suffit de faire haut seulement de trois pieds au dessus de la Campagne, parce que la Tranchée se trouvant profonde d'autant, le Parapet se trouvera élevé de six pieds au dessus de la Tranchée, & il sera par consequent capable de couvrir son homme, c'est pourquoy il doit avoir une Banquette.

On mettra de côté & d'autre de la premiere Tranchée AB des Soldats à pied & à cheval, comme L, M, au nombre de deux ou trois cens, pour soûtenir & défendre les Travailleurs, dont les premiers qui ouvrent & poussent la Tranchée, travaillent à genoux, & ils ne font d'abord qu'un petit Fossé, que ceux qui les suivent, élargissent, & creusent peu à peu. Il faut faire en sorte que la Tranchée avec les Redoutes, & les Logemens qu'on y fera, soient en état devant le jour, pour soûtenir,

DE LA FORTIFICATION OFFENSIVE. 225

en cas de besoin contre les sorties des Assiegez, tant Plan-
les Soldats qui y travaillent, que quelque Batterie che 39.
qu'on y peut mettre, pour continuer de jour avec 86.Fig.
plus de puissance. On doit changer les Travailleurs
chaque matin, & en avoir de nouveaux, afin que
ceux-ci achevent de jour ce que les autres n'ont pû
faire la nuit.

 Le lieu de l'ouverture de la Tranchée doit être
marqué par le Maréchal de Camp, ou par le General : en quoy l'on prendra garde que s'il se trouve
quelque Maison à couvert contre les Mousquetades
& l'Artillerie des Assiegez, on pourra s'en servir
pour l'ouverture de la Tranchée, lorsque pour y
aller, il n'y aura que fort peu de Terrain qui soit enfilé de la Place, y envoyant les Pionniers à couvert
de quelques *Mantelets*, qui sont de grosses Planches de bois ordinairement de Chêne, hautes environ de cinq pieds, larges de trois, & épaisses
d'environ trois Pouces, pour resister aux coups de
Mousquet : & pour les rendre plus forts, on en
augmente l'épaisseur par deux ou trois Planches
qu'on attache l'une contre l'autre par des bandes
de fer.

 Ces Mantelets sont appellez *Simples*, car il y en Plan-
a de *Doubles*, comme ABC, qui se font en mettant che 41.
de la terre entre deux Planches, & qui servent or- 88.Fig.
dinairement à faire les Approches & les Batteries
proche de la Place assiegée, en les faisant rouler devant soy, & les conduire où l'on veut, par des
Roües, sur lesquelles ils sont élevez debout.

 Nous entendons ici par *l'ouverture de la Tran-* 87.Fig.
chée, le commencement du travail de la Tranchée: &
par la *Conduite de la Tranchée*, le progrez ou l'avancement de la Tranchée, dont le bout, comme B,
qui est du côté de la Place, se nomme *Tête de la*
     P   *Tran-*

Planche 81.
87. Fig.

Tranchée, l'autre bout A, qui est vers les Assiegeans étant appellé *Queuë de la Tranchée*, comme nous avons déja dit ailleurs.

Lorsqu'on sera au bout des Lignes d'approche, comme O, H, à cinq ou six pieds de l'Angle saillant du Glacis, on commencera à percer la Contrescarpe, ce qui s'appelle *Faire la sape*, pour passer par dessus le Glacis, & ainsi s'ouvrir un chemin pour venir à couvert au passage du Fossé, lorsqu'on a essuyé tous les obstacles que les Assiegez pouvoient opposer au travail des Tranchées, & que malgré leurs frequentes Sorties, on les a enfin conduites jusqu'à l'Esplanade, ce que l'on fera plus facilement, si l'on fait les Lignes ou Boyaux IH, FO, qui étant garnies de Mousquetaires, empêcheront par leurs décharges, que les Assiegez ne s'opposent au dessein qu'on a de passer le Fossé.

Seconde sorte d'Attaques.

Planche 42.
90. Fig.

VOus avez dans la *Fig.* 90. une seconde sorte d'Attaques, qu'il ne faut aussi que regarder pour la comprendre : c'est pourquoy nous l'expliquerons ici en peu de lignes.

Il faut d'abord tracer une grande Place d'Armes A, longue de 60 toises, éloignée des derniers Dehors de la portée du Mousquet, & parallele à la Courtine qui joint les deux Bastions, vers lesquels on veut conduire les deux Attaques, ausquelles cette Place d'Armes est commune, où l'on pourra mettre deux Bataillons d'Infanterie, un à chaque extremité, & au milieu un Escadron de Cavalerie.

Les deux Tranchées se font à l'extremité de la Place d'Armes en ligne droite, ou bien en approchant peu à peu de la Place attaquée, selon la longueur

Fortification Planche 42. Page 227.

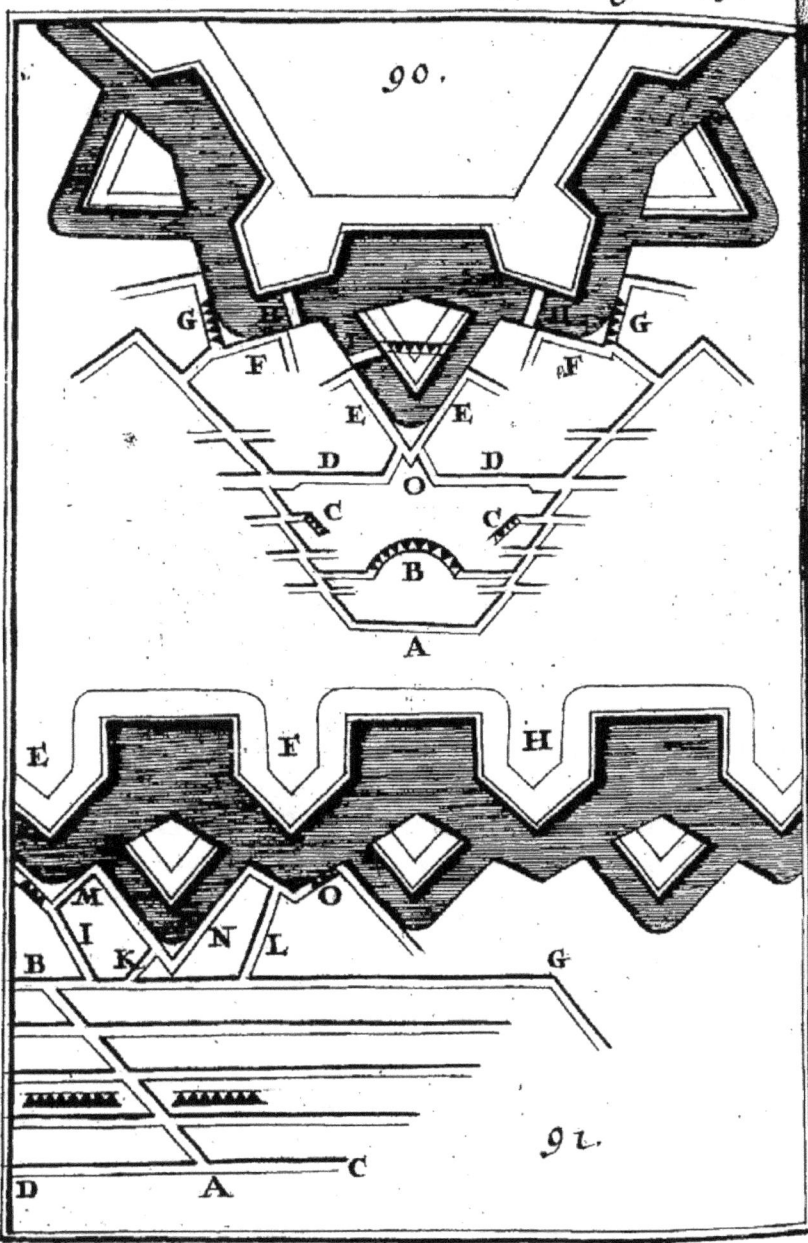

gueur du côté exterieur de la Place, en sorte neanmoins qu'elles ne soient pas enfilées de la Place, sur chacune desquelles on fera de petites Places d'Armes paralleles à la premiere & plus grande, éloignées entre elles de 25 toises, & longues environ d'autant. *Planche 41. 99. Fig.*

Entre les deux premieres petites Places d'Armes, il y a deux Boyaux paralleles à la grande, entre lesquels on voit une grande Batterie B, capable de dix Pieces de Canon, qui a été faite en arc, afin qu'elle puisse battre de tout côté, & elle a, comme vous voyez, communication avec ces deux Boyaux, afin qu'on y puisse aller à couvert.

Aux extremitez interieures de la troisiéme petite Place d'Armes, il y a deux petites Batteries C, capables chacune de deux pieces de Canon, pour rompre les Faces du Ravelin, ce qui se fera d'autant plus facilement, qu'elles approcheront d'être paralleles à ces Faces, parce que les coups tirez à angles droits font plus d'effet que ceux qui sont tirez à angles obliques.

Aux extremitez interieures de la quatriéme petite Place d'Armes, on a tiré deux longs Boyaux D, paralleles à la Courtine, qui s'approchent en ligne droite vers O, l'un de l'autre d'environ dix toises, pour tenir à couvert les Mousquetaires, qui, comme nous avons déja dit ailleurs, doivent faire un feu continuel, tandis qu'on fait les Logemens sur la Contrescarpe, comme E, F, qui doivent avoir communication avec la Place d'Armes, comme E, ou avec la Tranchée, comme F.

Ce Feu continuel, avec celuy des quatre dernieres Places d'Armes des deux Attaques, & des trois Batteries, empêchera les Mousquetaires de la Place assiegée de tirer sur ceux qui travaillent, les faisant tirer en l'air & perdre leurs coups: Or quoique le Canon doive tirer continuellement, neanmoins il ne doit pas *tirer par camarade*, c'est à dire que tous les Canons ne doivent pas être tirez à même temps, mais les uns aprés les autres, autrement ils ne pourroient pas faire un Feu continuel, parce qu'il faut du temps pour les charger & les remplacer.

Pour empêcher que ces Logemens qui se font sur les Angles saillans de la Contrescarpe, ne soient enfilez & vûs de quelque endroit de la Place, ou des Dehors, on les doit couvrir de quelques bons Epaulemens H, I, à l'épreuve du Canon : & l'on en doit élever encore deux autres, pour faciliter le passage du Fossé, quand on veut attacher le Mineur, ou *Monter à l'Assaut*, c'est à dire monter à la Brêche, ou bien Escalader. Les deux Logemens F, qui se font sur l'Angle saillant de la Contrescarpe du grand Fossé, doivent avoir deux Batteries G, chacune de deux Pieces de Canon, pour rompre les Flancs des Bastions opposez, sans quoy il est difficile de traverser le Fossé.

En faisant les deux Attaques, on doit avancer également les Travaux de chaque côté, afin que les deux Attaques soient prêtes en même temps, & que les Assiegez par leurs Sorties ne puissent pas s'emparer de la plus foible, qui seroit la moins avancée. Toutes les Places d'Armes sont larges de quinze pieds, & profondes de quatre, & elles ont leur Parapet haut de trois pieds au dessus de la Campagne, ce qui fera environ neuf pieds au dessus de la Place, parce que la terre de ce Parapet ne peut pas être battuë si commodément que celle des Remparts & des Dehors des Places, ou des autres Défenses, qui se font à loisir, & avec plus de liberté.

L'Escadron de Cavalerie, & les deux Bataillons d'Infan-

DE LA FORTIFICATION OFFENSIVE. 229

d'Infanterie, que nous avons postez dans la grande Planche 42. Place d'Armes A, servent pour défendre la Tran- 90. Fig. chée : & pour le faire avec ordre à mesure qu'on l'avancera, lorsque les deux premieres petites Places d'Armes des deux Attaques seront faites, on y placera la moitié de chaque Bataillon, qui y demeurera l'espace de 24 heures : & après que les deux Places d'Armes suivantes en approchant de la Place, seront achevées, ces deux derniers Bataillons les doivent occuper, pour mettre en leur place les deux qui sont restez dans la grande Place d'Armes : & pareillement lorsque les deux troisiémes Places d'Armes seront faites, on y placera les Bataillons des deux secondes, & en leur place on mettra dans ces deux secondes les Bataillons des deux premieres, & la moitié de la Cavalerie viendra cependant occuper cette derniere Place d'Armes, & ainsi ensuite.

Troisiéme sorte d'Attaques.

CEtte troisiéme sorte d'Attaques est bonne, 91. Fig. lorsqu'on a à attaquer une Place, dont le côté exterieur est fort long, car dans ce cas, on ne sçauroit attaquer par deux Tranchées droites, parce qu'il seroit difficile que l'une de ces deux Tranchées ne fût enfilée de la Place : c'est pourquoy on n'en fera qu'une seule, comme AB en ligne droite par le milieu de la premiere Place d'Armes CD éloignée du côté exterieur de 100 toises, ensorte que cette Tranchée AB ne soit pas enfilée du Bastion opposé E, après quoy le reste est facile à comprendre par l'inspection de la Figure, & par ce qui a été dit auparavant.

Les deux Batteries qui sont entre la seconde & la
P 3 troi-

Planche 42.
91. Fig.

troisiéme Place d'Armes, sont capables chacune de cinq Pieces de Canon. Tous les Boyaux compris entre chaque Place d'Armes, & qui sont des parties égales de la Tranchée, sont comme auparavant, longs chacun de 25 toises, larges de six pieds, & profonds de quatre. Ces premières Batteries sont ordinairement élevées sur quelque petite hauteur, lorsqu'il s'en trouve de commode sur le lieu, car ainsi elles peuvent battre moins obliquement, & presque au Niveau du Parapet du Rempart.

Les Places d'Armes qui sont plus proches de la Place, doivent être un peu plus longues vers la droite que les plus éloignées, de sorte que la plus proche & derniere GB est la plus étenduë de toutes, pour s'approcher mieux à couvert du Bastion F, sans être enfilé de l'autre Bastion H. On fera sur cette Place GB trois Tranchées ou Boyaux I, K, L, pour la communication qu'elle doit avoir avec les Logemens M, N, O, qui comme dans l'Attaque precedente, sont faits sur les trois Angles saillans de la Contrescarpe, lesquels Logemens servent à ruïner les Défenses des Flancs avec de l'Artillerie, & à percer la Contrescarpe pour entrer dans le Fossé, y faire une Galerie, aller jusques à la Face du Bastion, & y attacher le Mineur comme nous allons dire plus particulierement.

De la Sape, de la Galerie, & des Mines.

Nous avons dit ailleurs ce que c'est que *Mine*, & nous dirons ici que la *Sape* est une ouverture qu'on fait en décente dans la terre à cinq ou six pieds de l'Angle saillant du Glacis, pour venir à couvert dans le Fossé: & que la *Galerie*, qu'on appelle aussi *Traverse*, quand elle sert pour traverser

le

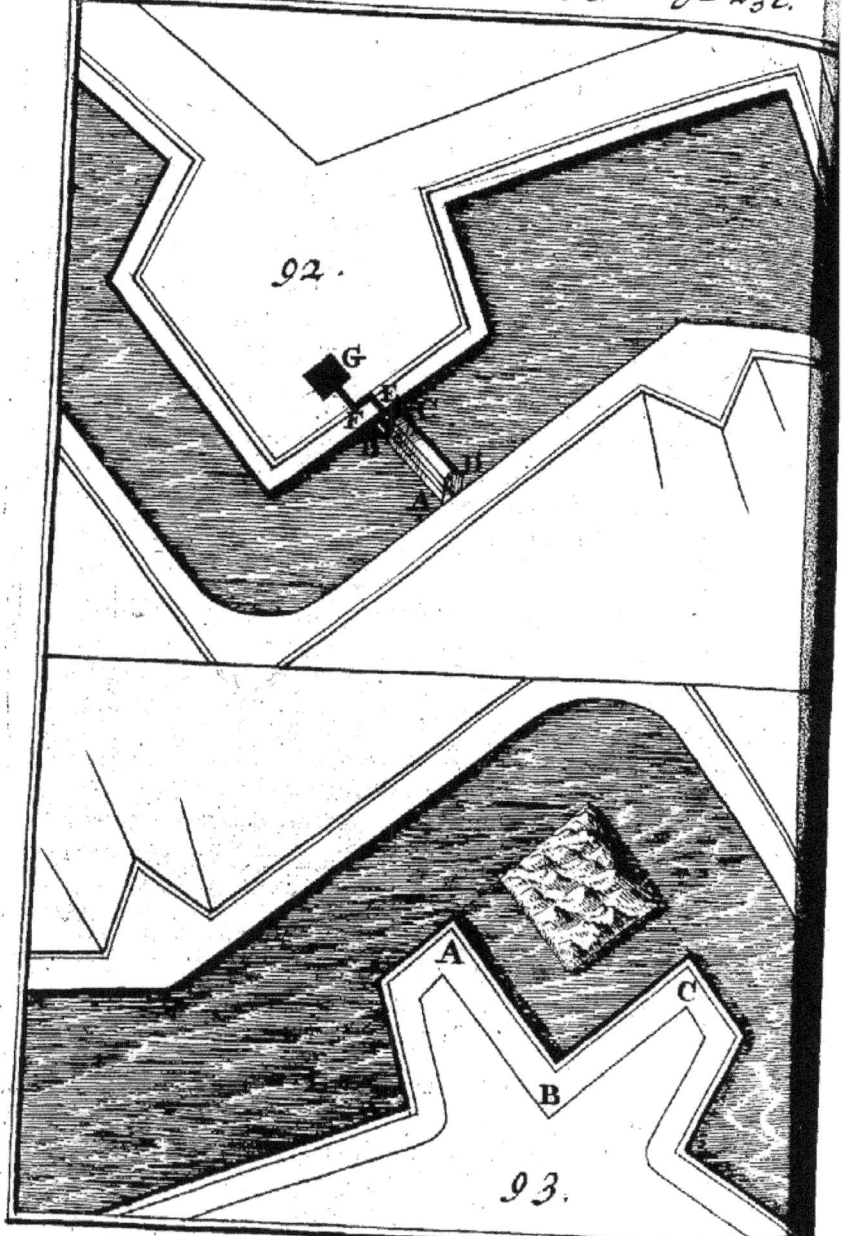

Fortification Planche 43. Page 232.

le Fossé, comme ici, est une longue allée couverte de terre, pour éviter les pierres & les feux d'artifice, & bordée de part & d'autre de grosses Planches à l'épreuve du Mousquet, que l'on pratique dans le Fossé, pour passer le Mineur, lorsqu'on a abattu les Défenses des Flancs du Bastion opposé, & reduit en tel état qu'on n'apprehende plus le Canon, comme ABCD. *Planche 43. 92. Fig.*

Les Tranchées étant donc avancées jusques sur la Contrescarpe, où se fait la principale Tranchée par plusieurs grands Logemens bien couverts, il en faut chasser les Assiegez, par le moyen de quelques Fourneaux, ou autrement, rompant & coupant la Contrescarpe en quelques endroits pour s'y loger soy-même. Cela étant fait, si l'on veut faire Brèche avec l'Artillerie pour donner l'Assaut, on fait joüer les Batteries : mais si l'on veut faire sauter le Rempart par Mines, il faut conduire une Galerie au travers du Fossé, & pour cette fin l'on fait par dessous la Contrescarpe une décente couverte, perçant cette Contrescarpe vis-à-vis la Face du Bastion, le plus à couvert que l'on peut, puis la nuit on plante les premiers pieux de la Galerie, qui sont épais d'un demi-pied, & éloignez l'un de l'autre de trois, pour y élever les ais que les Charpentiers doivent avoir tous coupez de mesure ; & pour éviter les Mousquetades, il faut avoir des Mantelets pour se couvrir, ou bien on jettera dans le Fossé de la terre & des Fascines en forme de petite Montagne, qu'on divisera peu à peu, pour y loger la Galerie, qu'on fera d'autant plus forte, en couvrant ces Pieux ou Soliveaux de bonnes Planches en dedans & en dehors, & en remplissant l'entre-deux de terre, sur tout du côté de la Courtine ; & parce que quand le Fossé est un peu large, une partie de la Galerie peut

P 4   être

être découverte par le Canon du Flanc opposé, qu'il est difficile de pouvoir ruïner entierement, sur tout quand il est couvert d'un Orillon, dans ce cas on couvrira la Galerie d'une Traverse en forme de Parapet épais de deux ou trois toises, la terre & les Fascines qu'on a jettées de ce côté-là, pouvant servir à dresser cette Traverse.

Continuant de la sorte toutes les nuits, & le jour mêmes, si l'on peut, on attachera la Galerie à la Face du Bastion, qu'on attaque plûtôt que la Courtine, parce que la Courtine est mieux défenduë, étant entre deux Bastions qui la flanquent, outre que la défense de la Courtine est plus courte, & par conséquent plus dangereuse pour les Assaillans. Il faut se souvenir de bien couvrir la Galerie de Gazons, ou de Fer-blanc, pour éviter le feu d'artifice : & pour empêcher que ce feu ou les pierres que les Assiegez pourroient jetter dessus, ne s'y arrête, on fera le toit de la Galerie à Angle aigu. Cette Galerie sera haute de sept ou huit pieds, & large d'autant, ou un peu davantage, pour y pouvoir passer plus aisément. Enfin on prendra garde que les Ais qui regardent le Flanc, soient à l'épreuve du Mousquet.

Une Galerie est plus necessaire pour traverser un Fossé sec, qu'un où il y a de l'eau, parce que souvent on traverse l'eau sans Galerie avec un Pont, sans que les Assiegez puissent beaucoup nuire, à cause de l'eau même qui empêche leurs Sorties. Ce Pont doit être massif, comblant le Fossé jusqu'à fleur d'eau, ou un peu plus haut, avec de la terre ou des Fascines, dans lesquelles on mettra de grosses pierres pour les faire enfoncer, & c'est la forme de Pont la plus assurée. Cela se fait pendant que les Mineurs qui trouvent facilement moyen

de

DE LA FORTIFICATION OFFENSIVE. 233

de passer l'eau travaillent à la Mine, laquelle ayant Planfait son effet, on va à l'Assaut par dessus ce Pont, sur che 43. lequel on peut dresser une Galerie d'ais, ou de feüil- 92. Fig. lages seulement, pour n'être pas vû des Assiegez.

Pour passer plus aisément un Fossé plein d'eau, on peut quelquefois détourner l'eau, & quand la Campagne est plus basse que le Fossé, on le peut aisément mettre à sec, en quoy il faut prendre garde de ne pas inonder les Lignes. Quand le Terrain est propre, on peut aussi passer le Fossé en faisant une Galerie ou Mine sous terre, & en plusieurs autres manieres que chacun peut facilement inventer selon le lieu, & la qualité du Terrain.

Quand la Galerie est attachée au Bastion, on peut pour ôter visée aux Assiegez, faire une autre Galerie au pied de l'Escarpe, montant vers la Pointe du Bastion, afin qu'on ne puisse pas juger en quel lieu on perce le Rempart pour faire la Mine, & aussi pour le percer en plusieurs endroits par plusieurs Mines, ou petits Fourneaux, que l'on continuë l'un aprés l'autre, pour gagner peu à peu les Défenses & les Retranchemens des Assiegez, & se rendre ainsi maître de tout le Bastion. Or en quelque lieu qu'on perce le Rempart, on fait le *Canal* E, fort étroit, comme de quatre pieds, de sorte qu'il n'y peut passer qu'un homme à la fois, car il suffit qu'on y puisse rouler un Baril de poudre, & la hauteur se fait d'environ quatre pieds, de sorte qu'on y travaille à genoux, & l'on met la terre dans des paniers, que les Ouvriers passent entre leurs jambes, & se la donnent l'un à l'autre fort promptement, pour la tirer dehors.

Le Canal de la Mine étant continué en ligne droite jusqu'à la longueur de quatre ou cinq pieds, on le détourne à droit ou à gauche, comme EF que

P 5 l'on

Planche 43.
92. Fig.

l'on fera de dix pieds, en allant toûjours en serpentant de dix en dix pieds, jusqu'à ce qu'on soit arrivé au lieu où l'on veut faire la Chambre des Poudres: & dés qu'on aura rencontré la terre du Rempart, on la doit étançonner de Planches, de peur que la terre ne s'éboule. Ces détours se font pour être fermez, aprés qu'on a chargé la Mine, & empêcher que la violence de la Poudre ne s'exhale par là. On se peut passer de détours en faisant le Canal en *Cascane*, qui est un enfoncement que l'on fait sous terre en forme d'un Puits, d'où part le Canal de la Mine. C'est aussi de la sorte que l'on fait des *Contre-mines*, qui sont des Mines que l'on fait pour éventer les Mines de l'Ennemi.

Lorsqu'on est assez avant dans le Rempart pour faire la *Chambre* ou *Fourneau*, qui a ordinairement la Figure d'un Cube, comme G, on la fait haute de six pieds, large d'environ quatre, & longue d'autant. Quand on craint que l'Ennemi n'évente la Mine, on la fait en croix, ou en potence, pour donner par en haut passage au feu. Etant cubique elle sera capable de trois ou quatre milliers de Poudre, quoique d'ordinaire on y en mette beaucoup moins, & souvent douze cens ou quinze cens livres seulement, qui est une quantité suffisante pour faire sauter un Rempart épais de douze toises, ou de plus, pourvû que la Mine soit environ au milieu de cette épaisseur, ou un peu plus prés du Fossé, & environ au niveau du fond du même Fossé, si faire se peut.

Il ne faut pas oublier de soûtenir le ciel de la Chambre avec un *Sommier*, ou *Madrier*, & l'entrée avec des Ais, de peur que la terre ne s'éboule & ne la remplisse: outre que ce Sommier qui est une forte Poutre, aidera d'autant mieux par sa re-

siftance

DE LA FORTIFICATION OFFENSIVE. 235

siſtance à faire ſauter le Rempart; mais il faut laiſſer un petit Canal pour la *Sauciſſe*, qui eſt un long rouleau de toile gauderonnée, & bien couſuë, ayant environ deux pouſſes de diametre : & rempli de Poudre fine, qui regne depuis le Fourneau juſqu'à l'ouverture de la Mine, pour y mettre le feu, & faire jouer la Mine.

Planche 43. 92. Fig.

Si le fond de la Chambre eſt humide, comme il arrive preſque toûjours, on le pavera d'ais, pour empêcher qu'il n'humecte la Poudre, qu'on ne doit mettre que dans le temps qu'on veut faire jouer la Mine, parce que ſi elle y demeuroit long-temps, l'humidité de la terre luy pourroit ôter ſa force, & l'Ennemi pourroit la découvrir, & la prendre ou la gâter. La Poudre dont on chargera la Chambre de la Mine ſera dans des Sacs gauderonnez, ou dans des Barils, qui doivent être ouverts en quelques endroits, auſſi-bien que les Sacs, autour deſquels on répandra quantité de Poudre, qui aidera par le moyen de la Sauciſſe à mettre le feu par-tout en même temps.

Ayant donc chargé le Fourneau d'autant de *Caiſſons*, ou de Barils de Poudre, qu'il ſera neceſſaire, qui doivent être bien rangez prés les uns des autres, avec de la Poudre repanduë tout autour, il faut bien boucher l'entrée de bonne terre, ſoûtenuë par des traverſes en forme de barricades, aprés avoir rempli ce qui reſtera de vuide dans le Fourneau, avec des pierres, ou de groſſes pieces de bois qu'on y fera entrer par force; laiſſant toutefois de la place pour un Canal de bois, que l'on remplit d'amorce à meſure qu'on ferme l'entrée : & au bout de ce Canal vers le Foſſé, on fait entrer quand il eſt temps, une fuſée lente, ou une mêche ſi longue, qu'elle puiſſe durer un quart-d'heure, ou autant de temps qu'il

Planche 43.
92. Fig.

qu'il en faut pour se preparer aprés avoir allumé le bout.

La Mine ayant joüé, si elle fait une Brêche raisonnable, on doit donner l'Assaut pour s'y loger, la faisant occuper par autant de bons Soldats qu'elle en sera capable, & ce au cas qu'on espere une capitulation : car autrement il vaudroit mieux donner l'Assaut tout chaudement pendant l'épouvante des Assiegez, pour ne leur pas donner le tems de se reconnoître & de se retrancher.

On se sert de la Boussole pour conduire sous terre une Mine au lieu où l'on se propose, aprés avoir mesuré par l'Instrument Universel, ou autrement la distance depuis le lieu où l'on ouvre la Mine jusqu'à celuy qu'on veut faire sauter. On peut trouver plusieurs difficultez à faire une Mine, que ceux qui en ont la pratique resoudront facilement, sans qu'il soit besoin d'en parler ici davantage.

SIXIE'ME PARTIE.

DE LA FORTIFICATION DÉFENSIVE.

Quoique ce qui a été dit jusques à present touchant la Fortification des Places, semble être la Fortification défensive, cela neanmoins ne doit être proprement appellé que *Conservation des Places*, parce que ce n'est qu'une disposition à la Défense. Nous dirons donc que la *Fortification Défensive*,

fensive, ou la *Défense des Places*, est la maniere de se défendre, & de s'opposer à la force de l'Ennemi, qui veut se rendre Maître d'une Place forte : ce qui se fait en bâtissant quelques Ouvrages semblables ou differens de ceux dont nous avons parlé jusques à present, comme des Retranchemens, des Contre-tranchées, des Contre-mines, &c. dont nous allons parler en peu de mots.

Des Retranchemens.

ON appelle *Retranchement* quelque Travail que ce soit, dont on se sert pour *se Retrancher*, c'est à dire pour se couvrir, & fortifier en dedans la Place l'endroit le plus proche de celuy qui est attaqué ; ce Travail est ordinairement une *Retirade*, c'est à dire un Fossé bordé d'un Parapet, ce qui fait qu'on appelle *Quartier retranché* celuy qui est couvert & fortifié d'un Parapet avec son Fossé.

Les Retranchemens sont ou *Generaux*, lorsqu'on retranche entierement une Piece de Fortification, où l'Ennemi a fait un Logement, & qu'on y fait de nouvelles Fortifications, pour se couvrir contre l'Ennemi, luy disputer le Terrain pas à pas, & l'arrêter le plus que l'on pourra, en attendant du secours : ou *Particuliers*, quand on n'en abandonne qu'une partie, sçavoir celle qui a été emportée, pour y faire à une distance raisonnable un nouveau Retranchement, pour y soûtenir & repousser l'Ennemi : comme ABC, qu'on appelle aussi *Retirade*, & *Coupure*, parce qu'il est fait en Tenaille, ou Angle rentrant. Planche 43. 93. Fig.

Les Retranchemens sont le dernier remede, dont on se sert, quand on est obligé de plier, & d'abandonner la Tête ou le côté d'un Ouvrage, ce que l'on l'on ne doit faire qu'à la derniere extremité, car on doit se servir de tous les moyens imaginables pour empêcher l'Ennemi de s'y loger, comme des Palissades, des Fascines, ou des Barriques chargées de terre, ou bien des Sacs à terre, & generalement tout ce qui peut couvrir les Mousquetaires pour arrêter l'Ennemi, lorsque les Défenses sont rompuës: ce qui est déja une espece de Retranchement, ou *Barricade*, qui sert pour combattre l'Ennemi, pendant qu'on travaille à un bon Retranchement, qui doit toûjours avoir un Fossé au devant vers l'Ennemi, & être ouvert du côté de la Place, & flanqué de quelque endroit de la même Place: comme AB, & CDE, le premier dans un Bastion, & l'autre dans un Ravelin, où l'on peut aussi se retrancher par un Ravelin plus petit, quand ce premier Ravelin est bien grand.

Planche 43. 93. Fig.

Planche 44. 94. Fig.

95. Fig. Ou bien encore comme AB, CD, qui est dans un Ouvrage à Cornes; où l'on peut se retrancher en plusieurs autres manieres; & l'on peut donner à ce Retranchement une Figure semblable à celuy que l'Ennemi a remporté, & l'on en peut faire même deux ou trois de suite, en quoy il faut prendre garde que l'Ennemi ne nous attaque par derriere, c'est à dire qu'il n'attaque le dernier Retranchement au lieu du premier. Il est bon de faire ce Retranchement par avance, comme le Comte de Pagan, qui fait sur le Bastion un *Bastion double*, c'est à dire un petit Bastion renfermé dans le grand, parce qu'un semblable Retranchement étant fait à loisir, est bien plus fort qu'un fait à la hâte, qui ne peut pas faire une si bonne resistance, puisque la terre n'en est pas si bien rassise: outre qu'un Retranchement déja fait ne demande pas plus de Soldats pour sa défense, que si l'Ouvrage n'étoit pas retranché,

Fortification Planche 44. Page 238.

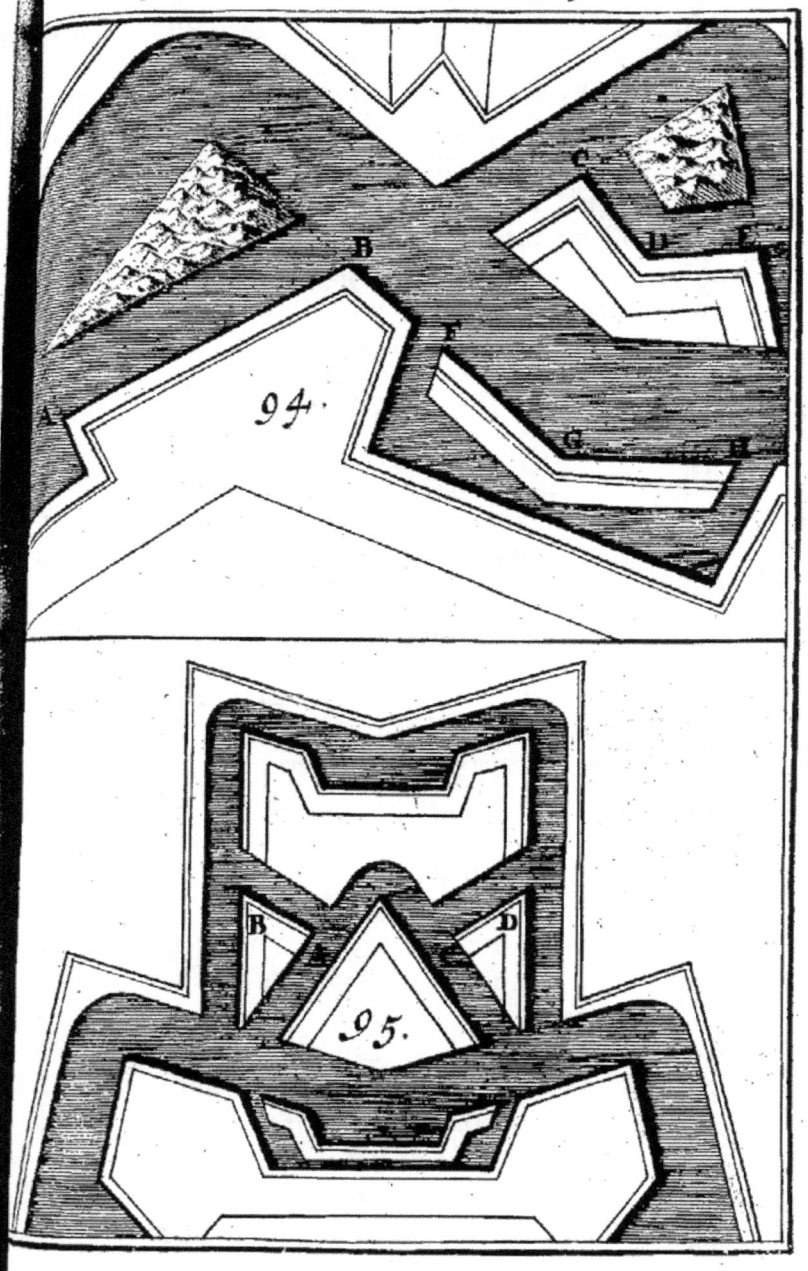

ché, parce que l'on ne défend le Retranchement que quand l'Ouvrage principal est emporté.

Nous n'enseignerons point ici la maniere de faire ces Retranchemens, parce que ceux qui comprendront bien ce que nous avons dit jusqu'à present des Fortifications, & sur tout ceux qui en ont la pratique, trouveront aisément les moyens de se retrancher selon la qualité de l'endroit qu'on attaque, & la capacité du lieu qui reste pour se retrancher : outre que la nature dicte assez à chacun comment il faut se retrancher, & se couvrir contre l'Ennemi. Ainsi il me semble inutile d'ajoûter ici de nouvelles Figures, & de m'étendre davantage sur les differentes manieres dont on peut se servir pour faire un Retranchement ; Je diray seulement que les Profils des Retranchemens sont à peu prés les mêmes que ceux des Dehors, & que si l'on n'a pas le temps de faire ces Retranchemens selon les mesures convenables aux Profils des Dehors, c'est à dire de faire le Fossé autant profond, & le Parapet autant élevé, qu'il faut se couvrir de Gabions, de Sacs pleins de terre, ou de fumier, de Poutres, de Tonneaux, de Charettes, & de tout ce qui peut couvrir & faire front. Mais pour ne point tomber dans cet inconvenient, il faut commencer les Retranchemens de bonne heure, & dés que l'on peut prévoir de quel côté sera l'Attaque.

On élevera le Corps du Retranchement le plus haut qu'il sera possible, & si l'on peut on y élevera tout auprés, quelques Terrasses en forme de Cavaliers, pour en pouvoir jetter sur l'Ennemi quelques Bombes, ou quelques Carcasses ; ou bien des Grenades, des Pots à feu, &c. ou bien pour y pouvoir loger deux ou trois Pieces de Canon chargez de bales de Mousquet, qu'on pourra tirer à l'heure de de l'Assaut. Il sera bon de faire sous ce Retranchement quelques Fourneaux, ou Fougades, pour le faire sauter quand l'Ennemi s'y sera logé : & si après cela on est obligé de tout abandonner, on fera encore, si l'on peut, un dernier Retranchement dans la Ville, en fermant les ruës par des Barricades & des Chaînes tenduës, & en faisant de petits Flancs à chaque côté des Maisons, dont les Portes & les Fenêtres basses seront fermées, & enfin en jettant des fenêtres hautes, sur les Ennemis qui voudront forcer les Portes, des pierres & des feux d'artifice, pour leur faire ainsi acheter bien cherement la Conquête.

Il y a des *Retranchemens couverts*, qui sont proprement ce qu'ailleurs nous avons appellé *Caponnieres*, car ce sont des Parapets fort bas, derriere lesquels il y a une espece de Fossé profond de quatre à cinq pieds, & large de sept ou huit, où les Soldats sont comme enterrez, & tirent par des Meurtrieres, qui sont au Parapet, auquel on ne donne de hauteur qu'environ deux pieds, & que l'on couvre de fortes Planches de Chêne, en laissant neanmoins une petite ouverture pour laisser passer la fumée de la Poudre. Ces Retranchemens sont comme les Cofres, tres-propres à défendre le Fossé, & on les place ordinairement au devant du Flanc.

Des Contre-tranchées.

ON appelle *Contre-tranchées*, ou *Contraproche*, des Tranchées que l'on fait contre les Assiegeans, pour arrêter leurs progrez, c'est à dire pour les éloigner de la Place autant que l'on peut, étant certain que plus l'Ennemi en sera éloigné, moins il pourra nuire à la Place ; & l'on appelle

Nettoyer

Nettoyer la Tranchée, faire une vigoureuse Sortie sur la Garde de la Tranchée, la faire *Plier*, c'est-à-dire quitter son Poste, ou lâcher le pied, & mettre en fuite les Travailleurs : mais on appelle *Monter la Tranchée*, monter la Garde dans la Tranchée : & *Décendre la Tranchée*, décendre la Garde de la Tranchée.

Comme les Contraires ont aussi des effets contraires, il est aisé de juger qu'une Contre-tranchée doit avoir son Parapet tourné vers les Assiegeans, afin que les Assiegez y soient à couvert : & qu'elle doit être enfilée de plusieurs endroits de la Place, de peur que l'Ennemi ne s'en couvre, lorsqu'il s'en sera rendu le Maître. On la doit pousser aux endroits avantageux à la Place, & préjudiciables à l'Ennemi, en sorte qu'elle soit défenduë des Dehors, & qu'elle ne soit point enfilée, ni commandée de quelque hauteur occupée par l'Ennemi.

Enfin les Contraproches doivent avoir des Avances ou Demi-redoutes, dont les pointes soient tournées vers l'Ennemi, en sorte qu'elles soient ouvertes en dedans du côté qui regarde la Ville, & enfilées par le dedans & par le dehors pour en pouvoir chasser l'Ennemi.

Des Contre-batteries, & de la Défense des Brêches.

ON appelle *Contre-batterie*, une Batterie opposée à une autre, ce que les Assiegez pratiquent pour ruïner les Batteries de l'Ennemi, sur tout lorsqu'il s'approche de la Contrescarpe, & qu'il y veut faire des Batteries pour rompre les Flancs, ausquelles ceux de la Place doivent s'opposer vigoureusement, en tirant incessamment sur ceux qui travaillent, avec des Canons chargez de pierres, ou de ferrailles, ce qui se peut faire mêmes de nuit, ayant remarqué de jour comment le Canon doit être pointé, pour tirer à l'endroit où l'Ennemi commence ses Travaux, que l'on peut aussi découvrir pendant la nuit en jettant des Boulets rouges, qui éclaireront la Campagne. Ces *Boulets rouges*, ou *Boulets enflammez*, sont des Boulets de Canon, que l'on fait rougir & enflammer dans une forge, dont les Assiegez se servent aussi pour la défense des Brêches.

Les Assiegez, se servent aussi pour la défense des Brêches, de *Barils ardens*, ou *Barils à feu*, qu'on appelle aussi *Bariques foudroyantes*, qui sont des Tonneaux remplis de Grenades, & de *Pots à feu*, c'est-à-dire de Pots pleins de Poudre fine, & d'une *Grenade* bien chargée, qui est une petite boule creuse ordinairement de métal, & remplie de Poudre fine qui prend feu par une amorce lente mise à sa *Lumiere*, c'est-à-dire à l'ouverture qui répond à la Poudre, qui est mise dedans. On en fait quelquefois de Carton, qui se jettent sur les Fascines pour les brûler; & dans les Tranchées, pour en chasser les Soldats.

Les Assaillans se servent aussi de Grenades, de Bombes, & de Carcasses, pour abattre les Maisons de la Ville, & mettre le feu aux Magazins des Poudres, comme nous avons fait à Nice dans cette derniere Guerre. La *Bombe* est une grosse boule de fer creuse, qu'on remplit de cloux & de Feux d'artifice: & les *Carcasses*, sont des boëtes de bandes de fer, remplies de quelques Grenades, & de plusieurs bouts de canon de Pistolets, chargez de Poudre, & envelopez avec les Grenades dans de l'étoupe huilée, & dans d'autres matieres combustibles.

La

La Grenade étant petite se jette à la main, mais les Bombes, les Carcasses, les Boulets rouges, les Pots à feu, les Barils ardens, & les Pierres, se jettent par le moyen du *Mortier*, qui est une espece de Piece d'Artillerie courte, renforcée, & de gros *Calibre*, c'est-à-dire d'un grand Diametre. Il ne se pointe pas de point en blanc, comme le Canon, mais on le pointe la Bouche vers le Ciel du côté où l'on veut envoyer la Bombe.

Pour éviter l'effet de la Bombe, quand elle tombe tout proche dans un lieu découvert, on se couche par terre, ou bien on se cache derriere des Traverses ou Parapets de terre, qui doivent avoir été faits pour cela : ou bien encore on arrache les pavez des ruës, en ne laissant que la terre molle, que mêmes on peut couvrir de fumier, où la Bombe tombant & s'y enfonçant par sa pesanteur perd sa force. Une Voute à l'épreuve de la Bombe doit avoir au moins cinq ou six pieds d'épaisseur, & pour une plus grande seureté, on la peut couvrir de quantité de fagots de menus branchages, ou bien de Sarmens, ou bien encore on la couvrira de cinq ou six pieds de terre, qui amortira les Bombes & les rendra de nul effet.

On défend encore les Brêches par des *Chaussetrapes*, qui sont des clous à plusieurs pointes tellement disposées, que de quelque maniere qu'on les jette, il y en a toujours une en l'air, qui incommode extrêmement l'Infanterie, quand elle veut monter à la Brêche, ou la Cavalerie ennemie, quand elle veut passer quelque lieu étroit, où pour luy rendre le passage incommode, on a jetté des Chaussetrapes, dont il y en a de trois sortes, de *Petites*, dont les pointes sont longues de trois Pouces : de *Moyennes*, qui ont leurs pointes longues de quatre

Q 2 Pou-

Pouces; & de *Grandes*, dont le fer est long de cinq Pouces.

Pour incommoder la Marche de la Cavalerie dans un Camp, ou celle de l'Infanterie dans une Brêche, on se sert aussi de Herses, ou bien de *Herissllons*, qui sont des Planches longues de dix à douze pieds, dont les deux côtez sont remplis de pointes de fer: ou bien encore de *Chevaux de Frise*, qui sont des Poutres entrelardées de pointes de toutes parts. On se sert aussi pour fermer un passage, d'une semblable Machine, qui est portée & balancée sur un pivot, autour duquel elle tourne selon la necessité de fermer un lieu qui doit être ouvert de fois à autres; & alors on l'appelle *Herisson*.

Les Contre-batteries ou Cavaliers, qui servent à se défendre contre l'Ennemi qui attaque les Retranchemens, ne doivent pas être bien hauts, de sorte qu'ils peuvent encore être couverts par le Parapet du Rempart ou du Bastion: mais ceux qui sont destinez pour défendre les Montagnes voisines, doivent être bien plus élevez, afin qu'ils puissent battre ces lieux éminens, sans esperer que le Parapet de la Place les puisse couvrir.

Des Contre-mines.

LOrsque les Assiegez malgré toute leur resistance, n'ont pas pû empêcher l'Ennemi de franchir le Fossé, & de faire sous le Rempart quelque Mine, qui est la machine la plus puissante de toutes pour emporter des Villes, parce qu'en peu de temps elle peut donner une ouverture & une Brêche suffisante pour s'y pouvoir loger, & monter à l'Assaut; ils doivent y apporter un prompt remede par les

les Contre-mines, qui servent pour découvrir & renverser les Mines des Assiegeans.

Pour découvrir ces Mines, on fait des Cascanes ou Puits qui décendent obliquement dans la solidité de la Terrasse, où l'on soupçonne qu'est le Mineur : & lorsqu'on juge que ces Puits sont plus bas que les Mines des Assaillans, ont fait de part & d'autre plusieurs petits Canaux ou Rameaux, pour rencontrer la Mine de l'Ennemi, ou pour la renfermer, & la rendre inutile, en coupant la traînée, de peur que l'Ennemi n'y mette le feu, ou en ôtant les Poudres, ou en les gâtant par le moyen de quantité d'eau qu'on y jettera.

Ces Rameaux ou Allées seront perpendiculaires à la Capitale du Bastion, quand on craint que l'Ennemi ne mine la Pointe du même Bastion : ou bien on les fera paralleles à la Face du Bastion, si l'on craint pour cette Face; & si le Fossé est sec, on les conduira par dessous ce Fossé, parce qu'étant sec, l'Ennemi peut aussi faire une Galerie par dessous.

Comme les Anciens faisoient des Mines pour surprendre les Places, ils sçavoient aussi le moyen de les découvrir. Vitruve dit au *Liv. dern. Chap. dern.* que Marseille ayant été assiegée, les Marseillois soupçonnant les Mines de l'Ennemi, creuserent le Fossé plus profond tout autour de la Ville, & que par ce moyen ils découvrirent dans le Fossé les issuës de trente Mines, que l'Ennemi avoit preparées pour les surprendre.

On appelle *Contre-mine à l'Antique*, une Voute faite par avance autour des Faces d'un Bastion, à la distance de six ou sept pieds de la Muraille, avec quantité de trous ou soupiraux, qui répondent au dessus du Bastion. Cet Ouvrage a été ainsi appelé, parce qu'on ne le fait plus à present, à cause qu'il affoiblit trop le Rempart.

On découvre aussi les Mines en faisant des trous en terre avec de grandes Tarieres, jusqu'à ce que par ces trous on apperçoive la lumiere des Ennemis, & alors s'il ne reste que six ou sept pieds de terre, on jette toute cette terre contre le Mineur, en y appliquant le *Petard*, qui est une machine creuse de métal à anses, & faite ordinairement comme la forme d'un Chapeau, ou d'un grand Gobelet, qu'on emplit de Poudre fine & bien battuë, sa profondeur étant ordinairement d'environ sept Pouces, & sa largeur par la Bouche à peu prés de cinq.

Il y en a aussi qui sont plus larges à la Culasse qu'à la Bouche, mais ils font moins d'effet, & sont plus faciles à crever. On se sert des uns & des autres non-seulement dans les Contre-mines pour percer les Rameaux, ou Galeries soûterraines de l'Ennemi, & éventer sa Mine, mais encore pour faire sauter les Ponts, les Portes, & les Barrieres des Villes qu'on veut prendre d'emblée & de vive force.

Quand on s'en sert pour les Mines, on applique la Bouche du Petard contre une Poutre ferrée des deux côtez avec des lames de fer mises en croix, & cloüées dessus, aprés avoir bien bouché le Petard, qui doit être chargé jusqu'à environ deux doigts prés de sa Bouche; aprés quoy on applique le Petard qui est attaché par ses Anses à la Poutre, contre l'endroit où est la Mine de l'Ennemi, en sorte que la Poutre soit parallele à l'Horizon, quand le Petard est au niveau de la Mine, autrement on pointe le Petard contre la Mine.

Quand on s'en sert pour rompre les Ponts, les Portes, les Batteries, les Chaînes, & tout ce qui peut faire obstacle dans une surprise, on fiche un ou plusieurs Tirefons, ou bien de gros Crochets dans cette Porte ou Pont que l'on veut petarder;
&

DE LA FORTIFICATION DÉFENSIVE.

& que je suppose accessible, pour y attacher le Petard, en sorte que sa Poutre ou Madrier joigne bien contre ce Pont ou Porte, parce que plus le Madrier y est joint, plus il fait d'effet.

Si le lieu qu'on veut petarder est inaccessible, tels que sont les Pont-levis, quand ils sont levez, on appliquera le Petard contre par le moyen d'une longue Fléche, au bout de laquelle le Petard sera attaché, & l'on mettra une Fusée tout le long de la Fléche jusqu'à la Lumiere du Petard pour y pouvoir mettre le feu : & si le Pont-levis étant levé ne joint pas bien à la Porte, au lieu de Fléche, on se servira d'un Pont mobile sur deux Roües, qu'on poussera contre le Pont-levis.

FIN.

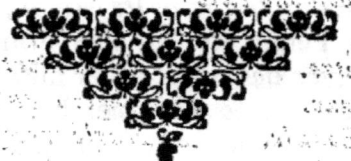

TABLE

Des Termes expliquez dans la Fortification.

A

Affût, Page 78	Angle de Tenaille. 5
Ailes d'un Ouvrage à Corne. 92	Angle de la Figure. 9
	Angle rentrant. 5
Angle du Polygone. 4	Angle de la circonference. 9
Angle du Polygone intérieur. 4	
Angle du Polygone extérieur. 4	Angle de la Contrescarpe. 53
Angle du centre. 4	Angle vif. 95
Angle du Flanc. 4	Angle mort. 95
Angle de l'Epaule. 4	Angle regulier. 169
Angle forme-flanc. 4	Angle irregulier. 169
Angle du Bastion. 4	Approches. 220
Angle flanqué. 4	Araignée. 64
Angle de Tenaille. 5	Architecture Militaire. 1
Angle flanquant. 5	Attaque des Places. 203
Angle flanquant intérieur. 5	Attaque d'approche. 223
Angle flanquant extérieur. 5	Attaque d'un Siege. 223
	Attaque fausse. 223
	Attaque droite. 223
Angle de Gorge. 5	Avance. 206
Angle diminué. 5	Avant-fossé. 57
Angle de Base. 5	

B Ban-

DES MATIERES.

B

Banquette.	48
Bar.	85
Barbette.	47
Baril ardent.	242
Baril à feu.	242
Barique.	50
Barique foudroyante.	242
Barricade.	238
Barriere.	74
Baſtion.	3
Baſtion plein.	46
Baſtion vuide.	46
Baſtion creux.	46
Baſtion plat.	100. & 177
Baſtion irregulier.	170
Baſtion difforme.	178
Baſtion beau.	179
Baſtion coupé.	180
Baſtion en Tenaille.	180
Baſtions accolez.	209
Baſtion double.	238
demi-Baſtion.	2
Batterie.	42
Batterie enterrée.	43
Batterie ruinante.	43
Batterie de revers.	43
Batterie meurtriere.	43
Batterie en écharpe.	43
Batterie d'enfilade.	43
Batterie enfilée.	43
Batteries croiſées.	217
Baye.	42
Bêche.	83
Berme.	48
Blindes.	222
Bloquer une Place.	203
Bombe.	242
Bonnet à Prêtre.	94
Bonnette.	190
Boulet rouge.	242
Boulet enflammé.	242
Boulevard.	3
Bouriquet.	85
Boyau de Tranchée.	223
Branche.	63
Brayer de Bouriquet.	85
Bretelles.	84
Brouette.	83

C

Caiſſon.	64. & 235
Cale.	83
Calibre.	243
Canal de Mine.	64
Canoniere.	42
Capitale.	2
Caponiere.	68. 147. & 240.
Carcaſſe.	242
Caſcane.	63. & 230
Caſtrametation.	211
Cataracte.	72
Cavalier.	46
Cavin.	97

Q 5   Caze-

Cazemate.	3. & 41	Commandement de revers.	188
Cazerne.	74		
Centre d'un Bastion.	4	Commandement de front.	188
Centre d'un Polygone.	2		
Chambre de Mine.	64	Commandement d'enfilade.	188
Chambrer.	74		
Chandelier.	222	Commandement de Courtine.	188
Char.	84		
Chariot.	84	Complement.	108. & 130.
Château.	102		
Chausse-trape.	243	Conduite de Tranchée.	225
Chausse-trape petite.	243	Conservation des Places.	236
Chausse-trape moyenne.	243	Conserve.	91
Chausse-trape grande.	244	Contr'aproche.	240
		Contre-batterie.	241
Chemin des Rondes.	54	Contre-fort.	54
Chemin couvert.	56	Contre-garde.	91
Chemise.	44	Contre-ligne.	213
Cheval de frise.	244	Contre-mine.	63. & 230
Chevalet.	72	Contre-mine à l'antique.	245
Circonvallation.	204		
Citadelle.	102	Contre-miner.	63
Civiere.	84	Contrescarpe.	48. & 52
Claye.	219	Contre-tranchée.	240
Cofres.	68	Contrevallation.	213
Commandement.	95. & 187.	Corbeille.	50
		Cordon.	43. 54. & 59
Commandement simple.	187	Coridor.	56
		Cornes.	92
Commandement double.	187	Corne couronnée.	99
		Costé interieur.	2
Commandement triple.	187	Costé exterieur.	2
		Costé regulier.	169
		Costé	

Costé irregulier.	169	Enfilade.	43
Coupure.	237	Enfiler.	43
Couronne.	96	Enfoncement de la Ca-	
Couronnement.	98	zemate.	3
Courtine.	2	Enveloppe.	91
Courtine prolongée.	5	Epaule.	3. & 4.
Creneau.	148	Epaulement.	4
Cunette.	53	Epauler.	4. 101. & 188
Cuvette.	53	Eperon.	54
		Escalade.	52
		Escarpe.	52

D

Damoiselle.	78	Esplanade.	56
Décendre la Tran-		Estre en faction.	48
chée.	241	Etoile.	207
Défenses.	220	Explanation.	103
Défense des Places.	236		
Dehors.	12. 41. & 87		
Demi-gorge.	2		
Demi-lune.	89		

F

Demi-lune tenaillée.	92	Face de Bastion.	2
Demi-lune accornée.	92	Faire feu.	50. & 67
Détour de la Tranchée.		Faire la sape.	65. & 226.
	224	Faire des sorties.	67
		Fantassin.	74
		Fascinage.	79

E

Echauguette.	47	Fascine.	79
Embrasure.	42	Fausse-braye.	44. & 55
Enceinte.	44	Fer à cheval.	47
premiere Enceinte d'une		Feu dans la Courtine.	3
Place.	44	Figures isoperimetres.	20
simple Enceinte.	44	Flanc.	2
seconde Enceinte.	44	Flanc droit.	2
troisiéme Enceinte.	44	Flanc oblique.	3
basse Enceinte.	44	Flanc retiré.	3
Enclouër le Canon.	217	Flanc couvert.	3

Flanc

TABLE

Flanc fichant.	3
Flanc razant.	4
Flanc bas.	41
second Flanc.	3
Flanquer.	3
Fléche.	73. & 190
Fléches de Pont-levis.	73
Fort.	45
Fort Royal.	45
Fort à Étoile.	207
Fort de Campagne.	205
Fort à demi-Bastions.	205
Forteresse.	1. & 45
Fortification.	1
Fortification à la Françoise.	152
Fortification à l'Italienne.	152
Fortification Hollandoise.	159
Fortification Espagnole.	165
Fortification offensive.	203
Fortification défensive.	236
Fortifier.	1
Fortifier en dehors.	2
Fortifier en dedans.	2
Fortin.	188. & 205
Fossé.	51
Fossé sec.	53
Fossé à fond-de-cuve.	187
Fossé de la Contrescarpe.	57
Fougade.	64
Fougasse.	64
Fourneau.	64. & 234
Fraize.	79

G

Gabion.	50
Galerie.	64. & 230
Garde-fou.	54
Gazon.	77
Guerite.	47
Gizans.	84
Glacis.	43. 48. & 56
Gorge.	3
Grenade.	242

H

Herisson.	244
Herse.	72
Hersillon.	244
Hotte.	84
Housset.	83
Hoyau.	81

I

Ichnographie.	61
Investir une Place.	203

L

Ligne de Gorge.	3
Ligne fichante.	3

Ligne

DES MATIERES.

Ligne razante. 3
Ligne de défense fichante. 3
Ligne de défense razante. 3
grande Ligne de Défense. 3
petite Ligne de défense. 3
Ligne de base. 5
Ligne magistrale. 1
Ligne du Cordon. 1
Lignes de circonvallation. 204
Ligne de contrevallation. 214
Ligne de communication. 214
Lignes en dedans. 214
Lignes en dehors. 214
Ligne défensive. 214
Ligne offensive. 214
Lignes d'approche. 214
Liziere. 48
Logement. 221
Lumiere d'une Arme à feu. 242
Lunette. 142
grande Lunette. 148
petite Lunette. 148

M

Madrier. 234
Magazin. 46
Manequin. 50
Mantelets. 225
Mantelets simples. 225
Mantelets doubles. 225
Merlon. 42
Meurtriere. 42
Mine. 63. & 230
Moilon. 85
Moineau. 177
Monter à l'Assaut. 67
Monter la Tranchée. 241
Muraille. 53

N

Nettoyer. 43
Nettoyer la Tranchée. 241
Niveau. 78
Niveau de la Campagne. 43

O

Ordre renforcé. 166
Orgues. 71
Orgueil. 83
Orillon. 3
Orillon rond. 3
Orillon quarré. 3
Orteil. 48
Ortographie. 57
Ouverture de la Tranchée. 225
Ouvrage à Corne. 92
Ou-

TABLE

Ouvrage à queuë d'irondelle.	94
Ouvrage à contre-queuë d'irondelle.	94
Ouvrage couronné.	96
Ouvrage à couronne.	96
Ouvrages à scie.	179
Ouvrir la Tranchée.	214

P

Palissades.	56
Pan du Bastion.	2
Parapet.	48
Parapet royal.	48
Pas de souris.	48. 51. & 79
Pâté.	47
Pêle.	81
Perspective.	60
Perspective cavaliere.	61
Perspective militaire.	61
Petard.	246
Pic.	81
Pieces détachées.	12
Pied de Chevre.	83
Pilon.	78
Pilotis.	76
Pince.	83
Place.	44
Place de guerre.	44
Place revêtuë.	44
Place reguliere.	44
Place irreguliere.	44
Place forte.	45
Place basse.	3. & 41
Place haute.	41
Place bien conditionnée.	183
Place mal conditionnée.	183
Place commandée.	187
Place d'Armes d'une Ville de guerre.	70
Plan d'une Place.	61
Plate-forme.	42. 47. & 182
Plate-forme de Batterie.	42
Plier.	241
Plomb.	78
Plonger.	43
Pointe du Bastion.	3
Polygone interieur.	2
Polygone exterieur.	2
Pont dormant.	73
Pont-levis.	73
Pont à flêches.	73
Pont à Bascule.	73
Pont à trebuchet.	73
Porfil.	57
Porte de secours.	103
fausse Porte.	41
Poste.	43
Pot à feu.	242
Poterne.	41
Profil.	57

Quar-

DES MATIERES.

		se Retrancher.	97. & 237
		Revers.	41. & 69

Q

Quartier.	210	Revêtement.	54
Quartier retranché.	237	Rez-de-chaussée.	43
Queuë de tranchée.	214. & 226	Rideau.	100
		Rondes.	55

R

Raison sesquialtere.	160
Rameau.	63
Ravelin.	89
grand Rayon.	2
petit Rayon.	2
Recul du Canon.	42
Redent.	179
Redoute.	57
Reduit.	148
Relais.	48. 51. & 79
Rempart.	45
Rempart revêtu.	54
Remuer les terres.	81
Retirade.	237
Retirade du flanc.	3
Retours.	97
Retraite.	48. & 80
Retranchement.	237
Retranchement general.	237
Retranchement particulier.	237
Retranchement couvert.	240

S

Sac à terre.	50
Saignée du fossé.	52
Sape.	230
Surafine.	72
Saucisse.	64
Scenographie.	85
Sentinelle.	47
Sillon.	91
Sol.	43
Sommier.	234
Sorties.	149

T

Tabloüins.	42
Talud interieur.	46
Talud exterieur.	46
Témoins.	81
Tenaille.	5
Tenaille renforcée.	93. & 147
Tenaillon.	147
Terrasse.	46
Terre-plain.	49
Tête de la Tranchée.	225
Tirer	

TABLE DES MATIERES.

Tirer à barbette.	47	Trapes.	73
Tirer à barbe.	47	Traverse.	69. & 230
Tirer par Camarade.	228	Tremeau.	42
Tombereau.	84		
Tourniquet.	74		
premier Trait.	1	**V**	
Trait composé.	165	Vedette.	48
Trait fondamental.	65	Ville.	45
Tranchée d'approche.	204	Voir en brêche.	67

Fin de la Table des Matieres.

www.ingramcontent.com/pod-product-compliance
Lightning Source LLC
Chambersburg PA
CBHW050301170426
43202CB00011B/1781